Rituale des Alltags

Herausgegeben von
Silvia Bovenschen und Jörg Bong

S. Fischer

© 2002 S. Fischer Verlag GmbH, Frankfurt am Main
Satz: Pinkuin Satz und Datentechnik, Berlin
Druck und Bindung: Claussen & Bosse, Leck
Printed in Germany
ISBN 3-10-003511-9

Inhalt

Von »absoluter Zerstreutheit«.
Ein Vorwort

»Ganz wörtlich überwuchert« sei die »Welt« von den Riten, von den Symbolen und Mythen, notiert Nietzsche,
ein seltsamer, »befremdlicher Reichtum«. Spricht er an
dieser Stelle zunächst von der Antike, stellt er seiner Gegenwart umgehend denselben Befund aus; auch sein
»Heute« weise diesen »befremdlichen Reichtum« man-
nigfaltiger Riten auf. Bereits flüchtige Blicke auf unsere
Welt wiederum zeigen, dass sie weiter wild sprießen und
das Leben augenscheinlich, so der Beweggrund dieses
Bandes, weit mehr noch als zu früheren Zeiten allenthal-
ben überwuchern. Sind es in der Gegenwart der Form,
dem Inhalt, auch der Funktion und grundsätzlich der
»Bedeutung« nach andere Riten als die der klassischen
Griechen oder die des 19. Jahrhunderts, so scheint es
doch eine strukturelle Identität zu geben, die im Moment der Wiederholung liegt. Ein Verhalten, ein Handeln,
ein Denken, ein Vorstellen, ein Sprechen werden in einer
bestimmten Weise wiederholt. Das Ritual gehört, nicht
nur, aber wesentlich, den eigentümlichen Figurationen
der Wiederholung an.
  Gemeint – und dann für diesen Band gesucht – sind
hier nicht die Riten, Rituale der Religionen, die ganze

Gesellschaften wie das Leben der Menschen in ihnen bestimmten und denen der Begriff zunächst wesentlich assoziiert war (der Theologie, Anthropologie, Ethnologie, den Kulturwissenschaften), gemeint sind auch nicht die der offiziell-gesellschaftlichen Sphäre, die öffentlichen Rituale (teils säkularisiert oder halb säkularisiert, teils auch z. B. genuin bürgerlicher Herkunft). In Augenschein genommen werden vielmehr die Rituale der Einzelnen, der Besonderen, die ihres alltäglichen, »gewöhnlichen«, »privaten« Seins – des Alltags; das soll der Begriff des Alltags markieren, mehr will er hier nicht sagen. Und als Kontingenzen der Einzelnen scheinen sie mitunter Momente ihrer opaken, selber pluralen Signatur zu sein, die ausmacht, was man dann »Individuum« nennt.

Rituale haben, die Beiträge zu diesem Band führen es vor, keine spezifische Zeit und keinen spezifischen Ort, auch wenn die einzelnen Rituale genau daran gebunden sein können: an den besonderen Ort, die besondere Zeit. Überall und jederzeit können sie sein, entstehen, statthaben; alles kann ritualisiert werden, zum Ritual werden, jeder Inhalt, jede Form, jede Ordnung und jede Unordnung scheinen möglich. Kein systematischer Überblick, keine Zusammenfassungen, keine Einteilungen sind zwangsläufig, drängen sich auf, keine Ableitungen und Begrenzungen – keine Definitionen des Rituals (außer dem einen besprochenen, letztlich simplen Strukturmerkmal). Mit Staunen sieht man sich einer – nicht metaphorischen, sondern buchstäblichen – unendlichen Vielheit, einer eigenartigen, zuletzt hermetischen Abundanz gegenüber.

In nichts sind sie zu fixieren, die Rituale: Sie interferieren, changieren zwischen den verschiedensten Ebenen, Sphären, Bereichen, Funktionen: einem spontanen Verhalten oder Handeln, zuweilen weit vor noch oder jenseits der Sprache, einem Reflex, einem Triebhaften, einem Zwang, auch einem Willen, einer Inszenierung, einer Absicht, einer Demonstration, einem Zeremoniell, zwischen Bewusstsein und Unbewusstem, Willkürlichem und Unwillkürlichem, zwischen Sprachlichem und Nichtsprachlichem. Sie können dies sein oder das, auch vermischt beides. Interferieren sie derart, ist es schwer, ist es falsch, von Sinn, Bedeutung, Signifikationen der Rituale zu sprechen. Auch ihre Genesen sind nicht festzumachen. Sie entstehen plötzlich oder allmählich, langsam sich bildend, beobachtet, bemerkt oder unbemerkt, gewollt oder ungewollt; sie bleiben, wie sie wurden, oder bilden sich fort, in Mutationen, Derivationen − oder auch nicht, sind ganz neu, unbekannt, ohne Ursprung, ohne Provenienz. Sie können ephemer sein, phasenhaft, wie dauerhaft, ein ganzes Menschenleben sich erhalten. Auch die Wirkungen, implizite vielleicht ihre Motivationen oder gar Funktionen, sind nicht zu vereinheitlichen: Rituale geben Halt, stabilisieren (sie könnten wie der universelle Kitt des Lebens erscheinen), sie destabilisieren, sie verhindern Ängste, verursachen Ängste, sie befreien, machen glücklich oder sperren ein, paralysieren, negieren gar, sind fürchterliche Depressionen. Kurz: Sie bereiten Lust, auch die sexuelle Lust, und genauso gut Unlust, zuweilen ein und dasselbe Ritual, ein und demselben Subjekt. Als schlechte »Stereotypie«, »Stereotypie des Lebens«, Barthes führt es aus, sind sie gar das Gegenteil, die Verhinderung und Vernichtung der Lust, die radikal im »Neuen liegt«, und damit als »politisches Faktum, Hauptfigur der Ideologie« zu torpedieren. Indes, auch Barthes pointiert: Etwas kann »unter zwei entgegengesetzten Bedingungen erotisch sein: Wenn es bis zum Äußersten wiederholt wird oder aber, im Gegenteil, wenn es unerwartet, durch seine Neuheit saftig ist«. Und er löst auch auf, wodurch sich die zerstörende von der erotischen Wiederholung unterscheidet: die erotische ist »formal«, »strukturell«, keine der Inhalte – »obsessionelle Rhythmen, betörende Musik, Litaneien, Riten (...) usw.: bis zum Exzess wiederholen, das heißt sich verlieren: in das Nichts des Signifikats eingehen.«

Noch die grundlegenden Fragen sind offen. Schaffen, erfinden wir die Rituale, oder schaffen, erfinden sie uns; manche Rituale sind »mir« ganz und gar vorgängig, sind nicht einmal »meine«, obwohl sie »mich« erst herstellen: so das alte (aber auch nicht so alte), früh gelernte und höchst praktische Ritual:» ich« zu sagen. Ein sprachliches Ritual – in der Wirkung »universell«, als Ritual längst vergessen und zu Dichtung und Wirklichkeit geworden.

Offensichtlich kommt den Ritualen des Alltags in der Gegenwart, nach dem Aufbrechen der religiösen Totalität in der »Moderne« (nach dem »Tod Gottes«) eine wesentlich veränderte Stellung zu. Mit dem Tod Gottes ging zwangsläufig ebenso das Ende eines absoluten, metaphysischen Sinns einher, das Ende *einer* Wahrheit, wie wenig religiös oder gar atheistisch der Ersatz des göttlichen Absoluts auch formuliert wurde (so z. B. in der Idee der Dialektik). Fehlt der eine, große Sinn – damit radikal am Ende Sinn im abendländischen Begriff überhaupt –, fehlt der Halt, das Feste. Und wenig (»Unmittelbares«) scheint Halt zu geben wie die Wiederholung. Die Stellung der Rituale des Alltags nämlich ändert sich noch einmal, wenn mit Gott auch der Mensch, das, was das Abendland den Menschen nannte, allmählich vergeht. »Der Mensch«, so Foucault, »wird verschwinden. Mehr als den Tod Gottes, oder vielmehr in der Spur dieses Todes und gemäß einer tiefen Korrelation mit ihm, kündigt sich (...) das Ende seines Mörders an, das Aufbrechen des Gesichtes des Menschen im Lachen und die Wiederkehr der

Masken, (…) die Identität der Wiederkehr des Gleichen und die absolute Zerstreuung des Menschen.« Auch als ebensolche »absoluten Zerstreuungen« sind die Figuren der Rituale des Alltags mitunter zu lesen (ohne Bewertungen, zunächst geht es nur darum, sie aufzuzeichnen).

War die Wahl der Rituale wie überhaupt das Verständnis dessen, was Rituale sind, den Autorinnen und Autoren dieses Bandes freigestellt – und in der Tat wurde es derart der gewünschte »befremdliche Reichtum« –, so ebenso die Formen, Gattungen der Darlegungen. Entstanden sind Erzählungen, Phantasien, Betrachtungen, Berichte, Beschreibungen, Notizen, Analysen, Reflexionen, Theorien, und das aus verschiedenen Blickwinkeln.

Silvia Bovenschen und Jörg Bong

Es war ihm zur Gewohnheit geworden

Wolfgang Hilbig
Verabredung mit dem Briefträger

Fortsetzung folgt …

Es war ihm zur Gewohnheit geworden, seine kurzen
Briefe mit jener Floskel zu beenden, die man unter den
einzelnen Folgen eines in der Tageszeitung abgedruckten
Fortsetzungsromans lesen konnte. Dann aber setzte er die
Briefe – und oft waren es nur Postkarten, einseitig beschrieben, die er im Umschlag versandte – nicht eigentlich fort; er hatte wahrscheinlich gar kein fortgesetztes
Thema; der Anlass der Briefe war längst der, dass er sie
überhaupt schrieb. Ihr häufigster Inhalt waren Mitteilungen über sein Befinden, über Empfindungen freilich, die
im Zusammenhang mit der Empfängerin der Briefe
standen, welche inzwischen über ein ständig wachsendes
Brevier seiner Gefühlslagen verfügen musste. Er hätte
diese Nachrichten, stets an die nämliche Empfängerin,
auch anders beschließen können, in einer Form, die nicht
ausdrücklich die Fortsetzung versprach: *Nächstens mehr.*
Ihr C. – So ähnlich stand es unter den Briefen der
Schriftsteller des 19. Jahrhunderts; die Formulierung erschien ihm gewählt, erlesen; sie war erfüllt von der Sicherheit, dass ein Nächstes erwartet werde, mehr oder
weniger dringend sogar. Ihm fehlte diese Sicherheit, sie

war ihm, so glaubte er, von den Oberflächlichkeiten der
Zeit, in der er lebte, ausgetrieben worden. Immerhin be-
sann er sich darauf, den Gedanken geäußert zu haben,
man müsse gerade jetzt, im Zeitalter der Presse, so viele
Aussagen wie möglich auf die Ebene der Kommunikation hinüberzuretten versuchen. Denn wo Kommunikation unermüdlich behauptet werde, sei sie längst zum in-
haltsleeren Zeremoniell geworden.

Regelmäßig, beinahe regelmäßig, wenn sich schon
das Ende der Nacht ankündigte und kurz bevor er sich
schlafen legte, schrieb er diese Briefe, die er gleich darauf zum Briefkasten trug, oft nur notdürftig bekleidet,
wenn es die Witterung zuließ – wie ein Gespenst husch-
te er durch das schattige Gesträuch der Grünanlagen,
nur um von keinem Menschen gesehen zu werden.
Wenn er zurück war in der Wohnung, war ihm der Inhalt seiner Zeilen manchmal schon schleierhaft geworden, was nicht selten zur Folge hatte, dass er – argwöh-
nisch, er habe die Hälfte der Mitteilungen in der Eile
unterschlagen – sofort noch einen zweiten Brief an dieselbe Person begann, um diesen, im Fall, er wurde fertig,
ebenfalls noch in den Briefkasten zu werfen. Aber jene
zweiten Briefe hielten schon nicht mehr, was die ersten
versprochen hatten, sie waren kaum eine Fortsetzung …
sie handelten von seinem Weg zum Briefkasten, und
manchmal, gleichsam vorausschauend, von seinem zweiten Weg zum Briefkasten, als habe er diesen schon zu-
rückgelegt. Auch wenn das nicht stimmte: es war immer
derselbe Weg, der noch vor ihm lag.

Er habe sich beeilen müssen, schrieb er, denn das
Wetter werde immer unannehmbarer. Fast ein Wetter für
Verdammte … nachdem wir so schöne Herbsttage hatten, nach dem heißesten Sommer, in dem er jedes Mal
schweißgebadet vom Briefkasten zurückgekommen

16

sei. – Was konnte die Empfängerin wohl mit seinen Wetterberichten anfangen? Sie wohnte nur ein paar Straßenzüge von ihm entfernt; es war unwahrscheinlich, dass da ein anderes Wetter herrschte. Doch sie bemerkte womöglich nichts von dem Wetter, nicht augenblicklich, denn sie lag in ihrem Bett und schlief, während er noch immer im Lichtkegel seiner Schreibtischlampe hockte, vor dem Fenster, gegen das von außen Windstöße und Regengüsse geworfen wurden. Und unterdessen nahmen seine Briefe weite Umwege über entlegene Verteilungspostämter und kehrten nach ein, zwei Tagen ganz in seine Nähe zurück; sie landeten in einem Postkasten, den er selbst hätte in weniger als zehn Minuten erreichen können.

Er war dankbar, dass die Frau erfreut auf seine Post reagierte, dass sie ihm antwortete, dass sie ihn gar beschwor, den Fluß seiner Mitteilungen ja nicht abreißen zu lassen. Ohne ihre Zustimmung wäre ihm die ganze Schreiberei konfus erschienen. Und als peinliche Marotte dazu, von der nicht allzu viele andere Leute erfahren durften.

Es waren seine Nachrichten an die Welt, sagte er sich. Es waren Versuche, seinen unsicheren Bund mit der Welt nicht völlig der Auflösung zu überlassen, die er in seiner Umgebung ihren Lauf nehmen sah; er, der die meiste Zeit der Nacht wach saß, während er sich tagsüber in bleiernem Schlaf versenkte, hatte dies vielleicht nötiger als sonst jemand. – Und wenn die Welt, an die er sich wandte, eine ganz bestimmte Frau war, so war sie ihm die schönste Welt, die er sich denken konnte.

Von einem sonderbaren Vorfall hatte er ihr allerdings nicht berichtet, vielleicht, weil die Sache so unglaubhaft erschien, dass er sie hätte als pure Erfindung deklarieren müssen. Auf dem baumbestandenen Mittelstreifen zwischen zwei Straßenhälften, die er überqueren musste, war er einmal angesprochen worden, und es war ihm bedenklich, dass er sich selbst daran nur sehr mühsam erinnerte … er war in Eile, denn es war das unangenehmste Wetter: kalter Regen trieb durch den dunklen Morgen und verwandelte das Licht der Straßenlampen in irritierendes Geflacker, Windböen drohten ihm den nicht sehr haltbaren Regenschirm, den er sich dicht über den Kopf hielt, umzukrempeln.

Respekt, sagte eine Stimme schräg hinter ihm, Respekt und Bewunderung für einen so wetterfesten Mann, der Sie augenscheinlich sind. Wo wollen Sie denn hin, zu einer Zeit, in der jeder Mensch mit Anstand in seinem Schlafzimmer schnarcht und der Wärme seiner Gattin neben sich auf wohlverdiente Weise teilhaftig ist. Sie scheinen davon nichts zu halten und rennen stattdessen mit einem Schirm durch die Gegend, von dem Sie nur aus dem Grund nicht in die Lüfte aufgehoben werden, weil er vollkommen durchlöchert ist.

Sich umwendend lüftete er ein wenig den Schirm, doch erkannte er keinen Menschen in der gottlosen Finsternis. – Nur zum Briefkasten, sagte er und war überrascht von seinem widerstandslosen Geständnis. Es wäre ihm unangenehm gewesen, auf einen Bekannten zu treffen; aber die Stimme war nicht die eines Bekannten.

Keine Sorge, ich will Sie weder um ein Geldstück noch um eine Zigarette angehen, sagte die Stimme. Und übrigens weiß ich, wohin Sie wollen, denn Sie jagen diese Nacht schon zum zweiten Mal an den Briefkasten. Oder ist es tatsächlich das dritte Mal?

Das dritte Mal, Sie haben Recht … Sie müssen mich schon länger beobachtet haben.

Oh, nicht direkt beobachtet, denn ich bin immer hier. – Es kam ein Kichern aus dem Regenwetter, das dem unbeständigen Geprassel auf seinem Schirmdach ähnelte. – Besser gesagt: öfter ... sehr oft bin ich hier, allzu oft. Denken Sie sich einfach, ich sei eine Art Nachtwächter hier in diesem Kreis.

Ein Nachtwächter? Was gibt es hier zu bewachen? Außerdem kann ich mir nicht vorstellen, was ein Nachtwächter, der sich dauernd versteckt, hier ausrichten könnte.

Ich habe nichts auszurichten ... mein Platz ist hier, und ich habe keinen anderen. Das heißt also, ich sehe Sie jede Nacht ... und, zugegeben, meine Frage nach Ihrem Weg war eine dumme Frage, denn ich weiß freilich, dass Sie jede Nacht, fast jede Nacht, das Gleiche tun. Und bei jedem Wetter, das nenne ich Konsequenz. Geben Sie mir den Brief, den Sie in Ihrer Lederjacke tragen, ich werde ihn für Sie einwerfen. Und scheren Sie sich dahin zurück, wo Sie ein Dach über dem Kopf haben.

Nein, ich habe einen Schirm. Sie aber werden mir den Brief durchweichen, Sie werden mir die Adresse vom Kuvert spülen ...

Er ließ wieder sein Kichern vernehmen: Sehen Sie nicht, dass ich auf einem vollkommen trockenen Stück dieses Weges stehe?

Ich kann es nicht sehen, es ist dunkel. Es dämmert noch nicht, und ich kann nicht einmal sehen, mit wem ich spreche.

Ach! Wenn Sie mich sehen wollten, dann müssten Sie in die Vergangenheit blicken können, weit zurück in die Vergangenheit, aber das können Sie nicht. Sie versuchen nur in die Zukunft zu blicken, aber auch da sehen Sie nicht weit ...

Ein wenig Erhellung von Ihnen würde mir vielleicht weiterhelfen!

Ich kann Ihnen nicht helfen, denn ich bin nur der Briefträger ...

Der Briefträger? Jetzt sind Sie der Briefträger, vorhin waren Sie der Nachtwächter … wer oder was sind Sie denn wirklich? Nein, Sie sind nicht im mindesten wirklich, Sie sind ein Gespenst, und Sie existieren nur in meiner Einbildung!

Sie könnten Recht haben. Ich halte mich hier seit zweihundert Jahren auf, vielleicht schon seit mehr als zweihundert Jahren, ich weiß es nicht so genau. Und ich weiß nicht genau, wer ich wirklich gewesen bin, bevor ich hier unter die Räder kam. Aber mit den Ritualen des Briefeschreibens scheine ich mich auszukennen, mit den Ihren jedenfalls …

In der Stimme aus dem Dunkel war plötzlich eine große Mattigkeit; sie schien sich zu verflüchtigen oder zu verlieren, es war, als koste es sie merkliche Anstrengung, hörbar zu bleiben: Oh, wenn man mich erkennen würde, wenn man mir sagen könnte, wer ich war, wozu ich gut war, was der Sinn meines Tuns gewesen ist, dann könnte ich vielleicht von hier fortgehen, für immer. Dann könnte ich von dieser verdammten Kreuzung verschwinden, wo das Licht der Ampeln wechselt, obwohl es kaum Verkehr gibt. Die ganze Nacht wechselt das Licht, unaufhörlich, ohne anzuhalten, niemand in den Fahrzeugen kümmert sich darum.

Auch Sie kümmern sich nicht darum, wenn Sie zwei-, dreimal jede Nacht hier vorbeikommen. Auch Sie werden eines Tages unter die Räder kommen, es wird Ihnen ergehen wie mir.

Wir befinden uns hier gar nicht an der Kreuzung, die liegt ein paar hundert Meter entfernt … da drüben. Wir halten uns mitten in einer Grünanlage auf.

Sie vielleicht, Sie vielleicht! Ich kann nicht genau sehen, wo Sie sich aufhalten. Ich hatte mich nur in den Schatten der Bäume zurückgezogen, denn es wird langsam hell. Und wenn Sie heute noch mal hier vorbeikommen, mit einem Ihrer Briefe, dann werden Sie mich nicht mehr antreffen.

Heute nicht mehr, oder nie wieder? Bedeutet das, ich werde Sie nie wieder antreffen?

Müssen Sie mich treffen … Sie reden schon so ähnlich wie ich …

Rituale … rituelles Handeln ist von einer eigentümlichen Kraft. Ob Sie mir zustimmen oder nicht, es wird damit etwas aufgehalten, das verschwinden will. Ein Glaube wird damit aufgehalten, ein Glaube an die guten Geister zum Beispiel. Wie diese Ampeln den Verkehr aufhalten, obwohl da gar kein Verkehr ist …

Die Ampeln? Es gibt hier keine Ampeln … sonst könnte ich Sie sehen, im roten oder im grünen Licht einer dieser Ampeln. Es ist nicht weit her mit unserer Wirklichkeit.

Die Ampeln werden dringend gebraucht, es würde ein riesiges Chaos geben, tagsüber, ohne diese Ampeln. Es würde Tote geben …

Er sprach weiter, als ob er nur noch seiner eigenen Stimme zuhören könne: Tagsüber bin ich nicht hier, und ich weiß nicht, wo ich tagsüber bin. Und auch Sie können es mir nicht sagen … wo ich bin, wer ich bin. Wissen Sie denn, wo Sie tagsüber sind? Sie tragen Briefe umher, nachts, und ich wollte, ich hätte es ebenfalls getan. Aber vielleicht habe ich es ja getan. Es kann sein, ich habe die Briefe von Voltaire ausgetragen, hier in Potsdam. Briefe, in denen er sich beschwerte über Friedrich den Großen oder in denen er voll Lobes war über seinen König. Briefe, die bis nach Paris gingen, wo er vielleicht eine Geliebte hatte … ich wollte, ich hätte sie ihm besorgt, diese Briefschaften. Vielleicht hätte es ihm geholfen, hier wegzukommen und zurück nach Paris, wo alles viel besser ist, wie man so sagt. Zurück zu seiner Geliebten nach Paris …

Wir sind hier nicht in Potsdam, wir sind in Berlin!

Mag sein … aber auch Sie kommen hier nicht weg, Sie sind vernarrt in Ihre Rituale. Fortsetzung folgt, das ist es, was Sie hier aufhält, da haben Sie Ihre Fortsetzung. Fortsetzung folgt, wie schon gestern, vorgestern, vor einer Woche, wie schon vor zweihundert Jahren. Kennen Sie denn Ihr Leben … das ist kaum vorstellbar. Ich kenne das meine nicht, es ist durch keinen Brief überliefert. Ich habe Briefe nur ausgetragen, hin und her geflackert bin ich, mit fremden Nachrichten, ich war das Gespenst der Post, der Briefträger. Ich selbst bekam nie eine Nachricht. Und wissen Sie, was es heißt, ein Gespenst zu sein? Es ist eine Widrigkeit, es ist die gröbste Geschmacklosigkeit, die man sich denken kann. Und geschmacklos, würdelos, erbärmlich sind auch alle anderen Gespenster, die mir über den Weg laufen.

Und deshalb, meinen Sie, hätte es keinen Zweck, weiterzumachen mit den Briefen … Sie halten es für ein sinnloses Ritual?

Sie werden immer weitermachen, Sie könnten Ihre Nächte gar nicht beenden ohne Ihre Beschwörungsformeln. Andernfalls wüssten Sie am nächsten Tag nicht mehr das Geringste … wie ich. Sie würden nicht glauben, dass Sie nur geschlafen haben, Sie würden glauben, Sie kämen aus einer Welt zurück, in die es keinen Lebenden verschlägt … denken Sie sich, dass ich weiß, wovon ich rede. Oder auch nicht, mich jedenfalls werden Sie jetzt von hier verschwinden sehen …

Ich habe Sie nicht einmal kommen sehen! Und ich weiß eigentlich nicht mehr, wer hier mit wessen Stimme spricht.

Ich kann nicht sagen, ob wir uns noch einmal sehen

werden … versuchen Sie es. Schreiben Sie Ihre Briefe weiter, aber schlafen Sie zuerst. Schlafen Sie besser als ich! Und nächstens mehr …

Es wurde hell, und er glaubte plötzlich, sich auf einem vollkommen trockenen Kreis Erde aufzuhalten; er faltete seinen Regenschirm zusammen. Als er in seiner Wohnung war, bemerkte er, dass er vergessen hatte, den Brief einzuwerfen; im gleichen Augenblick fühlte er sich von ungeheurer Mattigkeit überfallen. Dem Erlöschen nahe, warf er sich in den Kleidern auf das Bett in seiner abgedunkelten Kammer; für einen Moment meinte er, er sei im Badezimmer am Spiegel vorbeigegangen und habe sich darin nicht erblicken können. Doch er war zu müde, um noch einmal aufzustehen und sich Gewissheit darüber zu verschaffen. Er fiel in einen grenzenlos tiefen Schlaf.

Wolf Singer
Improvisation als Ritual

Wir erfahren, was wir Zeit nennen, als unaufhaltsam. Sie vergeht, ob wir dabei sind oder nicht. Natürlich wären wir lieber dabei, und am liebsten bestimmten wir selbst, wie wir uns auf sie verteilen. Also muss, was kontinuierlich erscheint, segmentiert werden, in Räume eingeteilt, in denen es sich verweilen lässt. Vertraute Räume sollten es sein, in denen alles so ist wie immer, in denen jeder Schritt die in ihn gesetzte Erwartung erfüllt, in denen kein Griff ins Leere geht. Wo alles an seinem Platz, wo keine Veränderung ist, wo Hin- und Rückwege gleichermaßen zum Ziel führen und austauschbar werden, dort verliert die Zeit ihre Richtung und damit sich selbst. In solchen Räumen ist gut sein. Tür zu, Zeit ausgesperrt. Das Wohlbehagen zeitloser Geborgenheit in der Wiederkehr ist eine Wonne, die süchtig macht, es mit der Gier nach Neuem leicht aufnimmt. Wir verfielen der Lust am allabendlichen Ritual des Vorlesens immer gleicher Geschichten, obwohl es noch fast alles zu entdecken gab, wir hatten es nicht gerne, als sie die lateinische Liturgie änderten, obgleich wir hinfort den Worten folgen konnten, und wir schmücken den Baum wie immer, obgleich das Christkind nicht mehr kommt, und wenn alles genau befolgt wird, dann lässt sich kurz übersehen, dass nicht mehr alle dabei sind. Aber wenn die Zeit es nicht zulässt, die großen Räume einzurichten und diese wieder und wieder zu begehen, und wenn die Muße fehlt, um die gleichen Geschichten ihrer Vertrautheit wegen wieder und wieder zu hören? Und wenn die großen, immer gleichen Inszenierungen nicht mehr besetzt werden können, weil die Protagonisten sich über die Kontinente verstreuen und in stetig sich ändernden Konstellationen neue Stücke aufführen müssen? Was, wenn sich selbst die kleinen Nebenzeiträume nicht halten lassen, der Jour fixe wegen Unaufschiebbarem immer weiter vertagt werden muss, wenn der Rückzug mit der Kaffeetasse in der Linken und der – mit fast anachronistischer Verlässlichkeit allmorgendlich vorgefundenen – Zeitung in der Rechten nur noch ab und an gelingt, was, wenn Verabredungen an Dazwischengekommenem scheitern, wenn fortwährende Einbrüche von Neuem unablässig zur Nachbesserung gefasster Pläne zwingen, wenn der durchlebte Tag mit dem morgens erwarteten kaum etwas gemein hat und keiner mehr dem andern gleicht. Wie dann der Zeit entkommen? Womit die kostbare Illusion des Stillstands nähren, wenn nichts je wiederkehrt, nichts wiederholt werden kann, wenn selbst der Rückweg weiterführt?

Wenn Unvorhersehbarkeit gewiss und die Stetigkeit des Wandels verlässlich ist, dann sollten wir darauf eingerichtet sein. Wir sollten über Strategien der Daseinsbewältigung verfügen, die diesen fundamentalen Eigenschaften unserer Lebenswelt Rechnung tragen. Es wäre verwunderlich, wenn der Evolution entgangen sein sollte, dass Unvoraussagbarkeit und Irreversibilität das Wesen des Lebendigen ausmachen. Und vermutlich ist es ihr nicht entgangen, denn wir alle beherrschen die Kunst der Improvisation, die Kunst, Neuem durch Neues, Überraschendem durch Überraschungen und Wandel durch Verwandlung zu begegnen.

Ich schlage deshalb vor, die Ausübung dieser Kunst zum Ritual zu erheben und den Akt der Improvisation selbst als das einzig Beständige, das einzig Wiederkehrende zu zelebrieren. Das erlöst von dem mühseligen und immer wieder enttäuschten Versuch, dem Wandel Riten entgegenzusetzen, die selbst, wie alles Verwirklichte, der Zeit verfallen sind. Die Improvisation hingegen unterwirft sich die Zeit. Sie bekennt sich klug zum Wandel, weiß um die Unwiederholbarkeit und freut sich an der Überraschung. Gelingt es, die Improvisation zu ritualisieren, sie allmorgendlich als Vertraute gegen das Unvorhersehbare zu setzen, dann versöhnen sich unverhofft zwei antithetische Sehnsüchte, die eine, die ihre Lust im Neuen sucht, und die andere, die nach Geborgenheit im immer Gleichen strebt. Zwei Kinderträume, die es vor der Zeit zu schützen gilt.

Rainer Merkel
Kurz vor dreiundzwanzig Uhr

Anne hat sich neuerdings angewöhnt, über ihre alten Beziehungen zu sprechen, über die großen Liebesgeschichten der Vergangenheit. Es sind alte, weit zurückliegende Geschichten, die vielleicht die ersten Anzeichen einer gewissen Entfremdung sind. Ihre Müdigkeit und beinahe resignative Eleganz, mit der sie davon erzählt, lösen auch bei mir eine immer größere Müdigkeit und Teilnahmslosigkeit aus, und manchmal kommt es mir so vor, als führten diese Geschichten, diese Abrechnungen und Zusammenfassungen, diese Inhaltsangaben des Scheiterns, in eine vollständige Dunkelheit hinein, in die Dunkelheit nächtlicher Überlandfahrten, bei denen am Straßenrand kurz etwas aufflammt, etwas Vergangenes, das glühend einem noch tagelang in Erinnerung bleibt. Solche Geschichten führen zu nichts, allenfalls lösen sie andere Geschichten aus, die, wie Anne sagen würde, »kontraproduktiv« sind, und wenn ich abends im Bett liege und nicht einschlafen kann, in einem mit flauschigen Teppichen ausgestatteten Hotelzimmer, tauchen sie manchmal auf, und es dauert eine Weile, bis sie wieder verschwunden sind. Gerade wenn ich nicht an sie denke und mich in Sicherheit wähne, in der luxuriösen, gedämpften Atmosphäre des Vier-Sterne-Hotels. »Dann nimm dir doch auch welche mit«, hat Anne neulich am Telefon gesagt, als ich ihr erzähle, dass ein Arbeitskollege jeden Abend Schlaftabletten nimmt. Ich richte mich etwas auf, schiebe das Kopfkissen mit den Ellbogen an die Wand und schaue nach vorn. Wie Anne sagt: »Dann nimm dir welche mit. Nimm dir einfach welche mit.« Als wäre sie selbst schuld, dass ich mir so etwas anschaue, während ich mit dem linken Fuß den Teppichboden berühre, sanft, verspielt und mit irgendetwas in Kontakt, das vielleicht zweihundertfünfzig Mark wert ist, wenn man also die Kosten für die Übernachtung spaßeshalber einmal Gestalt annehmen lässt, ohne dass der Film, der wahrscheinlich zwanzig oder fünfundzwanzig Mark kostet und den ich zweifellos selbst zahlen muss, schon mitgerechnet ist. Anne in ihrem hageren, ereignislosen Körper. Ihr scharf geschnittenes, eckiges Gesicht, ihr Emulgatoren-Gesicht, das von Nahem betrachtet ihr ganzes Kapital ist und doch allmählich immer mehr an Ausstrahlung verliert. »Dann nimm dir doch welche mit.« Und ich überlege schon, wie ich die sandfarbene Stehlampe auf der Kommode aus dem Blickfeld schaffen kann, ohne dass ich aufstehen muss. Es gibt tatsächlich keinen Schalter, keine Möglichkeit, sie auszuschalten oder herunterzudimmen, wie man das in so einem Hotel erwarten kann, dass man also alles herunterdimmen, bedienen, anschalten oder ausschalten kann, und zwar alles vom Bett aus und in einem Zustand des Halbschlafes. Das ist Annes Schuld. Dass ich zu solchen Angewohnheiten zurückkehre und also wieder damit anfange, mit ein paar Tastenkombinationen, zwanzig oder fünfundzwanzig Mark, und der Gedanke, dass das da vorne früher oder später eine bestimmte Grenze erreicht, so wie es jetzt schon so wohltuend mechanisch und fröhlich, auf eine so sportliche Art unbeschwert zugeht. Früher oder später wird es, wie ich es mir schon jetzt, in einer abgebrühten und im Grunde verkrüppelten Phantasie ausmale und dieser wahrscheinlich gerade mal zweiundzwanzigjährigen Hausfrauendarstellerin auf den Leib wünsche, bis zum Äußersten gehen, und zwar ohne Gnade, bis zum allerletzten Moment. Ihre Haut ist olivfarben, ein dem Teppichboden angepasster Teint, gar nicht mal künstlich gebräunt, kombiniert mit der leichten Ekel auslösenden Bleichheit des Partners. Es ist nicht gerade anmutig. Es ist direkt, umissverständlich, grob. In dieser Vier- oder Fünf-Sterne-Herrlichkeit, in dieser in sich versunkenen Teppichlandschaft, dieser Mooslandschaft, in diesem warmen, kostspieligen Schlafparadies. Annes Neigung zur Meta-Ebene. Wie sie immer wieder über ihre alten Liebesbeziehungen spricht. In einer geradezu erhabenen Gnade und Weisheit lässt sie sich darüber aus, so als wären ihre Liebhaber bemitleidenswerte Existenzen, Wesen, die aus göttlicher Sicht gescheitert sind. »Wir fangen aber jetzt nichts mehr an«, sagt sie dann. »Ich habe jetzt keine Lust, und du?« Und wie sie sich vor dem Schlafengehen immer eincremt, die Nachtcreme aufträgt, als käme sie damit leichter durch die Dunkelheit, tatsächlich ein transitorisches Moment, so wie ich es einmal gelesen habe, dass eine Frau, die den Ärmelkanal durchquert hat, sich zum Schutz vor der Kälte dick mit Fett eingeschmiert hat. Wie sie dann immer erzählt, von ihren Erinnerungen, ihren alten Beziehungen, ihrer ersten großen Liebe zu Dr. Busche, einem Juristen aus dem Innenministerium. Damals, sagt sie, wusste sie mit ihrem Körper noch nichts anzufangen und hat mit Hilfe von Dr. Busche experimentiert. Emulgatoren, verschiedene Trainingsprogramme und Gedanken an Problemzonen, die für mich mittlerweile zu Tabuzonen geworden sind, die ich umso mehr aber in mein tägliches um Anne kreisendes Körpergebet einschließe. Zum Beispiel: »Sei bloß froh, dass Anne in dieser Hinsicht …« Oder: »In dieser Hinsicht ist Anne immerhin …« Es sind Selbstgespräche, von denen Anne nichts weiß, und tatsächlich, wie ich an solchen Abenden, an diesen bis ins Letzte durchgeplanten, durchinszenierten Hotelabenden, leicht sehen kann, auch besser nichts erfährt.

Das Licht stört. Das Licht der sandfarbenen Lampe auf der Kommode. Ich sollte es ausschalten. Der diskrete, zeltähnliche Schirm, der das Licht wie ein Vorhang umgibt, wirkt neutral und verschwiegen, aber je länger ich hinsehe, desto mehr erinnert er mich an unser Wohnzimmer und unsere heimische Stehlampe, die nur selten zum Einsatz kommt. »Und du?«, fragt Anne abends vor dem Schlafengehen. »Hast du Lust?« Ihr Insistieren darauf, dass ihre Beziehungen gescheitert sind. Ihr müdes, kraftloses Erzählen wird nur während meiner Dienstreisen kurz unterbrochen, während derer sich die ausführliche Beschäftigung mit der Vergangenheit und das mitleidige Analysieren von unglücklichen Exliebhabern, wie Dr. Busche, verbietet. Bei meinen Dienstreisen, zu denen ich mich jetzt hochgearbeitet habe und die mir einen gewissen Komfort und finanziellen Spielraum bieten, ist Anne immer sehr diskret. Aus der Ferne gibt sie sich bemüht, ist an meinem Wohlergehen, meinem guten Schlaf und meiner seelischen Ausgeglichenheit interessiert. Meine Arbeit in der PR-Abteilung einer Messebau-Firma ist nicht gerade spektakulär, und unsere abendlichen Telefonate kreisen um einfache und banale Themen, die Anne mit einer geradezu überirdischen Fürsorglichkeit und Großzügigkeit über sich ergehen lässt. Anne schweigt, hört zu und gibt mir Tipps zum Einschlafen, wenn ich mit müder Stimme davon erzähle. »Dann nimm dir doch auch welche mit«, sagt sie, »nimm dir welche mit, oder findest du das etwa peinlich?« Und während ich mit dem linken Zeh, der wahrscheinlich von Fußpilz befallen ist, über den Teppichboden streiche, mechanisch, wie bei einem Kind, das ich zum Einschlafen zu bringen versuche, nimmt die Erregung wieder zu. Man muss mit seinem Körper etwas anfangen, denke ich. Fünfundzwanzig Mark, dreißig Mark. Allein diese teilrasierte, teilentblößte, mir entgegengähnende Furchenlandschaft der kumpelhaften, kurzhaarigen Hausfrauendarstellerin. Die rosafarbene verletzlich wirkende Gestalt ihres Partners. Stundenlang werden Stellungen wiederholt, bis zum Erbrechen durchexerziert, als müsste für jede Position ein ausreichender Zeitraum geboten werden, in dem man also so weit alles hinbekommt, wenn man sich rechtzeitig in Schwung gebracht hat. Ich ziehe die Bettdecke hoch. Das Hochziehen der Bettdecke ist sozusagen Auftakt oder Einleitung, wenn ich mich auf das Ausmaß der Stimulation schon ein bisschen verlasse und dem weiteren Geschehen sozusagen blind folgen kann. Ausdruck einer Diskretion, die mir, gerade weil sie überflüssig und sinnlos ist, umso würdiger und anständiger erscheint. Ich konzentriere mich auf das golden schimmernde Fußkettchen der Hausfrauendarstellerin. Das Licht stört. Das Licht der sandfarbenen Tischlampe, die man vom Bett aus nicht bedienen kann und die als heller, sonnengelber Fleck auf ihren olivfarbenen Körper fällt. Ich versuche mich zu konzentrieren. Ich denke daran, dass ich es im Notfall auch mit der Erinnerung an die vor zehn Minuten gezeigte Stellung versuchen kann, die sich wie eine Verletzung wellenartig in meinem Gehirn ausbreitet, größer werdend, wuchert und sich dabei immer mehr verdunkelt. Dieses kleine, winzige am Fußkettchen baumelnde Schmuckherzchen, golden, wie es bei jeder Bewegung wie ein Messinstrument ausschlägt. Die Haus-

frauendarstellerin bückt sich, der rosafarbene, Ekel auslö-
sende Körper ihres Partners füllt den ganzen Bildschirm
aus, und dann fängt auf einmal der Oralverkehr an, zeit-
versetzt und von der üblichen Dramaturgie gesehen viel
zu spät, von den anderen Ereignissen längst überholt, ein
Rückfall in alte Bilder und Szenen. Ich hebe den Fuß,
höre mit dem Streicheln des Teppichbodens auf, während
der flachsfarbene Kopf der Hausfrauendarstellerin hoch
und runter wippt und ich auf einmal merke, dass es
schwierig wird, dass ich unter Umständen, wenn sich alles noch länger hinzieht, Anne später nicht mehr anrufen
kann. Dass es einfach zu spät und die magische 23-Uhr-
Grenze überschritten wird. Dreiundzwanzig Uhr. Die
letzte Möglichkeit, Anne anzurufen, wie bei den letzten
beiden Dienstreisen auch, wo sich alles auf geradezu pro-
vozierende und dann auch wieder lieb gewonnene Weise
wiederholt. Es ist eine Entfernung, die nicht leicht zu
überbrücken ist, im Grunde nur wenige Kilometer, die
am Telefon aber leicht ozeanische Ausmaße annimmt
und das Gefühl der Trennung nur noch verstärkt. Die
Hausfrauendarstellerin nimmt die Hände zur Hilfe. Sie
nimmt die Hände zur Hilfe, um ihre Körperöffnungen
ins richtige Licht zu setzen. Eine ungeheure Anstrengung,
ein standbildverdächtiger, sich ausdehnender Moment.
Sie hält mit beiden Händen ihr Gesäß umfasst, in einem
großen dramatischen Griff, so als wollte sie sich auseinander reißen, während sie sich gleichzeitig an sich selbst
festzuhalten versucht. Sie greift mit den Händen nach
sich, reißt sich mit den Händen auseinander, eine beinahe wütende Entblößung. Demütig und Furcht einflö-
ßend zugleich. Als suchte sie selbst nach etwas, was sie
nicht sehen, nicht erkennen kann und was ich, wir, alle,
die wir jetzt in dieser Vier- oder Fünf-Sterne-Herrlichkeit Zeugen sind, für sie entdecken sollen. Allein dieser

Gedanke lässt mich jetzt etwas verkrampfen, lässt mich innehalten, ein kurzer Moment der Erstarrung, während die Hausfrauendarstellerin einfach weitermacht. Eine Anstrengung auf höchstem Niveau, die man ihr, wenn man sie beim Einkaufen irgendwo auf der Straße treffen würde, gar nicht zutraut, so wie man Schauspieler und Leistungssportler außerhalb ihres Umfeldes für gar nicht so stark hält, wie sie einem im Augenblick ihres Auftritts immer erscheinen. Ich lasse jetzt beide Füße, die schon etwas kalt sind, nach unten sinken, so als wollte ich aufstehen und zur Tür gehen. Die Erregung lässt nach. Ich könnte aufstehen. Ich könnte den Fernseher ausschalten. Eine Möglichkeit hemmungsloser und in diesem Moment unverantwortlicher Verschwendung. Ein kurzer, blitzartiger Gedanke. Ich bringe es hinter mich, schnell, kompromisslos, ohne das optimale, nicht mehr zu überbietende Bild. Das Eincremen in der Nacht. Wie ich manchmal denke, dass ich den Glanz ihrer Haut im Dunkeln spüren kann. Ich darf gar nicht darüber nachdenken, welche Funktion die verschiedenen Bestandteile haben und dass es tatsächlich Harnstoffe sind. Es dient alles dem Übergang, dem Weg in die Tiefschlafphase. Ihr glänzendes unsichtbares Gesicht. Und das macht den ganzen Reiz dieser Hotelnächte aus. Diese enormen Kosten, diese sinnlosen Ausgaben, wo man es zu Hause mit Standbild und Vor- und Rücklauf viel leichter haben kann. Dieser von außen aufgezwungene Leistungsdruck, es also in der vorgegebenen Zeit zu schaffen, den richtigen, auch vom Film her, vorgegebenen Zeitpunkt, den Moment der Verdichtung, der bis zum Äußersten geht, zu erkennen. Danach kommt nichts mehr, kann nichts mehr kommen, allenfalls ein neuer Anfang, ein neuer Beginn. Abschied von der Hausfrauendarstellerin mit ihrem olivfarbenen Teint, der Ekel auslösenden rosafarbenen Haut ihres Partners. Und dann: Begrüßung der nachfolgenden Darstellerin, die vielleicht eine Bürokauffrau oder Büroangestellte ist, Begrüßung des nächsten Programms, dessen Ablauf man schon verinnerlicht hat. Und tatsächlich Oralverkehr. Gerade Oralverkehr zieht sich unendlich lange hin, während man nur mühsam Konzentration und Aufmerksamkeit aufrechterhalten kann. Letztlich ist es Annes Schuld. Ihre Schuld. Wie sie schon seit langem mit ihren alten Beziehungen kokettiert, ihren abgelegten Liebhabern, ihren verschwundenen Bewunderern. Dr. Busche, der Mann aus dem Innenministerium, der halbseitig gelähmt war und im Auto das Gaspedal statt auf der rechten auf der linken Seite hatte, sodass Anne, wenn sie den Wagen benutzte, das Gaspedal, das dank eines Stecksystems herausnehmbar war, vertauschen musste. Und gnade ihr Gott, wenn sie das einmal vergaß. Die Hausfrauendarstellerin sieht jetzt etwas angespannt und gestresst aus, ihre Gesichtszüge verrutschen zu einem Ausdruck, der leidvoll und sehnsüchtig ist. Die Kamera geht ganz nah heran, an ihr Gesicht, wie sie sich mit der kleinen, erstaunlich hellen Zunge über die Lippen leckt, in einem scheinbar verzweifelten, der Dramaturgie des Geschehens ergebenen Gehorsam, der ihren Körper ergriffen hat, während ihr Geist, ihre Seele zerfließt, ein Gedanke, der mich auf einmal vollkommen aus dem Rhythmus bringt. Ihr Geist, ihre Seele zerfließt. Anne fragt manchmal am Telefon: »Und? Kannst du einschlafen?« Als wollte sie mir Absolution erteilen. Die Hausfrauendarstellerin leckt sich mit der Zunge über die Lippen, und ich bin mir sicher, dass sie es nicht freiwillig tut, dass es ihr irgendjemand sagt, so wie sie es mit einer so verkrampften, bemühten Eindeutigkeit tut, es herunterzieht auf einen rein körperlichen Mechanismus, in dem sich ihre ganze Ekstase verliert, und ich sehe sie jetzt wie

34

eine Mahnung, keinen Schritt weiterzugehen, weder in die eine noch in die andere Richtung, geradezu eine Aufforderung, liegen zu bleiben und nichts mehr zu tun. Dr. Busche hat sich mit der Abgleichung von Fingerabdrücken von Asylbewerbern beschäftigt, wie Anne schon ein paarmal erzählt hat, eine Methode der Standardisierung entwickelt, damit sich Asylbewerber unter Vortäuschung einer falschen Identität keine Leistungen vom Staat erschleichen. Leistungen erschleichen, so wie ich es tue, während ich im Halbdunkel des Hotelzimmers auf dem trocken knisternden Laken liege und in einer kurzen Anwandlung die Bettdecke, die die ganze Zeit stört, mit ein, zwei energischen Fußtritten nach unten befördere. Sie bleibt auf dem Teppichboden liegen, eine kleine vom Himmel gefallene Wolke, wie aus dem Bild herausgeplumpst, in dem die Hausfrauendarstellerin jetzt von der anderen Seite zu sehen ist, wie sie zu dem schon seit Minuten gebotenen Anblick gewissermaßen zurückschaut, der Anblick, der sich jetzt ihrem Partner bietet, der sich ihr nähert, schwerfällig und gleichmütig, ein Kraftsportler, der mit der Arbeit an seiner Maschine beginnt und sich dabei ganz auf das Zusammenspiel von Körper und Technik verlässt. Ich erschleiche mir Leistungen, still und heimlich, aber im Gegensatz zu den Asylbewerbern bezahle ich dafür und nicht zu knapp.

Den ganzen Tag habe ich mich auf diesen Moment vorbereitet. Den kurzen Augenblick, den Moment der Ekstase, bevor ich Anne anrufe. Kurz vor dreiundzwanzig Uhr. Ein Gefühl der Vorfreude, das mich auf verschlungenen Wegen in die Dunkelheit des Abends hineinführt, bis in den hintersten Winkel des Hotels, in dem das Zimmer am Ende des Ganges mit seinen schweren kamelhaarfarbenen Vorhängen auf angenehme Weise müde und dekadent aussieht. Es ist nur folgerichtig und angemessen, dass ich den Fernseher einschalte und mich mit ein, zwei Tastenkombinationen zu der rosafarbenen, Ekel auslösenden Helligkeit vortaste. Ich bin mit wachsender, aber routinierter Anteilnahme dabei. Ich kenne die kleinen Ungerechtigkeiten und Härtefälle des Lebens, wie sie der Hausfrauendarstellerin jetzt widerfahren, und ich sage noch, und in Wirklichkeit ist damit Anne gemeint, dass ich »nichts dafür« kann, dass es schließlich »ihre Schuld« ist, wenn sie sich darauf einlässt, und die Erregung nimmt wieder zu. Ich überlege jetzt, dass tatsächlich alles sehr schnell gehen und zu einem guten Ende geführt werden kann. »Das hast du dir selbst eingebrockt«, sage ich in das verzerrte und immer mehr verrutschende Gesicht der Hausfrauendarstellerin hinein, »du hast es dir selbst eingebrockt«, und es ist eine klebrige und unschöne Phantasie, der ich jetzt freien Lauf lasse, um alles, wie es sich schon den ganzen Tag hingezogen hat, zu beschleunigen und in einen Moment absoluter und nicht zu überwindender Geschwindigkeit zu verwandeln, die früher oder später unwiderstehlich, glühend und berauschend sein wird. Ich schaue auf die Hausfrauendarstellerin. Mit ihrer olivfarbenen Haut, mit ihrem dunklen, beinahe ins Negroide tendierenden, jetzt fast vollständig hinter ihrem Gesicht aufsteigenden Rumpf. Ihr Gesicht ist nach unten gedrückt, mit der linken Wange auf den hellen Pressspantisch ihrer karg eingerichteten Einbauküche, während sie sich mit den Händen irgendwo abstützt, vielleicht an der Wand, die in diesem Moment mit der Kamera identisch ist. Vier oder fünf Sterne. Die Hausfrauendarstellerin verzieht das Gesicht und ihr Körper wird von etwas erschüttert, von dem ich jetzt nur noch hoffe, dass ich es nicht sogleich zu sehen bekomme, dass es mir noch eine Weile, einen ausreichenden Zeitraum lang, vorenthalten wird, während ich schon nach dem Taschentuch taste, dem kleinen zusammengefalteten Endpunkt meiner abendlichen Routine. Ich taste danach, suche es, und ich werde nervös, weil ich auf einmal merke, dass dieses Bild, das Gesicht der Hausfrauendarstellerin, jederzeit ersetzt und schon im nächsten Moment ausgetauscht werden und dass ich mich gerade heute bei dem Anblick dieses einfachen und banalen Gesichts am besten konzentrieren kann. Dieses Gesicht, nach allem, was mit ihm passiert ist, was man mit ihm gemacht hat, nur ihr Gesicht, auf dem sich alles in einer geordneten und geradezu ästhetischen Zusammengedrängtheit und Verdichtung abzeichnet. Die Lippen, die sie jetzt geschlossen hält, unfähig, das Ausmaß des Geschehens auf irgendeine Weise noch länger auszudrücken, und sei es, dass sie sich mit der Zunge über den Mund fährt. Und ich merke jetzt, kurz vor 23 Uhr, als ich das Taschentuch suche, das aus ästhetischen und dramaturgischen Gründen in einem entlegenen Winkel unter dem Bett liegt, wie alles auf einmal ganz leicht und spielerisch wird, wie sich alles zusammenfügt. Ein paar Handgriffe noch, ein ganz einfaches schlichtes Tun, eine bis zum Ende gedachte Phantasie. Ich schaue auf die Hausfrauendarstellerin. Ich sehe Anne vor mir, auf der Bettkante, am Rande der nächtlichen Dunkelheit, mit weiß eingeschmiertem Gesicht und einer fast zu Ende erzählten Geschichte im Mund, das Innenministerium, wie es sich in Luft auflöst, und ich sehe den Tag als eine sich langsam aufrichtende, wieder zu sich kommende Einheit, die am Ende aus einer dumpfen Schwermut und einem sich weit öffnenden Schlund besteht, in dem alles aufgenommen, heimgeholt wird und schließlich versinkt. Ich sehe Blitzlichter, schnelle schockhaft belichtete Einzelaufnahmen, und ich ignoriere sie, rase an ihnen vorbei, glühend, in Gedanken an einen punktuellen, maßlosen Schweißausbruch, und ich sage noch: »Jetzt kannst du mal sehen«, sage ich zur Hausfrauendarstellerin, »jetzt kannst du mal sehen«, als ich auf einmal merke, dass das Versteck leer ist und dass das Taschentuch fehlt.

Ich muss sofort aufstehen. Es wäre Anne gegenüber unfair, denke ich. Unpassend. Ich richte mich auf, setze die Füße, die wahrscheinlich von Fußpilz befallen sind, was ich schon seit Wochen vor Anne verberge, auf den weichen, fellartigen Teppichboden, als mir auf einmal einfällt, als mir in aller Klarheit zu Bewusstsein kommt, dass ich unmöglich jetzt, in diesem Moment eine Pause riskieren kann, dass ich in diesem noch immer fiebrigen, flatternden Zustand unmöglich Anne anrufen und mit ihr sprechen kann und dass ich nicht umsonst jeden Abend, jede Nacht, auch wenn es noch so lange dauert, die zwanzig oder fünfundzwanzig Mark investiere, um schließlich in einem Zustand der Entspannung, in einem Zustand des inneren Friedens ein paar Worte an Anne zu richten. Ich schaue auf die Hausfrauendarstellerin. Ihr Gesicht ist von einer großen rosafarbenen Kraft ergriffen und scheint jetzt beinahe in einem Zustand des Tiefschlafs, in einem Zustand der Gefühllosigkeit, nur noch allein Spiegel dieser sie heimsuchenden Kraft zu sein, die ihr alle emotionale Energie raubt, ihr alles vollständig entzieht, denke ich, während ich leicht schwankend auf dem waldbodenfarbenen Teppich des Hotelzimmers stehe, vier oder fünf Sterne, und überlege, wie ich diese neuerliche Steigerung, diesen Verlust, diese Zerstörung in ihrem Gesicht für mich ausnutzen kann. Vielleicht geht es im Stehen ohnehin besser, jetzt sofort, in aller Schnelle. Dr. Busche, der Mann vom Innenministerium. Der rosafarbene Partner der Hausfrauendarstellerin erinnert mich an ihn, vielleicht, weil er so bürokratisch und stur seinem einmal eingeschlagenen Weg folgt, tatsächlich ein Hochleistungssportler, ein Erfüllungsgehilfe. Ich setze mich in Bewegung und gehe langsam am Fernseher vorbei, ein paar Schritte in Richtung Badezimmer und bleibe dann im Flur stehen. Annes Neigung zur Meta-Ebene, ihre Bedürfnisse, die mir in den letzten Jahren fremd geworden sind, reduziert auf ein paar alte Beziehungen, mit denen sie kokettiert, ihr ständiges Sich-Eincremen, Sich-Einbalsamieren, ihr müdes, zähes, gebräuntes Emulgatoren-Gesicht. Ich stehe schon halb im Flur, unentschlossen, was ich tun soll. Die Erregung hat nachgelassen, die Signale haben sich zu einer unmissverständlichen Botschaft verdichtet, zu einem nicht zu überhörenden Befehl, dort vor meiner Zimmertür, die mir jetzt in dem halbdunklen und nur von den beiden Spiegelflächen diffus aufgehellten Flur unnötig groß und monumental erscheint. Ich ziehe das Bettzeug hinter mir her, das schwer über den Teppichboden schleift, das Stöhnen der Hausfrauendarstellerin im Ohr, abgehackt, in seinem vorgegebenen Rhythmus scheinbar um Ökonomie, Sparsamkeit und Effektivität bemüht, und ich könnte vielleicht ihre Stimme nehmen, ich könnte es vielleicht damit tun, ihr Stöhnen, das möglicherweise von einer ganz anderen Darstellerin den Bewegungen ihrer Lippen entsprechend nachgesprochen wird, ihre Synchronstimme, die mir jetzt in stumpfer Freudlosigkeit bis zur Tür folgt, während der Widerschein ihres Körpers und das Aufblitzen ihres Fußkettchens sich mit der rosafarbenen Bleichheit ihres Partners zu einem milden Flackern vereint. »Ja«, sagt sie plötzlich. Oder irgendjemand sagt: »Ja … ja, ja, ja.« Ich überlege, ob ich mich umdrehen soll. Die Hausfrauendarstellerin stöhnt kurz auf. Ich stehe, in die viel zu schwere Bettdecke gehüllt, vor der Badezimmertür, das Ensemble aus Fernseher, Stehlampe und in ihren Verrichtungen gefangenen Körpern hinter mir. Ich höre der Hausfrauendarstellerin zu. Ihre Stimme klingt gewöhnlich und geradezu dreist. Es ist wirklich eine ganz einfache und schlichte Person, denke ich, während ich auf einmal in einer für mich selbst überraschenden Geschwindigkeit die Rückkehr der Erregung spüre. Sie kommt ganz plötzlich, unaufhaltsam und ohne jede Bedingung, ganz ohne Probleme, als hätte sie mich in letzter Sekunde, im Halbdunkel des Flures noch eingeholt. Kurz vor dreiundzwanzig Uhr. Sie ist einfach da, kommt ohne jedes Bild, ohne Erinnerung, und ich bin tatsächlich in diesem Moment dankbar und spüre eine große Demut, während die Hausfrauendarstellerin immer wieder »ja, ja, ja« ruft, als wollte sie sich mit ihrer eigenen Stimme schlagen, mit ihrer eigenen Stimme in ihrem tiefsten Inneren berühren. Ich mache die Augen zu, entspanne mich, und dann, und ich halte es noch zuerst für ein Geräusch aus dem Film, ein fälschlicherweise aufgenommenes Signal, klingelt das Telefon.

Es klingelt drei- oder viermal, ich stehe erstarrt mit dem Rücken zum Fernseher im Flur. Dr. Busche, der Mann vom Innenministerium, denke ich noch. Es ist nur ein kurzer, absurder Gedanke. Ein Ausfallschritt, ein Sprung in der Phantasie. Ich drehe mich um. Die Bettdecke, sandfarben wie die Tischlampe neben dem Fernseher, die man vom Bett aus nicht bedienen kann, ist zu schwer. Ich kann sie nicht mehr halten, und sie fällt nach unten. Ich stehe nackt im Flur. Nicht schlecht, denke ich noch und öffne in einem Moment der Irritation beinahe die Tür. Als könnte draußen jemand stehen, der mich in Empfang nimmt. Die Hausfrauendarstellerin gibt einen leisen, teilnahmslosen Ton von sich, ein mattes, zielloses Grunzen, das aber, wenn man es sich genau überlegt, genauso von ihrem Partner stammen könnte. »Ja«, sagt sie.

»Ja, ja, ja.« Das Klingeln hört nicht auf, und während ich noch mit dem Gedanken spiele, es einfach zu ignorieren und weiterzumachen, weiß ich doch schon, dass ich gleich den Telefonhörer abnehmen und mit Anne sprechen werde. Ich habe ihre Geduld zu sehr auf die Probe gestellt, und jetzt hat sie keine Lust, noch länger zu warten. Ich stelle den Ton leiser und lege mich aufs Bett und versuche vom Bett aus während des Gesprächs mehrmals mit dem ausgestreckten Fuß die im Flur liegende Bettdecke zu erreichen. Anne ist sehr schweigsam. Sie spürt meine Anspannung, und im ersten Moment denke ich noch, ich schalte den Fernseher sofort aus, aber dann denke ich, dass ich die nachfolgende Dunkelheit und Stille, die Umkehrung der Reihenfolge, den auf den Kopf gestellten Tag, nicht so ohne weiteres ertragen kann. Ihre Stimme legt sich wie ein Schleier über das Geschehen auf dem Bildschirm. Die feierliche, sich leicht zu mir hinunterbeugende Friedfertigkeit, diese feierliche Ruhe danach. Wie ich es schon oft erlebt habe, diese langsam vielleicht von den Zehen, den pilzbefallenen Füßen her aufsteigende Melancholie unmittelbar danach, kurz bevor die Müdigkeit über jedes Gefühl siegt. Der Moment des Anrufes, kurz vor dreiundzwanzig Uhr. Anne ist mir zuvorgekommen. Ihre Stimme kommt von ganz oben, von einem schwer zu erreichenden Plateau, einer Anhöhe, die ich an diesem Tag knapp verfehlt habe. »Kannst du wieder nicht einschlafen?«, fragt sie, als wäre ich derjenige gewesen, der angerufen hat. Als hätte ich sie um Rat gefragt. Meine Schweigsamkeit, meine gespielte Müdigkeit interpretiert sie als banales, menschliches Problem, das sie bedauern und bemitleiden kann. Dass man nicht einschlafen kann, während sie, eingecremt, eingeschmiert und gut vorbereitet, selbst im Schlaf noch wach bleibt. Und ich denke, es fällt mir in diesem Moment ein, während die Hausfrauendarstellerin sich umdreht und ihre Beine an den Kniekehlen noch oben zieht, dass Anne wahrscheinlich Angst vor mir hat, dass sie sich vor mir fürchtet, vor meinen unausgegorenen nächtlichen Phantasien, meinen Begierden, wie sie sie von Dr. Busche, dem Kunstliebhaber und promovierten Juristen, nicht kennt. »Ich würde viel lieber mit *dir* schlafen«, sage ich, und es ist tatsächlich eine sinnlose und überflüssige Erklärung, die unser Gespräch nur unnötig in die Länge zieht. Vielleicht aus Höflichkeit, aber noch mehr aus Verzweiflung vor dem Geschehen im Fernsehen mache ich die Augen zu. »Das wäre schön«, sagt Anne überraschend, und ich nicke, während ich mit dem linken Fuß die Bettdecke zu mir heranziehe. Ich frage mich immer, warum Anne mir überhaupt von Dr. Busche erzählt und was sie mit solchen Erzählungen, solchen langen, ausgedehnten Reisen in die Vergangenheit erreichen will. Wie sie sich eincremt, wie sie sich einschmiert. Sie tut es jeden Abend, und wenn man es genau nimmt, durchquert sie dabei jedes Mal den Ärmelkanal. Sie schmiert sich ein, taucht unter, durchquert den Ärmelkanal und verschwindet in der Dunkelheit der Nacht. Irgendwo lauert eine Gefahr, eine Bedrohung, irgendwo weit unterhalb der Oberfläche, und ich denke, ich muss es herausfinden, ich muss es erforschen, während die Hausfrauendarstellerin, schweigend und mit verbissenem, zusammengekniffenem Gesicht, den Kopf abwendet, als wäre ihre Lust schon so groß, dass sie sie gar nicht mehr ertragen kann. Ich versuche es noch mal, während Anne geduldig auf eine Antwort wartet. Ich versuche es. Ich strenge mich an. »Das wäre schön«, sage ich und wiederhole es noch einmal, »das wäre sehr schön.« Ich beobachte, fasziniert und gleichzeitig abgestoßen, wie sich der Partner der Hausfrauendarstellerin über ihrem ausgestreckten Oberkörper ruckartig entleert. Es ist kein Geräusch, kein Laut zu hören. Eine ferne, unglaubwürdige Leidenschaft, wie ein Dokument aus einer vergangenen Zeit, als würde eine solche Anstrengung noch immer in aller Stille und Heimlichkeit ausgeübt. Ich ziehe die Bettdecke hoch und verfolge gebannt, wie die Hausfrauendarstellerin langsam und mit kreisenden Bewegungen alles auf ihrem Bauch verteilt. »Ich habe den ganzen Abend Fernsehen gesehen«, sage ich auf einmal zu Anne. »Das ist ja furchtbar«, sagt sie und stöhnt kurz auf. Der Bauch der Hausfrauendarstellerin erstrahlt in seiner ganzen Pracht, erfüllt von einer geheimnisvollen, glitzernden Substanz. Ich schließe die Augen und probiere das Gefühl der Müdigkeit und Erschöpfung aus, die Erinnerung an eine innere Wunde, die schnell verheilt, ein wohltuendes, sanft bis in die Knochen hineinsackendes Gefühl. Das Gefühl danach. Ich habe es diesmal nicht erreicht, aber vielleicht kann man es simulieren. »Was hast du denn gesehen?«, fragt sie, und ich öffne ein letztes Mal die Augen. Ich beobachte die Vorhänge, die sich vor dem geöffneten Fenster sacht hin und her bewegen, und spüre den flauschigen warmen Teppichboden noch an meinen Fußsohlen, die unter der Bettdecke langsam wieder warm werden. Anne spricht sehr leise. Ich gebe mich schläfrig und verträumt, während es mir so vorkommt, als habe sie sich schon um einiges entfernt. »Ich weiß es gar nicht mehr, ich glaube, ich bin eingeschlafen«, sage ich und warte darauf, dass sie mit Dr. Busche anfängt, mit irgendeiner alten Geschichte, mit deren Hilfe die Müdigkeit und der Schlaf wieder zurückkehren. Sie gleitet davon, gleitet mit ein paar beiläufigen und fürsorglichen Bemerkungen weiter, in die Nacht hinein, während ich nervös und mit nicht nachlassender Anspannung zum Fernseher schaue. Ich muss aufpassen, denke ich noch, ich muss wachsam

43

sein. Und während sie weiterspricht, achte ich auf ihre Stimme, wie sie sich anhört, ich konzentriere mich darauf, und ich denke noch, sie hört sich eigenartig an, aber auch sehr vertraut, und es ist gar nicht zu sagen, was mir an ihr so gefällt. »Glaubst du, dass du einschlafen kannst?«, fragt sie in dem Augenblick, als der nächste Film anfängt, die nächste Episode, die dem eigentlichen Geschehen noch vorgeschaltet ist, um ein bisschen Spannung aufzubauen und alles etwas hinauszuzögern, und ich frage mich noch, was das jetzt wohl kostet, wenn das Programm die ganze Nacht läuft, ohne mich, ohne dass jemand dabei ist und ohne dass jemand die ganze Zeit zuschaut. Und sie machen weiter, denke ich. Sie machen einfach weiter. Die ganze Nacht. Sie hören einfach nicht damit auf. »Bestimmt«, sage ich. »Ganz bestimmt«, sage ich, aber Anne reagiert nicht mehr.

Leander Scholz
Panik Passagen

I.

Nasenbohren zum Beispiel. Das kennt jeder. An den Verkehrsampeln, dort gibt es blöde Pausen. Oder in den
Zügen, wenn man den Blick aus dem Fenster nicht
mehr ertragen kann. Man ist mit sich selbst beschäftigt.
Das ist genüsslich. Man schließt sich ein in eine kleine
Kammer aus Unsichtbarkeit. Manchmal reicht schon
eine flinke, kaum durchdachte Geste der Ablenkung, um
sich einzunisten, die Augen vor dem Publikum zu
schließen. Beim stillen Nasenbohren betrachtet man sich
gerne im Zugfenster, wie das für andere wohl aussehen
mag. Geschützt hinter der Frontscheibe eines Autos
spielt man den unbemerkten Beobachter, auch vor sich
selbst. Man sieht sich im Blick der anderen zu, vorauseilend und abschirmend. Das ist das Moment der nasenbohrenden Schamlosigkeit: ein einsames Handeln im
öffentlichen Raum. Immer gehört dazu, dass man ertappt werden kann, jederzeit, und das heißt, dass man
noch da ist.

Anders das panische Nasenbohren. Dabei überrascht
zu werden ist, als hätte man eine Leiche in der Hand.
Diese Kammer bleibt schwarz. Hier ist das Nachsetzen in

den Nasenhöhlen kein selbstverliebtes Putzen. Man gräbt nach den eigenen Rändern, bis sich aus dem dunkelfarbigen Fund nichts mehr lesen lässt, außer der Tatsache, dass diese Nase immer noch meine ist, die ich mir fast aus dem Gesicht reiße. Meist ist der Anlass des nasalen Suizids eine schlechte Nachricht. Vielleicht nicht einmal eine solche, die über einen Monat oder über ein Jahr hinaus schlecht zu nennen ist. Aber eine, die sich noch steigern lässt. Unmittelbar vor dem panischen Nasenbohren läuft das Leben ab und vorbei.

Es ist schon einmal abgestürzt. Und zwar so gründlich, dass man sich distanzieren möchte. Zum ersten Moment der Panik kommt ein zweites hinzu: das illoyale Verhalten des panischen Ichs.

Man bohrt nämlich weiter, obwohl es überhaupt nichts mehr zu finden gibt. Man stochert in seinem Gesicht herum, als säße irgendwo doch noch eine Kakerlake, die weitaus mehr über einen weiß, als man selbst in Erfahrung bringen kann. Man wühlt grundlos, weil man nicht mehr da sein will, wo man sich gerade sucht.

II.

Oder panisches Zigarettenrauchen zum Beispiel. Man raucht nicht, weil man vielleicht nervös ist. Natürlich auch nicht aus Genuss. Und auf keinen Fall schlicht aus Gewohnheit wie sonst oder etwa, um sich für irgendetwas zu belohnen. Im Gegenteil, die Situation verhält sich wie folgt: leichte Kopfschmerzen, mittlere Übelkeit, unerklärliche Mattheit, ganz allgemein ein äußerst ungenaues Empfinden der eigenen Stimmung. Auf die Frage, wie es einem geht, hätte man keine ordentliche Antwort parat. Das ist zugegebenermaßen meistens so. Aber in diesem Fall verhält es sich anders. Die Frage stellt sich nicht einmal mehr. Sie ist abhanden gekommen und mit ihr die letzte Möglichkeit, sich Strategien für den folgenden Tag auszudenken.

Die nächste Zigarette verbessert diesen Zustand nicht. Wie immer will man aufhören mit dem Rauchen. In der Schachtel befinden sich noch fünf oder sechs Zigaretten. Zu wenig, um von einem Vorrat zu sprechen, zu viel, um sie einfach wegzuwerfen.

Panisches Zigarettenrauchen tritt häufig am Abend auf, manchmal aber auch tagsüber, wenn ein Termin ausgefallen ist, wenn man zu viel oder zu wenig Zeit hat, um einfach nach Hause zu gehen, den Tag sein zu lassen. Man spürt ganz deutlich, dass Teer und Nikotin dem Körper keineswegs gut tun. Ein merkliches Schwindelgefühl stellt sich ein. Noch eine Zigarette und ich muss kotzen, denkt man, aber genau darum geht es. Plötzlich kommt man auf die Idee, man müsste die verbliebenen Zigaretten alle auf einmal rauchen. Im Grunde müsste man sie wie ein Übel hinunterschlucken, sie essen. Das Paradoxe dieser Vorstellung besteht darin, dass mit der panischen Vernichtung der Zigaretten nicht die Sucht, sondern der Raucher selbst abgeschafft werden soll. Man will sich vollends zum Objekt der Zigaretten machen.

III.
Kopfkratzen, Blutkratzen. Wenn man sich bei allen möglichen Gelegenheiten am Kopf kratzt, entstehen kleine Beulen. Man gewöhnt sich daran und tastet die Kopfhaut jedes Mal sorgfältig danach ab, um die verletzten Stellen weiter auszubauen. Man ist stolz auf die heimliche Größe der Beulen, die gut versteckt unter den Haaren liegen. Je systematischer man vorgeht, desto größer sind die Hautstückchen, die man von den verheilten Wunden wieder abziehen kann. Das Gleiche gilt für andere Körperpartien, die ebenfalls nicht sichtbar sein dürfen. Ober-

arme zum Beispiel oder Unterschenkel, die jederzeit zugänglich sind, die einen aber nicht in Bedrängnis bringen.

Zunächst redet man sich ein, dieses Verhalten diene der Beruhigung. Man kratzt sich aus Langeweile, aus Nervosität oder einfach um nachzudenken. Manchmal während der Körperpflege tut man aber auch das genaue Gegenteil. Zuerst cremt man sich ein, vor allem die rauen Stellen an den Ellenbogen. Beim langsamen Massieren der Haut, immer in die Richtung des Herzens, spürt man die kleinen Hautplättchen auf, die sich gegen das gut gemeinte Kneten sträuben. Man will sie näher untersuchen, fängt an, daran herumzuknibbeln. Schließlich ist Juckreiz immer ein Zeichen von Heilung. Sie lassen sich ganz leicht anheben. Statt mit den Händen eitel zu sein, benutzt man seine Fingernägel. Jetzt kann man sich nicht mehr einreden, dieses Verhalten diene der Beruhigung. Alles, was nicht weich ist, wird weggekratzt. Kleine, hervorstehende Unregelmäßigkeiten genauso wie die aufgewölbten Ränder vergangener Kratzspuren. Bis sich Blut und Creme mischen. Und das tut nicht einmal weh. Man redet sich ein, diese Schmerzen seien genauso selbstverliebt wie die Körperpflege.

Unter der Dusche, wenn man seine strapazierte Kopfhaut in den Wasserstrahl hält, gibt es spitze, ganz dünne Nadelstiche. Sie beschreiben, was man sich tagsüber angetan hat. Ein wenig ist man schon überrascht, dass einem fast keine gesunde Stelle mehr unter den Haaren geblieben ist. Schnell fällt die Entscheidung, sofort damit aufzuhören. Unter Wasser ist das leicht. Man spült sich den Kopf gründlich aus, was ein wenig wehtut. Aber man stellt sich vor, dass Wunden ordentlich gereinigt werden müssen, bevor sie wieder heilen können. Und je größer die Schmerzen dabei sind, desto nachhaltiger ist der Heilungsprozess. Auch das stellt man sich vor. Um nachzuprüfen, ob die Beulen jetzt nun frei von Schorf sind, setzt man seine Hände ein. Schon ärgert man sich darüber, dass man sich nicht die Fingernägel geschnitten hat. Man fängt an zu pulen und findet noch mehr, was den Heilungsprozess vorantreiben könnte. Man kratzt sich heftiger, als man es den ganzen Tag über getan hat. Denn jetzt kann man sich einreden, präventiv vorzugehen. Die Lösung besteht darin, sich dermaßen endgültig zu kratzen, dass es keiner zukünftigen Wiederholung mehr bedarf.

Im Bademantel liegt man ausgestreckt auf dem Bett. Man traut sich nicht mehr. Man verhält sich still. Eigentlich ein schöner Zustand. Man fragt sich, ob das nötig war. Man denkt darüber nach, ob es im Lauf des Tages einen Anlass gab, sich derart hysterisch zu verhalten. Natürlich nicht. Was abgewehrt werden sollte, war nicht das Angekündigte einer schlechten Nachricht, sondern das Ich des Empfängers. Und das hat man schon längst aus der Kette der Ereignisse ausgegliedert. Denn panisches Kratzen führt bis zur Erschöpfung des Widerstands.

IV.

Etwas wegschmeißen. Es gibt die Angst, etwas zu verlieren. Es gibt aber auch die Freude, etwas verloren zu haben. Nicht weil es überflüssig war oder wertlos. Etwas verlieren ist keine elegante Weise der Entsorgung. Im Gegenteil, diese Freude besteht darauf, dass man das Verlorene vermissen wird. Aber mit dem Verlust des geliebten Gegenstandes ist eben auch die Schwere dieser Liebe abgeworfen.

Es gibt allerdings auch den Zwang, etwas wegschmeißen zu müssen. Man kann aufräumen, Bücher umsortieren, seine Musikaufnahmen in eine andere Reihenfolge bringen, die Möbel verschieben und sein Leben ein wenig umstellen, wenn man unzufrieden ist. Man kann aber auch unzufrieden sein, weil man schon längere Zeit nichts mehr weggeworfen hat. Das ist eine sträfliche Vernachlässigung. Man hat sich nicht vorbereitet. Unvorbereitet etwas zu verlieren kann einen natürlich gerade deshalb glücklich machen. Aber vollkommen unvorbereitet zu sein bedeutet letztlich umgekehrt, nicht spontan sein zu können.

Beim Aufräumen ist deutlich zu spüren, dass irgendetwas aussortiert werden muss. Es kann nicht sein, dass man das ganze Zeug wirklich braucht, mit dem man sich seit Jahren umgibt. Zwar könnte es sein, dass man immer mehr besitzt mit zunehmendem Alter. Die Umzüge werden stets komplizierter. Aber genauso gut könnte es sinnvoll sein, immer weniger zu haben, an dem man hängt. Schließlich sollte man wissen, wie viel Kraft es kostet, den Dingen seinen Namen zu geben. Älterwerden könnte also auch darin bestehen, sich von immer mehr Dingen zu verabschieden.

Wie gesagt, etwas muss aussortiert werden. Irgendetwas ist einfach zu viel.

Man überlegt, etwas in den Keller zu tragen. Man kann sich sowieso nicht erinnern, wann man es das letzte Mal benutzt hat. Man überlegt weiter, bei welcher Gelegenheit man in den Keller hinabsteigen wird, um es wieder hervorzuholen. In besonderen Situationen, bei Notfällen oder später vielleicht einmal. Alles Hilfskonstruktionen. Es kann weg. Und das da auch. Meine Güte, was man alles wegschmeißen kann, wenn man erst einmal damit angefangen hat. Man überlegt, wie weit man eigentlich vorauseilen kann. Es ergreift einen panische Angst, dass man ziemlich weit damit kommen würde.

V.
In einer geputzten Wohnung sitzen. Man hat nicht einfach nur ein bisschen gesaugt. Nein, man war sehr gründlich. Man hat auch die verdeckten Stellen gewischt und die kleine Vase, die leicht versetzt vor dem Bücherregal steht, wieder leicht versetzt vor das Bücherregal gestellt. Ein ungeübtes Auge würde vielleicht nicht einmal einen Unterschied bemerken. Aber man weiß, dass auch in den Schubladen kein Durcheinander herrscht, dass hinter den Schränken keine Staubmocken zu finden sind und dass selbst die dünnen Spinnweben in den Zimmerecken verschwunden sind. Man hat den unbestimmten Eindruck, die ganze Wohnung sei heller geworden. Wenn man jetzt umziehen müsste, könnte man ohne unangenehme Überraschung die Möbel von den Wänden abrücken. Der cremefarbene Teppich, den man mehrmals gesaugt hat, wirkt ein bisschen wie feiner Sand. Das Parkett, noch ein wenig nass, hat eine Farbe wie Haut. Und die weißen Wände kommen einem vor wie ein Gesicht, das man am liebsten küssen möchte. Aber das tut man nicht. Man sitzt ganz still. Es ist ja alles noch frisch. Bloß nicht drübergehen. Wo man auch hinschaut, nirgendwo ist ein doofer Krümel zu sehen oder eine schmutzige Schliere. Aber die werden kommen und den geliebten anderen Körper wieder vertreiben. Also verhält man sich still. Panisch still. Denn man selbst könnte es sein, der sich schuldig macht.

VI.
Zuletzt: das apathische Gesicht. Beim Fernsehen, während einer Zugfahrt oder schlicht vor dem geöffneten Fenster. Natürlich weiß man, dass man seinen Mund nicht offen stehen lässt. Selbst wenn man erstaunt ist oder gebannt, selbst wenn einem im Gespräch noch so Unglaubliches mitgeteilt wird. Aber alleine, ganz alleine ein

apathisches Gesicht zu machen, das ist etwas völlig anderes. Normalerweise denkt man gleich, ein offener Mund ist ein Ausdruck von Blödigkeit. Oder jemand hat eine Gesichtslähmung. Das ist natürlich wieder etwas anderes. Aber genauso wie bei einer Lähmung sind alle Partien betroffen, nur ganzseitig. Der Mund steht offen, weil man nicht mehr die Kraft hat, ihn zu schließen. Für die meisten Menschen gilt: Wenn sie ihre Mundmuskeln entspannen, ist ihr Mund leicht geöffnet. Ein entspanntes Gesicht sieht keineswegs schön aus. Die größte Zahl der Menschen hat nämlich zu große Zähne, oder irgendetwas anderes stimmt mit dem Kiefer nicht, sodass die Muskeln ständig mit Korrekturen beschäftigt sind. Das apathische Gesicht schiebt sich auseinander. Die Mundwinkel zeigen vollkommen ausdruckslos nach unten. Auch die Augen sind weder ordentlich geöffnet noch fest geschlossen: Sie sind einfach nur gleichgültig gegen das, was sie sehen. Alle Gesichtszüge lassen sich hängen. Man kann sich einen Unmenschen vorstellen.

Am Anfang ist man enorm fasziniert von diesem Zustand. Man liegt nicht mit geschlossenen Augen auf einer Couch und denkt, jetzt bin ich aber entspannt. Nein, man lässt das Gesicht fallen und fühlt, sozusagen von innen heraus, dass Entspannung etwas gänzlich anderes ist, als man sich gemeinhin darunter vorstellt. Man findet es interessant, für ein paar Minuten sein Gesicht zu verlieren. Dann grinst man oder verzerrt seine Gesichtszüge zu einer Grimasse. Es ist ein Spiel.

Irgendwann ist der Spiegel weg. Man sieht sich nicht mehr das apathische Gesicht machen. Es kommt über einen, nicht wann man will, sondern wann es will. Bei den geringsten Anlässen stülpt es sich wie eine Tüte über den Kopf, aber man erstickt nicht daran. Man fühlt sich schon einmal gestorben. Eine gewisse Ängstlichkeit stellt sich ein. Nicht vor dem apathischen Gesicht. Man befürchtet, es könnte einen verraten. Es könnte mitten in einem Gespräch über einen kommen und dem Gesprächspartner andeuten, er sei Teil eines Geistergesprächs. Entspannung könnte heißen, dass man losheult, dass man mitten in einem solchen Gespräch in ein ungewöhnliches Verhalten ausbricht, das dem Gesprächspartner klarmacht, wie wenig man einverstanden ist mit allem. Aber das apathische Gesicht ist panisch. Denn es weiß, dass es dafür keinen richtigen Ausdruck gibt.

VII.
Das apathische Gesicht lässt sich noch überbieten: Mir fällt die panische Versteinerung ein. Man fühlt sich unfähig, irgendetwas zu tun, vollkommen unfähig, den bevorstehenden Tag zu überstehen. Beim Aufwachen muss man sich überzeugen, dass es richtig ist, nun auch aufzustehen. Wach ist man allerdings schon länger, aber es ist einem gelungen, sich noch eine Zeit lang schlafend zu stellen. Anstatt mit Schwung das Bett zu verlassen, fühlt man sich jedoch zunehmend steifer. Verstärkt noch durch das Bedürfnis, sich mit leicht durchschaubaren Argumenten gut zuzureden. Jetzt hilft nur noch ein körperlicher Ruck.

Mitunter bleibt man aber auch an einer Ampel stehen. Solange es rot ist, macht das nichts. Wenn man sich aber in dem Moment wie versteinert fühlt, da sich alle anderen Fußgänger mechanisch in Bewegung setzen, wird man zum Problem. Manchmal ist es nur ein kleiner Augenblick der Verzögerung, der einen schon aus dem allgemeinen Rhythmus hinauswirft und auffällig werden lässt. Am Ende einer Rolltreppe stören alte Menschen oft für kurze Zeit den Bewegungsablauf. Sie verpassen den fließenden Übergang zum selbständigen Gehen. Hinter ihnen stauen sich dann missmutig die, die verstanden haben, dass Rolltreppen nicht zur Bequemlichkeit eingerichtet worden sind, sondern zum schnelleren Vorwärtskommen. Wenn sich aber ein gesunder Mensch so unkooperativ verhält, dann drängt sich ein Verdacht auf. Er will vielleicht nicht. Möglicherweise genießt er sogar das Gefühl, keine Kraft zu haben.

Es kann zum Vergnügen werden. Es kann eine große Vorfreude auf den Abend geben, den man wie versteinert auf einem Stuhl sitzend verbringt. Das hat nichts mit Faulheit oder Lustlosigkeit zu tun. Im Gegenteil, man nimmt ein Gefühl ernst, das einen schon über einen sehr langen Zeitraum begleitet hat. Man will herausfinden, was der Grund dafür ist, warum man jahrelang an bestimmten Stellen gestockt und gezögert hat, aber vor allem, warum man dieses Stocken und Zögern nicht einfach überwunden hat. Umgekehrt ist man ja offensichtlich trotz der schlechten Argumente immer noch aufgestanden. Also nimmt man sich Zeit für eine sorgfältige Versteinerung. Man ahnt, dass sich dieses Gefühl nicht einfach ignorieren lässt. Dass es nicht reicht, ein wenig mehr Disziplin, ein wenig mehr Mut, ein wenig mehr von allem zu haben. Man ahnt, dass die panische Versteinerung einem etwas mitzuteilen hat, was man nicht erfährt, wenn man an der Rolltreppe schlicht weitergegangen wäre. Die Panik besteht darin, dass man sich vollständig isoliert. Man hat sich ausgeschlossen, besonders aus seinem eigenen Vorkommen.

Mit einem Mal springt man dann auf. Man wäscht sich das Gesicht. Will sich fertig machen. Nicht zum Ausgehen. Man weiß es nicht genau. Sich schön machen. Man weiß einfach nicht genau, wozu. Man tut es. Man richtet sich ganz darauf ein. Manchmal über Stunden, Tage, vielleicht sogar schon über Wochen. Man weiß nicht genau, aus welchem Grund man sich geduscht, frische Sachen angezogen und nicht mit dem Parfüm gespart hat. Man verlässt seine Wohnung, als wäre jede Minute die erste und die letzte zugleich. Denn man weiß nicht mehr, für wen.

Alexander García Düttmann
Der Bombenleger

Du ahnst es, aber bislang haben sie dich nicht getroffen.
Du bist immer wieder mit einem blauen Auge davonge-
kommen. Manchmal bildest du dir ein, in der Ferne einen dumpfen Donnerschlag zu hören, manchmal sogar
kommt es dir so vor, als hätte etwas in deiner unmittel-
baren Nähe gezittert oder gezuckt, ein trockener kalter
Flügelschlag, der Stoß eines Sausens im Nacken. Dann
geht alles weiter wie zuvor. Als Kind bist du aus dem
Schlaf aufgefahren, weil man dich geohrfeigt hatte. Nein,
wenn du im Kontrollturm sitzt und entscheidest, wer
landen darf und wer in der Warteschleife bleiben muss,
wünschst du dir insgeheim nicht, dass sich die Verschwörung, die du meine Leidenschaft nennst, gegen dich
kehrt und dein Leben in die Luft jagt. Du hast dein eigenes Ritual erfunden, die entlastende Aufspaltung des
Alltags in eine Reihe verschiedener und abwechslungs-
reicher Rollen, eine Schalttafel, die du mit zunehmend
sicherem Instinkt bedienst, geschaffen aus Angst vor der
Abweichung, nicht aus Anwiderung und Abscheu vor
dem Alltag der anderen. In Augenblicken der Verunsi-
cherung schaust du mich aus der zusammengedrängten
Entfernung von dreitausend Meilen ratlos und unruhig

an, verschreckt, als hätte ein hinter meinem eben noch vertrauten Ausdruck lauernder Dämon dafür gesorgt, dass du in Verzug gerätst, plötzlich den kleinen Vorsprung verlierst, den dir die Schalttafel gewöhnlich sichert. Schwerfällig und hilflos trittst du auf der Stelle. Erinnerst du dich an Zelig? An die Beweglichkeit der Figur, die den Indifferenzpunkt von Ritual und Alltag darstellt, von Revolution und Anpassung, kommst du nicht heran.

Ich bin ein Bombenleger. Ich vermine das Feld, das sie den Alltag nennen, vergifte diese unerschöpfliche Quelle der Entlastungen und der Strapazen, durchschneide oder verknote dieses verzwickte und dennoch musterhafte Netz von Abläufen und Gewohnheiten, von Verrichtungen, Versorgungen, Vorkehrungen, von Wegen mit Abkürzungen und Umleitungen. Was zum Alltag gehört und ihn ausmacht, lässt sich regelmäßig wiederholen, erweist sich gegenüber Gegenständen und Inhalten als gleichgültig und tendiert deshalb von sich aus zum Ritual, zur fetischisierenden Verselbständigung. An alltäglichen Handlungen und Gedanken kann man gewahr werden, dass man sich selber kein Maß geben und vorgeben kann, ohne das Maß als gegebenes hinnehmen zu müssen. Im Alltag tue ich mehreres gleichzeitig, sagt sie, mit gedankenloser Aufmerksamkeit, fremdgeleitet von angeeigneten und eingeübten Verhaltensweisen, von Regungen, die mich nicht überraschen. Die obsessive und beinahe verrückte Sammlung und Versenkung, die eine einzige Sache erfordert, bedroht und übersteigt den Alltag. Wäre das zündend Vernarrte indes ohne ihn denkbar, ohne seine Gleichgültigkeit? Natürlich bin ich am Ende das Opfer meiner eigenen Machenschaften. Die Bombe explodiert unter meinem Sitz, wenn ich pfeilschnell die Stadt durchquere und sie an den Ort bringen möchte, an dem sie hochgehen soll. Da ergeht es mir wie allen Bombenlegern. Wir erkennen uns von weitem, suchen aber nur gelegentlich die Nähe des anderen. Wir haben uns nicht viel mitzuteilen, sind mit unseren Vereitelungsplänen sehr beschäftigt. Der Alltag, unendlich anfällig, ist gleichzeitig ungeheuer widerstandsfähig. Er schließt nichts aus und nimmt sogar den Schrecken in sich auf. In jedem Erlebnis und in jeder Wahrnehmung, in jedem benommenen und betäubten Erleiden eines furchtbaren Ereignisses ist bereits der Alltag angelegt, seine Kälte, seine lauwarme Erhitzung. Dass die Auswirkungen der Explosion mit dem Feuerwerk verpuffen, dass die Genugtuung nicht andauert, zeigt, dass ich ungeduldig war und deshalb ohnmächtig, dem Alltagsritual allzu verhaftet. Hätte ich es ernst gemeint, dann hätte ich eingesehen, dass meine Bombe nichts auszurichten vermag, dass ich nichts verändern kann, dass sich die allein mögliche Veränderung im Schneckentempo und mit Überschallgeschwindigkeit aus der Ferne einer übermenschlichen Geduld nähert, dass der apokalyptische Bombenhagel von einer Beharrlichkeit ausgelöst wird, die den Alltag mit seinen Ritualen und seinen Psychopathologien unmerklich zur Erschöpfung treibt, statt ihn gereizt von sich zu weisen. Und doch hoffe ich, dass sich mit der jähen Entladung, lange vorbereitet oder durch einen Geistesblitz hervorgerufen, ein Riss auftut. Der nihilistische Bombenleger starrt verhext in den Abgrund, der anarchische flieht durch den Riss hindurch und erfindet etwas, dessen verstiegene Einbildungskraft, dessen Freiheit und Genauigkeit, dessen Ernst und Albernheit aus allen Ritualen des Alltags, aus dem Mief, dem Scheiß, der leicht schwermütigen Neutralität sichtbar oder unsichtbar hervorragt.

Dein Alltag versorgt mich mit Material für die Montage eines parallelen Films. Kann man sich von außen zum Alltag verhalten, zum Beispiel dadurch, dass man ihn fixiert und die Fotografie betrachtet, den Film sich ansieht? Genau diese Frage scheint Godard in den späten sechziger Jahren gestellt zu haben. *Un film comme tous les autres*, gemeinsam mit Jean-Pierre Gorin produziert, sorgte bei seiner nordamerikanischen Uraufführung im Lincoln Center dafür, dass mehr und mehr Zuschauer den Saal verließen. Am Ende soll die ursprüngliche Menge auf ein Zehntel geschrumpft sein, wohl weil die beinahe zweistündige, mit kargen Mitteln gefilmte und abwechslungsarme politische Diskussion zwischen Studenten, auf einer Wiese mit hoch wachsenden Gräsern improvisiert und von Filmmaterial kontrapunktiert, das in rauem Schwarzweiß die Ereignisse auf den Pariser Straßen dokumentiert, die meisten Zuschauer gelangweilt und genervt hat. Beigetragen zur Verwirrung und zum Gefühl der Öde hat sicherlich der Umstand, dass in der französischen Originalfassung mehrere Stimmen übereinander gelagert sind und dass in der in New York gezeigten Fassung eine weitere Tonspur hinzugefügt wurde, auf der eine unbeholfene Simultanübersetzung zu hören ist. An dem Inhalt der fragmentarischen und mäandernden Diskussion ist so wenig Bemerkenswertes wie an den Bildern der Diskutierenden, die häufig ihre Gesichter aussparen, oder an den hinlänglich bekannten Bildern der Demonstrationen, der Konfrontationen mit der Polizei, der Auseinandersetzungen in den Hörsälen. Dies ist sicherlich nicht ein Film wie jeder andere – und dennoch enthält der Titel einen keineswegs irreführenden oder ironisch gebrochenen Hinweis auf seinen Gegenstand, auf die Alltäglichkeit nämlich, für die der Ausdruck »wie jeder andere« als Epitheton gelten kann. Durch den Abstand, den der Film schafft und der weder optisch noch dramaturgisch verleugnet wird, durch den Abstand, den die Zeit schafft und der die im Rückblick kurzlebige Alltäglichkeit revolutionär bestimmter Praxis und Reflexion in eine gealterte und geschichtliche verwandelt, wird der Alltag zum Ritual, zur monotonen und schließlich beinahe aberwitzigen Wiederholung eines Sprachgebrauchs und einer Argumentationsform, die als Wiederholung in den Vordergrund tritt, gleichsam auf die Leinwand selber. Neben der Frage nach der Radikalität des Mediums, nach seiner kritischen oder eingreifenden Funktion, die in einem genauen Verhältnis zur Erfahrung des Überdrusses steht, den der Film provoziert, neben der Frage nach der unerwarteten Dringlichkeit, mit der in Zeiten der politischen Herrschaft eines weltweit entfesselten Kapitalismus der Film die Zuschauer heimsucht, so, als würde er aus seiner Unzeitgemäßheit sich auf sie erst zubewegen, wirft ein Film, der gerade aufgrund seiner Absage an komplexe Vermittlungen durch Schnitt und Konstruktion ein Film wie jeder andere ist, die Frage auf, ob man nicht im Alltag nur im Alltag zu sein vermag. Wird der Alltag nicht von einem unüberbrückbaren Graben umgeben, ermangelt er deshalb nicht einer Umgebung? Wirkt er nicht in dem Augenblick, in dem er ausgestellt wird und man sich von außen zu ihm verhält, als Ritual, als selbstvergessenes und starrsinniges Befolgen geheimer und unverständlicher Anweisungen, das jeden Bezug, jedes Verhältnis, jedes Verhalten unterbricht, ja das seine eigene Unterbrechung erheischt? Die Ritualisierung des Alltags kann man daraus ersehen, dass es gleichgültig ist, ob sich ein Zuschauer noch die letzte Filmspule von *Un film comme tous les autres* ansieht oder nicht. Ebenso wenig wie es einen ganzen Alltag gibt, einen Alltag mit Anfang, unvorhergesehener Wendung, Ende, gibt es einen

ganzen *film comme tous les autres*. Der Zuschauer, der aus-
harrt, tut dies, weil der Film eben dieser Film ist; der
Zuschauer, der nach der ersten Spule das Kino verlässt,
tut dies ebenfalls, weil der Film eben dieser Film ist. Der
Bombenleger möchte über den Graben springen, indem
er im Alltag einen Graben zieht.

Wenn der Alltag der Ort ist, an dem man nicht ist,
und zwar gerade deshalb, weil man an diesem und keinem anderen Ort ist, dann zielen alle Versuche seiner
Ritualisierung darauf, ihn zu dem Ort zu machen, an
dem man ist, und zwar gerade deshalb, weil man dort
nicht ist. Der Bombenleger setzt sich die Abschaffung
des Uneinsseins zum Ziel, des Unterschieds, der sowohl
den Alltag als auch seine Ritualisierung durchzieht. Er
hat der Gegenwart den Krieg angesagt, die sich von der
Ritualisierung dispensiert glaubt. Der gegenwärtige Alltag ist in den Dienst rücksichtsloser Durchsetzung und
beliebigen Verfügens über den ideologischen Kitt getre-
ten. Er terminiert aber in einem tödlichen Trip, in der
Ununterscheidbarkeit von Alltag und Ritualisierung,
wie man an den Werken von Bret Easton Ellis ablesen
kann. Habe ich einen Lebensplan, dann den, meine privaten Alltagsrituale zu durchlöchern und mich vom Geheimnis und vom Kalkül ihres magischen Denkens zu
lösen. Die Ritualisierung und Literarisierung muss nur
ein wenig zu übertrieben ausfallen, um für den Alltag
eine Gefahr darzustellen. Wie der Alltag keinen ihm unmittelbar zukommenden Inhalt hat, sondern in dem
Zugriff auf einen Inhalt besteht, in einer Normalisie-
rung, die ohne den Kompromiss kaum auskommt, so
reichen Übertreibungen aus, um einen gefährlichen Abstand zu ihm zu schaffen. In jeder Ritualisierung sind
Anfang und Ende des Alltags mitgesetzt. Ich habe auf
einem Langstreckenflug den Sitz 2A ergattert; folglich

kann mir bei Start und Landung nichts zustoßen, können mir die Turbulenzen nichts anhaben. Du lässt abends das grelle Licht ausgeschaltet, wenn wir in die dunkle Wohnung zurückkehren; folglich haben wir vielleicht noch eine Chance. Die Literatur, die dem Alltag gegenüber jene Perspektive einnimmt, aus der er sich wiederum in das Nicht-Alltägliche dissoziiert, in den Sinn und die Sinnferne, in die Treue und den Verrat, die seine entlastenden Mythologien und sein selbstgerechtes Gleichmaß dem Vergessen preisgeben; die Literatur, die zuweilen durch Ritualisierung den Alltag aus den Angeln hebt, wie etwa in Virginia Woolfs Roman *The Waves*, in dem die gewöhnlich stummen Beschreibungen alltäglicher, selbstverständlicher, unsichtbarer Handlungen in das ubiquitäre gesprochene Wort hineingenommen und so auf eine eigentümlich künstliche Art und Weise sichtbar gemacht werden; die Literatur, deren Auswirkungen man mit denen der Ritualisierungen nicht verwechseln darf, die sich ergänzend und überbrückend zu den alltäglichen Verwendungen verhalten, ist eine auf den Alltag zurasende Bombe, die Autoren, Agenten, Lektoren, Kritiker, Professoren, Leser zu entschärfen bemüht sind. Im Alltag habe ich stets Recht. Darum weiß die Tücke des Objekts. Die Literatur setzt mich ins Unrecht und zeugt von jenem »unendlichen Maß an geistig moralischer Kraft«, von dem Adorno in einer Vorlesung sagt, es bedürfe seiner, wolle man sich nicht »bis in die kleinsten Details des Alltags hinein unablässig ins Recht setzen«.[1] Will nicht auch der Philosoph, der sich anschickt, die Wörter von ihrer »metaphysischen« Verwendung zu befreien und sie zu ihrer

1 Theodor W. Adorno, *Zur Lehre von der Geschichte und von der Freiheit*, Frankfurt am Main 2001, S. 342.

»alltäglichen« zurückzuführen[2], das Uneinssein des Alltags überwinden, indem er eine Deutlichkeit und einen Reichtum in ihm aufdeckt, die seinem Sosein nicht widersprechen, sondern eben in diesem Sosein bestehen?

---

2 Ludwig Wittgenstein, *Philosophical Investigations*, zweisprachige Ausgabe, Oxford 1999, S. 48.

Dagmar Leupold
Alphabet zu Fuß

Am Anfang Asphalt. Die Straße führt am Wasserwerk vorbei, das im Nebel aussieht wie ein Hexenhäuschen. Aber die Lebkuchen fehlen. Dafür Tabellen, mit den bakteriologischen Ergebnissen der Wasserüberprüfung. Keine Beanstandungen, dennoch beim Lesen das Gefühl, dass mit jedem Schluck Wasser ein ganzer Mikrokosmos von Kleinstlebewesen den Wirt wechselt. Puls und Haut ruhig. Wie jeden Morgen leichter Dieselgestank des Ford Transits, der hier parkt, die Kühlerhaube noch warm. Wenn er fehlt, werde ich unruhig: zu schön die Vorstellung (und die Versicherung, die darin liegt), dass sich jemand mir Unbekanntes Morgen für Morgen, während ich in die Joggingkleidung schlüpfe, auch zum Ausgehen bereitmacht, im blauen Overall in den blauen Lieferwagen steigt und zeitgleich mit mir das Wasserwerk erreicht, den Schlüssel genau dann im Schloss, wenn ich vom schnellen Gehen ins Laufen falle.
Blätter. Bunt, bewegt. Links ein abgeweidetes Maisfeld, das im Frühjahr, wenn der Raps blüht, in Gelb schwelgt. Der Schotterweg ist von schweren, landwirtschaftlichen Maschinen ausgefahren wie ein Flussbett – genau genommen ergeben sich zwei –, in der Mitte, un-

belastet, bleibt ein richtiger Damm zurück. Pferdeäpfel überall, weich wie Moos unter den Füßen. Im stoßweisen Atmen hörbar die Kraft des Motors: das Herz, die Lunge dunkelrot, heißgelaufen, zuverlässig pumpend, blähend. Übergang von Natur zur Maschine.

Chiffren: Cross-Country. Man liest so allerlei querfeldein. Auf dem Boden, am Himmel, in Schneisen, die ins Kornfeld wie durch Magie gezogen wurden. Ein toter Maulwurf, mit zum Himmel gereckten rosa Wühlschäufelchen, die blinden Augen folgenlos offen, daneben eine platte Kröte. Lauter Dramen, während man noch schlief oder frühstückte oder den Liebsten verabschiedete. Kleenex, Kondome, kaum dass der Wald dichter wird. Meine Spuren inmitten all dieser anderen: am Himmel gespiegelt in einem wirren Netz aus Kondensstreifen. Liegt in der Bewegung, im Reisen (aber sitzen die Passagiere dort oben nicht schicksalsversiegelt still in ihren Sitzen?) die Rettung vor der Trophäenstarre der letzten Spur? Manchmal aber ist das Partizip von reisen *gerissen*.

Dunst und Durst. Nach etwa einem Kilometer kommt das Kälteloch: Nebelschwaden steigen pathetisch auf wie in einer Wagneroper, und die Temperatur sinkt um einige Grad. Es ist, als würde man von der Luft am Genick gepackt. Der Geruch nach Moos und Pilzen ist hier sehr intensiv; eine kühle Vorratskammer, selbst an heißen Tagen feuchtklamm. Ich atme tief ein, schlucke, spüre tatsächlich auf der Zunge Wassertröpfchen, die, eingewebt im Nebelvorhang, vor dem Abstürzen bewahrt bleiben. So lerne ich, dass man seinen Durst auch ohne zu trinken löschen kann.

Ewigkeit. Ich laufe täglich etwa neun Kilometer in fünfzig Minuten. Statistisch. Tatsächlich aber lassen sich weder die Entfernung noch die Zeit messen, weil das Laufen einem Aggregatzustand angehört, der nicht mehr fest ist.

Nun kann man einwenden, dass sich auch die Bewegung gasförmiger Elemente und Moleküle messen lässt. Dagegen kann ich nur die Evidenz der Lust setzen, die darin besteht, die Teleologie der Chronometer aufzuheben.

Farne, Feen, Ferne. Von allen Pflanzen im Wald sind mir die Farne die liebsten. Elegant gerippt wie zarte Feenskelette, mit einem Anflug von Fleischlichkeit manchmal im Hochsommer, wenn das Blatt dicker und das Grün dunkler ist. Die Blätter erlauben dem Licht, sie so zu durchleuchten, dass ihre Bauart geradezu urgeschichtlich sichtbar wird. Im Vorbeilaufen ein Winken aus undenkbaren, wilden Fernen.

Geister gegen Gangster. Ich habe mich gefürchtet, anfangs, habe den Teil der Strecke, die durch den Wald führt, mit rasendem Puls durchflogen und mich zwischen den durchsonnten Feldern, die sich nach einer Lichtung links und rechts räkeln, in gemächlicherem Tempo von dem Seitenstechen erholt. Bei jedem merkwürdig geparkten Auto, jedem Spaziergänger und Pilzsucher dörrte mir der Hals aus vor Angst. Ich weiß nicht mehr, wann das aufhörte und wann es begann, dass der Wald zum Komplizen wurde: seine Bäume ihre Äste wie segnend ausbreiteten und seine Lebensgeister die müden Gangster vertrieben.

Hasenhelden. An einer lang gezogenen Linkskurve, vor der ein Maisfeld endet und ein kleiner Weiher sich anschließt, gibt es einen Hochstand. Einmal beobachtete ich eine Gruppe junger Hasen, wie sie sich in der Mutprobe abwechselten, bis zum Fuß des Hochstands zu hoppeln und, nur noch wenige Zentimeter von ihm entfernt, den entscheidenden, rettenden Haken zu schlagen. Der mit den längsten Ohren wurde Sieger. Ich hoffte, der Jäger würde ihn ehren.

Immer. Das Laufen setzt eine ähnliche Kraft frei, die

Schwüren innewohnt: eine beherzte, kämpferische Entschlossenheit, die Bewegungslust, die Neugier, die Be-
geisterung, das Mitgefühl und dich für immer zu behalten und zu lieben.

Jagd. Je früher ich laufe, umso wahrscheinlicher ist es,
dass Schüsse, tyrannisch wie ein Metronom, meinem
Herzschlag den Takt vorschreiben. Ihr Widerhall ist
enorm, und so gut wie nie gelingt es mir festzustellen,
woher die Schüsse kommen. Sie verletzen den ganzen
Wald.

Kuckuck, Krähen, Käuze. Mein Lieblingsdreiklang.
Ich kann nicht sagen, ob in Dur oder Moll.

Loveletters. Was ich nicht schon alles geschrieben habe,
während ich lief! Laufen ist episch, nicht aphoristisch,
also gut gegen die Kurzatmigkeit. In der Fortbewegung,
der Ausdauer, in Rhythmus und Tempo kommt es unversehens zu einer Synchronisation der Meilen und der Zeilen, und was sich in der Starre vor dem Bildschirm par-
tout nicht einstellen wollte, gerät nun plötzlich in
Bewegung, läuft sich frei. Diesen Text entlässt man so
hochgestimmt wie einen Liebesbrief, einverstanden mit
beidem, dem Absender wie dem Adressaten.

Meine Muskeln. Wie verblüfft war ich, als ich zum ersten Mal wahrnahm – nach vielen Monaten –, dass sich
meine Beine verändert hatten: die zurückgelegten Kilometer hatten sich linear in Muskelmasse übersetzt. In einer anrührenden Wörtlichkeit.

Nichtstun. Das tägliche Laufen hat ein großes mentales
Problem gelöst, nämlich das des Anfangs. Man kann den
Anfang des Tages mühelos bis in den Abend verschieben
und dann aus guten Gründen auf den nächsten Morgen
und so fort. Das Mechanische, Immergleiche sowohl der
physiologischen wie der psychischen Vorgänge beim
Laufen funktioniert wie eine Programmierung, die man

auch nur um den Preis ihrer völligen Löschung am Vollzug hindern kann. Dafür bin ich dann doch zu faul.

Offline, online. Oder warum ich am liebsten allein laufe. Im Wald, gleich nach dem Wasserwerk, ist man jenseits der Schaltkreise. Dabei grenzt er unmittelbar an ein Wohngebiet an, Häuser und Funktürme sind meist in Sichtweite, an den freien Strecken liegen einige Anwesen. Es hat also nichts mit Isolation und Hermetik (wie sie die Märchen beraunen) zu tun, dass man sich auf der Stelle so entrückt fühlt, sondern mit der Entschlossenheit, keine Unterbrechung zuzulassen. Auch in diesem Selbst-Bewusstsein gleichen sich Laufen und Schreiben durchaus.

Pferde, Pfadfinder. Einmal traf ich nach einer Kurve so unvermutet auf einen Reiter, dass das Pferd scheute und durchging. Das Weiße in den Augen leuchtend vor Schreck.

Ein anderes Mal sprangen mir Pfadfinder in die Bahn, offensichtlich gelangweilt vom pädagogischen Teil des Vormittags. Als ich aufschrie, waren sie zufrieden.

Quittenbäume. Im letzten Garten vor dem Wasserschutzgebiet stehen zwei Quittenbäume. Bei Westwind im Herbst rieche ich die reifen Früchte kilometerweit. Der Geruch ist mein Kompass.

Rituale. Wunderbar, Sätze, die mit »jeden Tag« beginnen! Sie sind wie die Achsen im Koordinatensystem. In ihrer Umarmung bezweifeln wir weniger vehement unseren Gleichgewichtssinn. Auch wenn es häufig die eigenen Arme sind.

Schuhe, Schuhberatung. Alle sechs Monate brauche ich neue Laufschuhe. Im Untergeschoss eines großen Sportgeschäfts stehen die letzten Modelle aufgereiht, bereits mit eingefädelten Schnürsenkeln, als würden sie gleich starten. Der Mann, der sie verkaufen muss, und ich unterhalten uns über Dämmung, Seitenschutz und Achsenverstärkung. Dabei biegen wir die Schuhe, bis sich Ferse und Spitze berühren, beide nicken wir nachdenklich und ein wenig skeptisch. Als wir uns gegenseitig den Jahreskilometerschnitt berichten, ist jeder vom andern beeindruckt. Damit ich die Schuhe nicht nur von oben sehe – von wo aus sie Flugrochen gleichen –, trägt er mir einen Spiegel herbei. Von der Seite sieht man den Schuhen die Geschwindigkeit an.

Täler, Terrassen. Genau nach der Hälfte der Strecke – schöne Dramaturgie –, nach einer langen Steigung, hat man einen weiten Blick über das Moosacher Tal. In sanften Terrassen fallen die Hänge auf Moosach zu, vielleicht wuchs hier einmal Wein, vielleicht sind es nur die Endmoränen. Hinter dem Tal, erst recht bei Föhn, ragen die Alpen so auf, dass man ihnen abnähme, sie seien das Ende der Welt.

Unfall. Ganz am Anfang meiner Läuferkarriere zog ich mir einen Muskelfaserriss zu. Das Wort kannte ich nur aus der Sportberichterstattung im Fernsehen. Meine Verletzung war damals das Sportlichste an mir.

Vermessen, versessen, vergessen. Bis auf den letzten Meter wollte ich wissen, wie weit und wie schnell ich gelaufen war. Ich trug einen Pulsmesser um den Brustkorb und am Handgelenk, bestach meine Kinder, mich auf dem Fahrrad mit Tachometer zu begleiten, wog mich vorher und nachher. Laufen war, bevor es eine tägliche Katharsis wurde, Leistung, und Leistung macht nur Spaß, wenn man sie zählt. Ich glaube, ich sagte sogar einmal zu einer Freundin, ich sei heute 6300 m gelaufen. Längst habe ich all das vergessen. Und hat nicht Vergessen etymologisch dieselben Wurzeln wie ergötzen?

Weiher. Am größten der drei Weiher, die auf der Wegstrecke liegen, sitzen oft Angler. Im Frühling werden sie von den Fröschen vertrieben, die ein solches Gezeter veranstalten, dass jede Meditation unmöglich wird. Es erfasst sogar die Luft. Wie sagen die Frösche so schön bei Aristophanes: *Wasserblasenperlgequirl!*

x-beinig. An diesem Buchstaben scheitert das Laufen fast!

Yards. Seit ich nicht mehr messe, interessiert es mich auch nicht länger, dass ein Yard 0,91 m entspricht.

Zeckenzange. Außer den Schuhen ist dies die einzige Anschaffung, die das Laufen notwendig gemacht hat. Ob man die Tiere erst einmal mit Nagellack erstickt, bevor man sie entfernt, ob man vorsichtig dreht oder ruckhaft zieht, ob man Olivenöl zum Gleiten braucht oder nicht, ob der Kopf, wenn er versehentlich stecken bleibt, das wahrscheinlichste Körperteil ist, Borreliose und Frühsommerenzephalitis zu übertragen – all dies sind ungelöste Fragen.

70

Marie-Luise Scherer
Brot

Im Frühjahr war ich 14 Tage in Havanna. Palmen, Plata-
nen und Bananenbäume, Feuerwände aus Bougainvillea,
Hortensien- und Oleandergebüsche beschönigten den
Zerfall der Stadt. Die Menschen dort hatten wenig zu essen. Auf ihre Bezugsscheine gab es nur Weißkohl und ein
faustgroßes Stück Brot am Tag. Und die Verteilerinnen,
die müßig hinter den Theken der staatlichen Geschäfte
saßen, es waren meistens Frauen, schnitten Fratzen, wenn
der Tourist zu ihnen hinsah. Trotzdem traf ich nie jemanden an, der am Abend zugegeben hätte, wirklich nur
Kohl und sein Stück Brot verzehrt zu haben.

Keiner bestritt zwar den Mangel, im Gegenteil, er war
das Thema aller. Doch niemand wollte in eigener Person
den Notstand verkörpern. Nachts konnte ich in ein
schlafloses Haus hineinsehen. Unter jeder Lampe gab es
Tanz. Noch um drei Uhr drehte eine Frau sich vor dem
Spiegel, streifte die Träger ihres Unterkleides von den
Schultern und fragte ihr Bild, ob sie schön sei. In der Ne-
benwohnung ging ein Mann schnell hin und her, als suche er von irgendetwas Linderung. Dann waren seine
Schritte aber nur das Vorspiel einer Liebesszene.

Es gab das Gerücht, im Zoologischen Garten handelten die Wärter mit Futterfleisch. Auch ging die Rede, dass die Ärmsten Katzen essen. Und plötzlich fiel es einem auf, dass Havanna keine Katzen hatte. Doch dafür liefen katzengroße Hunde durch die Stadt. Sie würden immer kleiner, hieß es, weil die Menschen keine Reste übrig ließen. Und wenn die Hunde das Geringste auf den Rippen hätten, äße man auch sie. Sie waren meistens weiß, als wäre an ihnen jede Farbigkeit Verschwendung. Sie bellten auch nicht. Bei Dunkelheit drückten sie sich unter der Palisade des Hotelgartens durch. Und vom Fenster aus sah ich, wie sie – angestrahlt vom Unterwasserlicht des Swimming-Pools – zwischen den Liegen huschten.

In unserem Speisesaal regierte die Fülle. Die Früchte, die man keinen auf der Straße essen sah, waren in Blütenform geschnitten und zu Ornamenten arrangiert. Aus hohen Glaszylindern zapfte man sich die Säfte. Zwei-, drei- und vierfach in Schwingen übereinander gestapelt die Bananen, mehr zur Optik als zur Sättigung kredenzt. Das waren jetzt nur Beispiele aus der vegetarischen Vitrine.

Ich hatte inzwischen mit dem Füttern der elenden Hunde angefangen und brachte zu jeder Mahlzeit eine Tüte mit. Am besten diente das Frühstück meinen Zwecken. Wie eine Nimmersatte fasste ich zu, Brot und Brötchen, gekochte Eier, von den Würsten aber nur die ohne Pfeffer, denn ich musste ja den Durst bedenken. Ich bat auch meine Tischnachbarn, sich etwas mehr zu nehmen. Und einmal griff ich auf den Teller eines Mannes, der nur pausieren wollte. Er sagte dann in scharfer Höflichkeit: »Sie werden erlauben, wenn ich mein Hörnchen selber esse!«

Ich spürte auch bald den Blick der Kellner. Sie standen am Fenster aufgereiht, jeder von tadelloser Erscheinung, und traten nur heran, um abzutragen und Platz zu schaffen für den jeweils nächsten vollen Teller, mit dem der Gast zurückkam vom Büfett. Ich hätte ihnen gern den Grund meiner Gier erklärt, fürchtete aber ihr Unverständnis, welches ich ihnen gleichzeitig zugestand.

So verlegte ich mich darauf, erst spät beim Essen zu erscheinen, wenn im Speisesaal fast nur noch Raucher saßen. Ich konnte jetzt die Reste überblicken, auch fremde, halb volle Teller in meine Tüte kippen. Die Kellner standen jetzt mit dem Rücken zum Saal, was mich glauben machte, sie täten es – meines unappetitlichen Hantierens wegen – aus Diskretion. Ich schob nämlich auch Rührei in die Tüte. In Wahrheit wollten sie selber an die Reste. In jeder Fiber gespannt, manche sogar mit einem Bein zitternd, erwarteten sie mein Verschwinden.

Am Vortag meiner Abreise besuchte ich den Zoo, in meiner Handtasche eine Banane vom Hotelbüfett. Viele Käfige und Gehege standen leer, während die bewohnten den Notstand Havannas widerspiegelten. Hier wie dort an Weißkohl kein Mangel. Er lag in Köpfen wie verschmähtes Spielzeug an den Stäben, selbst bei den Schakalen. Die Großkatzen hatten magere Flanken. Ein Löwe knackte einen Knochen, der war porös wie ein zerlaugtes Badethermometer. Ich hörte ein Geräusch, welches dem Hämmern vieler Zimmerleute glich. Es kam von den Kondoren, deren Schnäbel, ohne Resultate zu erzielen, von einem Pferdekopf abprallten.

Ich erspare Ihnen eine breitere Schilderung meines Parcours, denn sie könnte nicht von den Vorzügen der Gefangenschaft handeln. Und nur der Banane wegen hielt ich mich etwas länger bei den Affen auf. Noch bevor sie wissen konnten, was in meiner Tasche war, wollten sie es haben. Jeder schlug sich mit einer Hand gegen die Brust und streckte den Arm mit der anderen weit aus dem Käfig. Eine Äffin zeigte auf ihr klammerndes Kind, als müssten ihr die Strapazen der Vermehrung angerechnet werden. Es war ein Bettlerdrama und alle Mitwirkenden fast maßlos zu nennende Tragöden. Und sie steigerten ihre Gebärden noch, als sie den Wärter kommen sahen, auf seiner Schubkarre eine Weißkohlpyramide transportierend.

Ich hätte die Banane nie aus der Tasche ziehen dürfen. Ihr Anblick versetzte die Affen in Aufruhr. Auch der Wärter deutete mit einer Handbewegung über seinem Magen an, dass sie ihm schmecken würde. Für eine Sekunde dachte ich, sie ihm zu geben. Dann dachte ich, dass seine Geste stellvertretend für die Affen war und er beleidigt wäre, und warf sie – ohne jeden Blickkontakt – in irgendeine ausgestreckte Hand.

Lieber geht er jeden Tag am Kiosk vorbei

Michael Lentz
Yuri Capovolski

Lieber geht er jeden Tag am Kiosk vorbei zum Rumstehen und Quatschen. Ein kleines Geheimnis tröstet ihn über alles hinweg. Was so um die Ecke passiert. Wer wohl als Nächster zeitlich wird. Ein Stängchen und ein Kurzer helfen da sicher. Ich mag zwar zu den Ausgebeuteten und Deppen gehören, aber privat ist privat. Und in meiner Freizeit, da kann ich tun und lassen, was ich will. Lassen kann man das ja immer noch, und später ist halt nicht jetzt, was klar ist. Freizeit fängt ja unmittelbar hinter dem Gottesdienst an, oder schließt vielmehr übergangslos an ihn an, kann man sagen. Arbeitstechnisch gesehen mache ich halt eine Arbeit. Geh ich also da mal vor kurzem so zum Chef und frage den ganz lässig, was ist das denn für eine Arbeit, die ich da mache, Chef, und der versteht mich nicht ganz, da wiederhole ich meine Frage mal folgendermaßen, wie heißt eigentlich genau die Arbeit, die ich da mache, Chef, möchte ich doch nur so mal wissen, weil meine Frau das mal wissen will, Chef. Wusste der auch nicht. »Arbeit machen« nannte er das schließlich mit Hinweis auf die Tür raus. Da muss man ja in der Freizeit was anderes machen. Allein das Wort Freizeit ist ja schon falsch. Da fängt die Falschheit ja mit an. In der

Freizeit ist es ja so, dass man da höchstens Zeit für etwas anderes als Arbeit hat. Man geht dann in ein Geschäft und kauft was. Richtig Zeit haben für nichts heißt nämlich Langeweile. Und die will ja niemand haben. Tatsächlich aber hat sie ja jeder. Außer Frauen. Aber Frauen hat nicht jeder. Sehet die Frauen, sage ich immer, sie arbeiten nicht, aber der Herr ernährt sie doch. Hat man erst gearbeitet, kann man dafür was kaufen gehen. Eine Stunde gearbeitet, ist ein Brötchen drin in der Lohntüte. Zwei Stunden gearbeitet, ist auf dem Brötchen was Käse. Drei Stunden, Tasse Kaffee dabei. Vier, Zigaretten, fünf, zwei Brötchen, usw., hunderttausenddreiundvierzig Stunden, Opel. Oder Pelzmantel und Ficken. Wenn jeder das Recht hat, eine Arbeit zu leisten, die keinen Namen hat, hat jeder das Recht, völlig unnütze Dinge zu kaufen. So weit denkt aber niemand. Stauräume voller Eintagsplunder, Abstellräume unzähliger Augenblickslaunen, Speicher bis oben hin angefüllt mit Zinnober, Zimmer aus Wegwerfbarem, Wohnungen voller Zimmer, Appartements mangels Phantasie, Häuser als Aussegnungshallen, Wohnblöcke voller Friedhöfe, Straßen voller Wohnblöcke, Stadtteile kreuz und quer von Straßen zerteilt, Städte voll gestellt mit Stadtteilen, Bundesländer mit Städten überfüllt, Länder voller Bundesländer, Europa voller Jahrtausende, Nichteuropa voller Jahrhunderte oder Jahrmillionen, USA voller Kurzgeschichten. Und hier und heute er also am Kiosk zum Rumstehen. Da steht er chic im Abstellgleis. Sinnieren und Räsonieren. Jede Geschichte hat ja einen Anfang und manchmal kein Ende. Wenn eine Geschichte kein Ende hat, ist es der Alltag. Ich weiß, dass meine Arbeit in den öffentlichen Raum eingebracht wird, sagt der Mann mehrmals in der Woche dem Kioskbesitzer. Mehrmals in der Woche versteht der Kioskbesitzer den Mann dann nicht. Wir veröffentlichen uns ja pausenlos, sagt der Mann dem Kioskbesitzer. Die wenigsten können ihre Arbeit erklären, weil die wenigsten überhaupt wissen, welche Arbeit sie da verrichten. Sie sind ein Klugscheißer, sagt der Kioskbesitzer dem Mann. Und: Ich gehöre nicht zu den wenigsten, sagt der Kioskbesitzer dem Mann auch. Das Wort »Kiosk« ist eins der merkwürdigsten Worte deutscher Sprache überhaupt, retourniert der Mann. Ich arbeite ja nicht in einem Wort, so der Kioskbesitzer. Wie aber ist der Mann aufs Überraschungsei gekommen. Zweifellos hat er mal wieder in die Region hinein räsoniert. Und dann? Mit einem Mal völlige Planlosigkeit. Die alten Sprüche auch schon von vorgestern. Das Abwinken vor dem Mundaufmachen. Völlige Planlosigkeit. Tagelang die Klappe gehalten, am Kiosktresen gelehnt. Abstellgleis, wie gesagt, nicht wahr. Planlosigkeit und Restlosigkeit. Ja, das waren noch so Momente, wo die Arbeit zwar Scheiße, das Reden drüber aber in Stand und Ehre setzte. Nullnummer, aber rhetorischer Selbsterfinder. Ein Überraschungsei, bitte! Ganz einfach. Ihm wird das wohl nur so herausgerutscht sein. Er wird sich wohl nicht mehr zu helfen gewusst haben. Selbstverständlich verkauft der Kioskbesitzer dem Mann ein Überraschungsei, das dieser dann ohne Umstände aufmacht. Zweifellos isst er das Äußere auf, das Innere baut er nötigenfalls zusammen. Jeden Tag ein Überraschungsei. Nach der Arbeit ein Überraschungsei. Zwei Stunden arbeiten, täglich, ein Überraschungsei, täglich. Nach der Arbeit überkommt's ihn. Aber bald schon kommt der Tag, da muss er täglich mehr Überraschungseier kaufen als am Tag zuvor. Dieser Tag ist heute. Das hat er ja nicht wissen können. Bald schon hat er nicht mehr so viele Hände zur Überraschungsöffnung. Wenn ich mehr Hände hätte, könnte ich mehr Überraschungseier öffnen, sagt der Mann dem Kioskbesitzer. Ich könnte Ihnen vom Kauf dieser Überraschungseier abraten, sagt der Kioskbesitzer dem Mann. Das macht den Mann sehr traurig. Er bittet den Kioskbesitzer inständig, es bei dieser Drohung zu belassen. Ich habe mit meinen Überraschungseiern schon genug am Hals, sagt der Mann. Er sitzt dann in seiner mittlerweile heruntergekommenen Küche und schlachtet die Überraschungseier eines nach dem anderen. Die Überraschungen überraschen ihn schon längst nicht mehr. Ihm geht es gar nicht mehr gut, wenn er an diese Schokolade denkt. Früher gab es das nicht, so viel Schokolade. Schokolade ist ja immer ein Zeichen für einen gewonnenen Weltkrieg, *verstehnsemichmanischfalsch*, wie der Kioskbesitzer immer sagt. Manisch? Das sind ja Berge voll Schokoladeneiern, stellt er fest. Allein das Wort oval lässt ihn an ›eirund‹ denken und ›eirund‹ an ›eiförmig‹, wobei ihm dann schließlich ›langrund‹ einfällt. So was kann nicht lange anhalten. In den zerteilten Monsterschokoladeneierhälften nisten alsbald wie plötzlich Schokoladenmotten. Das innere Weiß der zunächst fein säuberlich mit einem kleinen Küchenmesser zerteilten, dann mit der Zeit und einem Hammer achtlos aufgeschlagenen und schließlich nur noch mit der bloßen Faust zermanschten Kinderüberraschungseierschokoladeneierhälften tendiert schon stark nach Grau mit ungewohnt Grünem drin, wohingegen das äußerliche Braun über Bräunlich ins Dunkelgrauschwärzliche mit eingesprengelten Kraterinseln hinüberwächst. Jede freie Stellfläche der Wohnung gerät unversehens zum Kinderüberraschungseierschokoladenhohlkörpereierhälfteninneneibeherbergungsobjektpräsenzmuseum. Wo er auch hintritt, ist schon so ein Innenleben da. Es ist kein Platz mehr für mich, sagt er dem Kioskbesitzer, der ihm täglich diese Dinger verkauft, zunächst einzeln, dann in Lagen, schließlich kartonweise. Die stellt er gar nicht mehr auf in seinem Kiosk, diese Überraschungseierkartons, sondern bringt sie direkt an den Mann. Und nachts, wenn er nur noch im Stehen schlafen kann, strahlen ihn Tausende listige Augen an. Eine Brut dauerleuchtender Vampire. Mal Bücherseiten fressend, mal als Vampirtata einen Draculino im Kinderwagen schaukelnd. Mal zu Tode erschrocken mit Knoblauch im Geschenkekästchen, dann wieder mit einer Riesentorte zum Fünfhundertsten. Auch gibt es einen Vegetariervampir, der dauernd Kürbis frisst, und einen solchen, der diäthalber seine Zähne in Korken versteckt. Der dauernd umfällt. Zehn dieser Kerlchen wollen gesammelt sein. Ein einziges geht ihm immer durch die Lappen. Von den neunen hat er manche schon hundertfach. Das zehnte aber fehlt. Ihn packt die Schere Not. Ich kann nicht eher aufhören, diese Eier zu kaufen, bis Yuri Capovolski an Bord ist. Da sammelt sich dann ein unvorstellbarer Käse an. Ein so dämliches Zeug, dass es jeder Beschreibung spottet. Yuri Capovolski aber fehlt inständig. Sind die anderen aus GELBEN Eiern gekrochen, Capovolski soll in einem WEISSEN schlummern. Kopfüber mit den Füßen voran an einer tatsächlich brennenden Laterne hängend, liest Yuri aus einem Buch. Ich werde diesem Yuri den Prozess machen, sagt der Mann dem Kioskbesitzer. Den Capovolskiprozess. Aber wenn er nicht da ist. Wichtige Dinge können nicht mehr erledigt werden. Rechnungen zahlen Hausmüll entsorgen Wäsche waschen das Lebensnotwendige einkaufen völlig unmöglich, sagt der Mann dem Kioskbesitzer, der es schon nicht mehr hören mag. Kartonweises, pausenloses Überraschungseiöffnen. Mülltrennung, das ist allein das Äußere vom Inneren trennen. Immer auf der Jagd nach diesen saisonbedingten Eiern. Und immer ist nie Yuri Capovolski dabei. Wozu nichts auf der Welt ihn hinreißen kann, die Eier schaffen es. Kotzen könnte er. So viele Enkel Neffen Kinder und Kindeskinderenkelneffen gibt es gar nicht, die er dem Kioskbesitzer noch vorstellen könnte. Supermarkt kommt aber nicht infrage. Auf keinen Fall kauft er diese Eier im Supermarkt. Da, wo die im Dreierpack zu haben sind, und garantiert ist einer drunter von diesen Typen. Im Kiosk gibt's die nur einzeln, und das ist auch gut so. Das Sammeln ist ja etwas Ausschließliches, etwas Unbedingtes, etwas durch und durch Unnachgiebiges, Halsstarriges und Solitäres. Und immer ist nie Yuri Capovolski dabei. Es ist zum Verrecken, aber den Yuri Capovolski kriege ich nicht, sagt er dem Kioskbesitzer. Nachts leuchtet die ganze Wohnung, wo ich auch hingehe, leuchtet die Wohnung, sagt er dem Kioskbesitzer. Ich wohne unter Geiern, wenn Sie so wollen, aber das ist mir eine Aufgabe geworden, dieses kompromisslose Sammeln von Dingen, die rar sind, und am rarsten ist Yuri Capovolski, den er anfangs nicht mal habe schreiben können. Man drückt auf einen Knopf, und die Laterne leuchtet, an der er hängt. Bis jetzt war alles unvollständig, da kann doch nicht ausgerechnet diese Bande auch noch unvollständig bleiben wollen, für die ich ein Vermögen ausgebe, nur damit sie sich komplettiert, sozusagen, aber wem sage ich das. Selbst bei der Vorstellung eines im Bedarfsfalle völlig unkomplizierten, weil in jeder Hinsicht arbeitslosen Ficks denke ich an Yuri Capovolski, der ja auch nur Vorstellung bleibt. Mit nämlicher Arbeit und ficklos auf der Jagd nach Yuri Capovolski, so sieht's aus, sagt der Mann dem Kioskbesitzer. Das, was wir sehen, bekommen wir nicht. Mir genügt allmählich schon der Name, sagt der Mann dem Kioskbesitzer. Immer haben wir nur eine Vorstellung von etwas. Schon wenn ich etwas anschaue, habe ich nur eine Erinnerung daran. Erinnern fängt ja pausenlos an, das Auffinden von etwas lange Gesuchtem unterbricht diese

Erinnerung ja überhaupt nicht. Ich finde etwas, das ich lange gesucht habe, an das ich mich während des Suchens erinnere, sagt der Mann dem Kioskbesitzer, dann endlich finde ich das lange Gesuchte, und es ist weniger wert als die Erinnerung. Das lange Gesuchte steht endlich unter den anderen schon lange gesuchten, dann aufgefundenen Dingen, ist aus dem heiligen Vorstellungsraum des Begehrten, Ungenannten, aus der Monstranz in den Bereich der Dingwelt hinübergeworden. Einmal in den Händen des Alltags, setzt bereits das Vergessen ein. Die Suche ist das Erinnern, sagt der Mann dem Kioskbesitzer, ob das begreiflich sei. Überhaupt nicht, sagt der Kioskbesitzer. Ich sage zum Beispiel »Titte«, wobei ich mich sofort an eine irgendwo gesehene, irgendwo aufgeschnappte Titte erinnere, sofort steht mir etwas so Geartetes vor Augen. Wir wollen alle immer nur die Idealtitte, die Hammertitte sozusagen, die alles bisher Tittengewesene in den Schatten stellt. Das Vor-Augen-Stehen, das ja überhaupt nicht handgreiflich werden kann, sagt der Mann dem Kioskbesitzer. Wenn das Vor-Augen-Stehen handgreiflich werden könnte, wäre diese Welt ja längst schon untergegangen. Titte, also, und sofort ist das Ding da. Das Abbild, das Urbild sein will. Tittenurbildabbild sozusagen. Ein sofort wieder verlöschendes Urbildabbild. Taucht auf, verschwindet wieder. Deswegen nur sind wir überhaupt noch da, weil das Auftauchende sofort wieder abtaucht, sagt der Mann dem Kioskbesitzer. Der Sinn des Lebens ist es ja, schöne Erinnerungen zu haben. Fangen wir also von vorne an. Von jetzt an brauche ich mehr so etwas Körperloses, etwas mehr Stimmungshaftes, Unwirkliches, habe ich mir gesagt. Etwas Unabhängiges, das jederzeit verfügbar ist. Wie er. Das er gegebenenfalls auch wieder wegmachen kann. Etwas durch und durch Unpersönliches, das ihn gleichwohl in gute Laune versetzt. Es müsste mehr so etwas Verborgenes sein, das man auch in die Länge ziehen kann. Hingegen darf es seinen Reiz auch nach dem tausendsten Mal Angucken nicht verlieren. Es muss aber so sein, dass ich es bin, der anguckt, und nicht ich pausenlos angeguckt werde. Der Blick des anderen, der darf ja nur Schein sein, sonst ist er tatsächlich die Hölle. Und eine Titte, sehen könne die ja schließlich nicht. Wenn eine Titte sehen könnte, das wäre ja die Hölle, dann wäre Schluss mit Dauerbeschau. Überhaupt, das Wort *Titte* allein genügt mir schon, das Kotzen zu kriegen. Das ist ja das abscheulichste Wort auf Erden. Hingegen sollte das jetzt in Angriff zu Nehmende stets präsent sein, wenn die Voraussetzungen dafür geschaffen sind. Jedes Mal müssen die Voraussetzungen neu geschaffen werden. Aber was kann das sein? Was kann das denn anderes sein? Was kann diese variierte Wiederholung dieses Mal sein, die den Namen Sammlerleidenschaft verdient? Und keinen Körper hat, keine Nachträglichkeit. Einfach nur abrufbar ist. Wo Suchen Erinnern und Vergessen ideal zusammenfallen. Porno. Amateurtitten. Es scheint eine nahtlose Verbindung zwischen Titten und Wichsen zu geben. Nicht so bei mir, sagt der Mann dem Kioskbesitzer. Ich schaue mir diese Titten an, um NICHT zu wichsen, verstehen Sie? Nein, erwidert der Kioskbesitzer. Wuchtige Bildschirmfüller. Kostenlose Riesentitten haben es ihm wichslos zunächst besonders angetan. Die lädt er sich regelmäßig auf die Platte. Bis die Platte dann eines Tages so richtig voll ist. Schon beim Start geht's irgendwie nicht mehr von der Stelle. Die Riesentitten sind so zahlreich und schwer in seine Speichervorratskammer einmarschiert, dass das noch nie von jemandem tadellos durchschaute System wie gerufen zusammenbricht. Schade, interessiert er sich doch seit gestern auch für geile Omas ab fünfzig, darunter ein russisches Prachtexemplar, das auch deinen Samowar zum Glühen bringt. Alte Weiber und geil. Megahängetitten. Sein Notizbuch bekommt keinen mehr hoch. Abspecken. Die Vollblutpfünder müssen auswandern. Besonders anregend ist in diesem Zusammenhang die Alternative »Papierkorb leeren«. Bei mir funktioniert »Papierkorb leeren« ja eher wie Panspermie, verstehen Sie, fragt der Mann den Kioskbesitzer. Nein, erwidert der Kioskbesitzer. Aber gestern, da bin ich noch spät auf, und im Netz meldet sich plötzlich Gabi, 31. Verkäuferin. Feinkostladen. Onaniert jeden Tag so an die mehrere Male. Sie habe einen ausgeprägten Sexhunger. Schon morgens vor dem Aufstehen. Fieses Wort. Sexhunger. Klingt wie schulbildungslos. Es kommt eben auf den Verzicht an. Immerhin, in der Arbeit onaniert sie normalerweise nicht, wie sie kundtut. Manchmal aber habe sie geile Kundschaft, die sie bedienen müsse, und dann gehe es aber sehr selten schon mal aufs WC im Stehimbiss neben dem Laden. Das soll wohl tröstlich sein. Beim Onanieren stecke sie sich gerne verschiedene Sachen vorne und hinten rein. Was sie halt eben finde. Großer Busen. Sehr empfindlich. Wenn sie den, ihren großen Busen, knete und dabei ihre behaarte Muschi massiere, komme sie wie eine Fontäne. Freudenfluss. Gräfenbergpunkt. Schubweise wie ein kleiner Bach aus der Klitoris gespritzt. Harnröhrennebenkanäle, Harnröhrenschwellgewebe. Alles klar so weit. Jetzt hat sie eine Frage. Ob es nämlich Männer mit einer Webcam gebe, die sie mal auf dem Net zugucken ließen, wie sie sich einen runterholen, sprich den Schwanz massieren. Das würde sie irre anmachen, wenn sie dabei zugucken dürfe, weil zurzeit sei sie solo und habe Schwanzmangel. Total geil fände sie das, wenn sie sich einen abrubbeln könnte, während die Herren ihren Riemen bearbeiten und auch richtig abspritzen. Gibt es auch Männer, die sich trauen, vor laufender Kamera etwas ins Hinterloch zu stecken? Über Pics und geile Stories freue sie sich auch. Also bis bald? Was sagt man dazu? Das hat doch ein Typ geschrieben. Diese Gabi hat doch einen Pimmel, oder etwa nicht? Pimmelgabi, sagt der Kioskbesitzer, das verstehe er. Ich interessiere mich sehr für weibliche Sexphantasien, sagt der Mann dem Kioskbesitzer, aber die gibt es leider nicht. Masturbationshinterfragungen haben es ihm besonders angetan. Wie oft masturbieren Sie, könnte er so ungefähr jede vorbeikommende Frau fragen. Finger, Kissen oder Karotte, oder was ganz anderes. Ich könnte mich zeitlebens mit dem Masturbationsthema befassen. Frauen, die nicht onanieren, sind keine Frauen. O Josefine! Nüsse knacken, sagt der Mann dem Kioskbesitzer. Wenn ich, ohne zu überlegen, das Wort »Kiosk« mit einem Mal und in einem Zug zu Papier bringe, erklärt der Mann dem Kioskbesitzer, schreibe ich es immer falsch. Ich frage mich, sagt der Mann dem Kioskbesitzer, ob es sich hierbei um Ihren Kiosk handelt, den ich immer falsch schreibe. Aber es kann sich eben doch nicht nur um bloßes Nüsseknacken handeln. Das ist doch wahrhaftig keine große Kunst, eine Nuss aufknacken. Ob er langsam abhebe, den Boden unter den Füßen verliere, fragt der Kisoskbesitzer den Mann. Ein anständiger Mensch werden wolle. Ob das von der Arbeit komme, fragt der Kisoksbesitzer den Mann. Ein in sich heranreifender Mensch, der mittels Lesen zur Blüte seiner selbst heranreift. Ob die ihm langsam über den Kopf wachse, so der Kosiksbesitzer. Als ob diese Blüte schon vor ihm da gewesen wäre. Der also in die Blüte hineinwächst. In eine bald schon herabfallende Blüte hineinwachsen. Mit den Überraschungseiern hat das angefangen, seitdem ticken Sie nicht mehr sauber, sagt der Kisksbesitzer dem Mann. Niemand versteht etwas von Kafka, versuchen wir es also mit Kafka, habe ich mir gestern zu verstehen gegeben, sagt der Mann dem Besitzer, und da bin ich halt in eine Buchhandlung gegangen, der ich seit Jahrzehnten nicht mehr in eine Buchhandlung gegangen bin, sondern immer nur hier am Kisos stehe, nach der Arbeit stehe ich hier an diesem bereits auf meinen Namen hörenden Platz, auf diesem Fleckchen Erde, diesem Braunton, dem das Grün mit den Schuhsohlen ausgetrieben worden ist, und Kafka. Es musste noch weniger als diese Riesentitten sein, hat man eine gesehen, hat man alle gesehen, völlige Verblödung, die Schokoladeneierhälften habe ich ja nach nur drei ausgehöhlten, zusammengebauten und aufgegessenen Eiern in den Kübel geworfen, das ist ja nicht auszuhalten, dieser Überfluss, bis auch schon der Kübel überfloss und das aus dem Kübel geflossene Schokoladentreiben durch die Wohnung begann, überall Schokolade in allen schon benannten Farbformen, ich kann ja schon gar nicht mehr an Eier denken, ohne an Schokolade zu denken, und dann dieser Capovolski, der nicht kommt, der sich einfach nicht einstellt, der Computer ist ja zuletzt nur noch ein Riesentittenparkhaus gewesen, alles Erdenkliche wurde tittenhaft, alles, was ich sah, was ich berührte, hieß plötzlich »Titte«, nur dieses eine Wort existierte noch, nicht eine einzige weibliche Sexphantasie ist wahr, Sex ist ein total hässliches Wort, Sex und Kisos sind völlig unvereinbare Horizonte, keine Frau will Sex, alle wahren weiblichen Sexphantasien haben Männer geschrieben, sagt der Mann dem Besitzer, und plötzlich denke ich »Kafka«, was sagt man dazu. Der Kafka ist ihm schon früh völlig kaputtgemacht worden. Von Kindesbeinen an soll der Kafka immer für etwas gestanden haben. Die Bürokratie und ihre Stühle zum Beispiel. Die Bürokratie und der Einzelne, der ja in ihr verschwindet, zum Beispiel. Was soll der Einzelne denn auch anderes machen, als in der Bürokratie zu verschwinden. Stuhlbeine. Der Mensch wandert mit Stuhlbeinen durch die Welt. Die Anonymisierung des Ichlosen. Ich gehe jetzt und schließe diese Tür. Völliger Quadratschwachsinn. Orson Welles, wie er untergründig an Hühnerställen vorbeiläuft und dann wohl plötzlich *ihm* begegnet, dem einzelnen Einzigen, der Alle ist. Der Alle ist schaut dann auch prompt von oben herab auf ihn, der Orson Welles ist. Wie er im Film steht. Von oben herab auf ihn, der im Film steht, von der Mitte aus gerade durch ihn hindurch der im Film vor einem steht der sitzt wie wir. Ich möchte nicht der sein der da vor einem steht der da sitzt. Ich möchte überhaupt ganz gerne nicht in einem Film vorkommen als ein Umherlaufender, weil dann ja auch der Tod da ist undsoweiter. Der lange Weg ins Schloss. So wie es damals geschrieben wurde. Die Schreibung der Schlüssel. Der ist ja so lang. Dass das völlig unlesbar wurde. Und das ist dann ja das Unbewusste etcetera. Das Schloss als Unbewusstes, das ja so einen Bart hat, als Schlüssel. Immer muss er bei Schloss an Schnee denken. Das Schloss ist ein Schneeroman. Diese ganzen vermeintlichen Verschiebungen kann man ja gar nicht mehr aushalten, denn Gregor ist tatsächlich nur ein Käfer geworden. Der auf dem Rücken liegende Käfer ist ein Käfer, der auch Gregor heißt, der eines Morgens ein Käfer namens Gregor ist, der zuvor kein Käfer war, sondern ein Mensch, der eines Morgens in Käfergestalt daliegt und seine Schwester wieder erkennt, aber nicht mehr schreiben kann. Er würde gern ein Großbuchstabe sein, jetzt aber ist er nur noch ein Punkt. Vielleicht ist dieser Punkt ein Käfer geworden, weil er so seiner Schwester in Gänze in den Schoß fahren kann. Oder auch weil niemand ihn mehr hört und niemand ihm mehr befehlen kann und niemand ihn plötzlich mehr vermisst. Vielleicht ist er nur für sich ein Käfer. Die Schambehaarung der Schwester war an und für sich das ganz andere als dieses Kindsein. Entdecktwerden ist ja immer schon das Schlimmste. Versuchen wir es also mit Kafka. Der Käfer ist das »ächt absolut Reelle«. Sagt der Mann im Kiosk. Der Käfer ist auch ein Krankheitsvermittler. Der Mensch geht in keine Maschine hinein, sondern begegnet allerorten Angestellten. Die alle Hebel in Bewegung setzen, etwas wie ihn verschwinden zu lassen. Milchläden sind das »ächt absolut Reelle«. Baden-Baden ist das ächt absolut Unreelle. Auf dem Bildschirm erscheinende, auf dem Bildschirm sich langsam aufbauende Hängeballons sitzen prompt im Gehirn. Sie sind das »ächt absolut Reelle«, das in die Dunkelheit fährt. Mein Kafka, warum hast du mich verlassen, du ächt absolut reeller Realismus der kommenden und gehenden Arbeitswelt. Du Befürworter der Titten. Du Glaubenssache. Du schlechtes Gewissen. Du Widersacher aller Blondinen. Du Verfolgungswahn. Bist du das? Mit rücklings gefesselten Armen an einer Winde hängen hoch oben unterm Werksdach und nur noch über Kafka nachdenken können, ohne Kafka lesen zu dürfen. Kafka in die Erinnerung rufen und immer blasser werden lassen müssen. Lieber will ich sterben, als Kafka lesen zu müssen. Sagt der Mann im Kiosk. Die Welt hat andere Probleme als Kafka. Immer wieder heraufbeschwören, was das denn nun für ein Ding war in der Strafkolonie. Auf den Kafka gespannt werden. Niemand aber sagt lesend, ich bin gespannt, wie der Kafka weitergeht. Wie der ausgeht. Der geht ja nicht weiter. Der tritt ja immer auf der Stelle. Nur dass niemand die Stelle kennt. Die Stelle ist immer woanders. Auch dein Körper ist immer woanders. Unablässig über Körperschrift und Inschrift faseln, über die Schrift des Körpers, die der Körper ist, das Gesetz. Das da oben hängend immer und immer wieder durchqueren müssen. Ein nackter Körper, ein nacktes Gehirn. Oder ein Bonbon lutschen und den Hals nicht voll kriegen vom Bonbongeschmack. Das überhaupt kräftigste Bonbon, das Weltbonbon lutschen, und auch dessen Geschmack lässt noch zu wünschen übrig, erfüllt einen noch nicht ganz, und mit dem Weltbonbon nimmt wirklich auch der Weltgeschmack ab, bis sich nicht einmal mehr die Erinnerung einstellt. Eine Erinnerung müsste man haben wie Mantelpaviane. Die in Saudi-Arabien drei Tage lang geduldig gewartet haben, um den Unfalltod eines ihrer Gruppenmitglieder zu rächen. Ich sage nur »Kafka«. Sogar in der Tageszeitung ist es dringestanden. Wie *El Riad* berichtet, hat in der Bergregion zwischen Mekka und Taef ein nicht genauer identifizierter Autofahrer sozusagen versehentlich einen Pavian überfahren und diesen überfahrenerweise zur Strecke gebracht, was einem Rudel Affen nicht verborgen geblieben ist. Als der Autofahrer nach drei Tagen erneut die Unglücksstelle passierte, gab einer der just in der Nähe des Tötungsortes auf der Lauer liegenden Affen mit einem gellenden Schrei das Signal zur Wiedergutmachung. Von Steinen beworfen, brach die Windschutzscheibe, doch Fahrer und Beifahrer kamen unverletzt davon. Es ist keine Gerechtigkeit in der Welt, o Josefine, es ist ein Nüsseknacken coram publico, sagt der Mann zum Besitzer. Klugscheißer und Pavian, sagt der Besitzer. Kafka und die Frauen. Völlig sinnlos. Heutzutage kennt man Kafka in- und auswendig, ohne auch nur eine Zeile gelesen zu haben. Es genügt zum Beispiel, irgendeinen dahergelaufenen Ersatzschriftsteller und Ersatzkopisten zu lesen, schon kennt man den ganzen Kafka in- und auswendig, fällt dem Mann ein. Oder sie mit dem schönen Mund, die du immer nur mit dem schönen Mund wahrnimmst. Sie, die es gar nicht gibt ohne schönen Mund.

Die immer nur zur Seite schaut. Die mit ihrem schönen Mund immer gegen ihn um die Ecke guckt. Ihr Mund ist so schön, dass er gar nicht zum Sprechen taugt, denkt er in Gedanken und rächt sich so an ihr in Gedanken. Beziehungsweise taucht da dieser Himmelkumov auf, der dem Mädchen in Gedanken befiehlt, sich nach ihm umzudrehen, was aber nichts hilft, bis dieser Himmelkumov dem Mädchen befiehlt, sich nicht nach ihm umzudrehen, was auch nicht hilft. Oder es ist ihm, als frage einer dauernd, fährst du jetzt los, ob du jetzt losfährst, ob du jetzt losfährst, fährst du jetzt los. Und liegt er nicht da auf dem Bauch wie auf einer Sonnenbank. Und geht nicht der Blitz durch ihn, der ihm ein schönes Muster auf den Rücken wirft. Ein rotes Bäumchen, ein Adersystem. Der Kafka ist in ihn gefahren. Er ist ihm in den Rücken gefallen. Man kann ein Kafkafachmann sein, ohne auch nur eine Zeile Kafka gelesen zu haben. Ob er das nicht bereits soeben gesagt habe, fragt der Besitzer den Mann. Ich möchte jetzt den Kafka ganz auslesen und dann zum Bundeskanzler gehen und ihn fragen, was ich dafür kriege, sagt der Mann dem Kioskbesitzer. Muss einer Geschichten erzählen, werde ich den Kanzler fragen, wird er nicht vermisst? Es muss ja irgendeinen Sinn haben, dass Sie diesen Kiosk führen, mutmaßt der Mann. Was für einen Sinn sollte es denn sonst haben. Arbeit machen, nennt der die Arbeit. Wahnsinnssache, so Titten. Und dann, plötzlich, Yuri Capovolski.

Thomas Meinecke
Souveränes Objekt

Was denkt sich diese Person? Sie hat sich ja unglaublich aufreizend angezogen. Nur, um sich mit dir, wie verabredet, über euren gemeinsamen Beruf zu unterhalten? Du hast auch gar nichts anderes erwartet, als mit ihr über eure Arbeit und deren komplizierte Herausforderungen zu reden. Doch dein loses Augenmerk würde am liebsten andauernd über ihre durch verschiedene, als solche überhaupt nicht verborgene, sondern, im Gegenteil, ganz ostentativ, ja offensiv offenbarte Kunstgriffe der aktuellen Mode betonte Figur schweifen.

Sie wird später noch etwas Besseres vorhaben, denkst du. Sie musste gleich morgens etwas anziehen, das einen gemeinsamen Nenner für sämtliche Verabredungen des heutigen Tages besitzt.

Wie lange magst du sie beim Eintreten in diesen voll besetzten Frühstücksraum, bevor sie auch dich erkannte, kurz lächelte, und dann, wieder ernster, wie auf einem Laufsteg, direkt auf dich zuging, gemustert haben? Wie lange hast du deine phallologische Aufmerksamkeit dem nahezu perfekt abgestimmten Zusammenspiel von Haaren, Haut und Stoffen gewidmet? Wie unverhohlen maskulin mag dein auf das Feminine gerichteter Blick aus-

gesehen haben? Woran ist er möglicherweise hängen geblieben?

Kommt eine dermaßen bewusst akzentuiert hübsche
Persönlichkeit weiblichen Geschlechts in den Raum,
verbietest du dir ja in der Regel, sie überhaupt in näheren Augenschein zu nehmen. Dieses durchaus vernünfti-
ge Verbot kommt aber, und das ist Ironie, nur dadurch zustande, dass du allen ausgestellten Reizen bereits erlegen
bist. Die Wirkung ist also auf Anhieb, schlagartig, erzielt:
Du weißt von der Attraktivität dieser Person, hast ihren
Körper, im Bruchteil einer Sekunde, überflogen, ihn
gleichsam kolonisiert, und dieses dir sündig vorkommen-
de Bewusstsein zerrt nun ganz unbändig an deinen zivi-
lisierten Nerven.

Aus politischen Gründen, aus Respekt vor der elenden Rolle des weiblichen Wesens als ewigliches Objekt,
hast du dir hoch und heilig verboten, Frauen anzustar-
ren, sogar ihnen verstohlen hinterherzuschauen. In der
U-Bahn. Auf dem Flughafen. Im öffentlichen Raum.
Auch in diesem Augenblick. Während sie zur Toilette gegangen ist, überlegst du ein weiteres Mal: Was ging dieser
ja ohnedies bildschönen Person durch den Kopf, als sie
sich ankleidete, bevor sie ihre Wohnung verließ? Wem gilt
die enorme Raffinesse ihrer Aufmachung? Ihr selbst?
Dem Spiegel? Der kritischen Vergewisserung ihrer ge-
sellschaftlichen Rolle? Ihr habt doch dieselben Bücher
gelesen. Ihr seid ja keine Spießbürger auf einer Fetisch-
Party.

Weshalb sind heutzutage viele politisch aufgeklärte
Menschen so sexy hergerichtet? Wie deine dir nun wieder gegenübersitzende Kollegin. Und ihr arbeitet ja bei-
leibe nicht in der Sexindustrie.

Welchen Sex-Appeal kann eigentlich das Berufliche
besitzen?

Darfst du ihr, wenn sie redet, auf den roten Mund, dessen Konturen sie, Frau im Spiegel, auf der Toilette nachgezogen hat, schauen? Was wird sie denken, wenn sie deinen Blick ihren Hals hinunterhuschen sieht? Ist es überhaupt möglich, sie auf ihre, seit du zuletzt in dieser Stadt warst, völlig neue Frisur, diesen durch und durch innovativen, extrem seitlichen Scheitel anzusprechen?

Womöglich das Unverfänglichste: in die Augen dieses souveränen Objekts blicken. Und sich dann in dieser Unverfänglichkeit auflösen.

Christoph Peters
Der Frühschoppen

»Trinkst du ein Bier?«, fragt mein Vater. »Ja«, sage ich.
»Dann musst du welches holen«, sagt er.

Es ist Sonntag gegen zwölf Uhr mittags. Ich erkundige mich jetzt bei allen Anwesenden, ob noch jemand Bier möchte und wenn ja, was für eins. Pils, Alt, Kölsch, helles und dunkles Hefeweizen sind meist im Haus, aber selten steht von jeder Sorte eine Flasche im Kühlschrank. Ich vergewissere mich also zusätzlich, dass es Kellertemperatur haben darf, beziehungsweise was andernfalls die zweite Wahl wäre. Meine Mutter sagt: »Ich mag sowieso kein Bier«, was alle wissen, aber sie sagt es in einem Ton, als sei sie zum ersten Mal bei uns zu Besuch. Wenn ich mit den Flaschen aus dem Keller komme, fragt mein Vater: »Hast du neue kalt gestellt?« – Natürlich habe ich das.

Während ich Gläser aus dem Schrank hole, die Flaschen öffne und einschenke, sitzt mein Vater in seinem großen Sessel und tut so, als lese er Zeitung. In Wirklichkeit ist es eine Verzögerungsmaßnahme, um die Spannung zu steigern. Nach einer Weile faltet er die Zeitung zusammen, steht auf, sagt zu mir »Schnaps trinkst du ja nicht« und geht zum Barschrank. – »Wenn du mir einen anbietest, schon«, sage ich. – »Auch das noch. Hast du ge-

95

hört, was dein Sohn will«, sagt er zu meiner Mutter, die im Türrahmen steht und darauf wartet, dass er sie auch endlich fragt, was sie trinken will. Meine Mutter sagt dann: »Ich hätte gern ein Glas Wein.« Daraufhin geht mein Vater selbst in den Keller und wählt aus den riesigen Vorräten eine Flasche, die er an genau diesem Tag für angemessen hält und anschließend feierlich entkorkt. Auch das Glas für meine Mutter sucht er persönlich aus. Wenn alle ein gefülltes Glas vor sich haben, setzt er sich auf seinen Stuhl am Tisch und sagt: »Na denn, Prost, nich«, wobei er einen hanseatischen Akzent nachahmt. Wir stoßen alle mit allen an, und es ist wichtig, dass wir uns dabei in die Augen schauen. Danach trinken wir zusammen den ersten Schluck.

Das ist der äußere Ablauf des Frühschoppens, wie er heutzutage in unserer Familie praktiziert wird. So war er nicht immer, und ich weiß auch nicht, ob diese Art weit verbreitet ist.

Traditionellerweise ist der *Sonntagsfrühschoppen* ein reines Männerritual. Es fand und findet noch immer hauptsächlich an Stammtischen statt. Die Rolle der Frauen bleibt auf Bring- und Holdienste beschränkt, und das ist auch natürlich, denn nach zwei Stunden Bier, Schnaps und Gerede muss zu Hause das Essen auf dem Tisch stehen. Ein Mann, der die ganze Woche hart gearbeitet hat, kann am Sonntag seinen verdienten Mittagsschlaf nicht mit leerem Magen machen.

Anfang der siebziger Jahre ging es in unserer Familie ähnlich zu. Das heißt, sonntags war es ähnlich. Der *Samstagsfrühschoppen* folgte einer anderen Regel, wie auch die *Werktagsfrühschoppen*, die ohnehin nur selten stattfanden, wenn mein Vater Urlaub hatte. Aber sonntags folgte er auch bei uns der klassischen Form: Am späten Vormittag brachte meine Mutter meinen Vater mit dem Wagen zum

Stammtisch, fuhr nach Hause zurück, um zu kochen. Zwei Stunden später holte sie ihn wieder ab. Ich durfte mitfahren, weil das für alle Beteiligten von Vorteil war: Meine Mutter musste nicht in die Wirtschaft und jedem die Hand schütteln, sondern konnte im Auto sitzen bleiben; mein Vater wurde nicht von seiner Frau aus der Wirtschaft geholt, was für einen Mann beschämend gewesen wäre; und ich durfte ausnahmsweise in die Wirtschaft. Ich kletterte auf einen Barhocker, manchmal gab mir der Wirt ein paar Groschen für den Spielautomaten, einer der Freunde meines Vaters spendierte mir eine Fanta, und vor allem bekam ich eine erste Ahnung davon, um was es im Leben eines Mannes wirklich ging. Wenn wir zu lange auf uns warten ließen, hupte meine Mutter ärgerlich. »Du stinkst nach Qualm«, stellte sie angewidert fest, sobald mein Vater ins Auto stieg. Später hängte sie seine Jacke zum Lüften auf die Terrasse.

Mein Vater ging allerdings nicht jeden Sonntag zum Stammtisch. Insbesondere wenn seine Schwiegereltern zu Besuch waren, blieb er zu Hause, da mein Großvater aus der Stadt kam und immer ziemlich geschwollen daherredete, wenn er Leuten aus unserem Dorf begegnete. Außerdem vertrug er nicht viel. Nach zwei Gläsern Bier und einem Korn hätte er wahrscheinlich den Freunden meines Vaters in gewählten Worten die Weltlage erklärt, die Freunde hätten geschwiegen, und meinem Vater wäre das alles sehr peinlich gewesen, weshalb er es vorzog, an diesen Sonntagen zu Hause zu bleiben und mit meinem Großvater den *Internationalen Frühschoppen* mit unterschiedlich vielen Journalisten aus unterschiedlich vielen Ländern und Werner Höfer als Gastgeber im Fernsehen anzuschauen. Da wurde dann mein gebildeter Großvater von noch gebildeteren Leuten belehrt, was ihn jedoch nicht hinderte, lautstark in die Debatte einzugreifen, wenn er anderer Ansicht war oder entschieden zustimmen musste.

Ich vermute, dass der Frühschoppen, wie wir ihn heute pflegen, seinen Ursprung einerseits in dieser Zeit hat, andererseits im Samstagsfrühschoppen, der eine Unterart des Werktagsfrühschoppens ist, den es bei uns – wie gesagt – äußerst selten gab.

Der Werktagsfrühschoppen findet normalerweise zu Hause statt. Er wird hauptsächlich von Bauern, Handwerkern, Kleinunternehmern und den Leuten, die als Kunden, Vertreter oder Kollegen zu ihnen kommen, praktiziert. Häufig dient er dem Abbau der Anspannung in Gesprächssituationen, die von den Beteiligten als heikel empfunden werden. Dadurch, dass man ihm einen Schnaps, ein Bier anbietet, wird der Besucher – ganz gleich mit welcher Absicht er ins Haus gekommen ist – zum Gast. Das gibt ihm einerseits die Gewissheit, willkommen zu sein, verpflichtet ihn andererseits aber auch, sich wie ein Gast zu verhalten, d. h., unlautere Ziele aufzugeben und die Verhandlung fair zu führen. Beide Seiten wissen auch, dass Alkohol sowohl die Angriffs- als auch die Verteidigungsfähigkeit schwächt. So stiftet das gemeinsame Trinken Vertrauen und bildet eine gute Voraussetzung für Übereinkünfte, mit denen später alle Seiten zufrieden sind.

Bei meinem Onkel Robert, der einen Hof mittlerer Größe bewirtschaftete, habe ich folgenden, sehr typischen Werktagsfrühschoppen erlebt: Jupp Berns, Futtermittelvertreter in unserer Gegend seit dreißig Jahren, hatte telefonisch seinen Besuch für halb elf angekündigt, sodass mein Onkel an diesem Morgen nicht auf den Acker fuhr, sondern bei seinem alten Hanomag die Kupplung austauschte, was er ohnehin schon lange vorhatte. Herr Berns war bereits bei zwei anderen Bauern gewesen, als er um Viertel nach elf kam. Er trug Nadel-streifen und einen Aktenkoffer, hatte kaum noch Haare auf dem Kopf und eine Nase, die an eine riesige, violette Morchel erinnerte. Onkel Robert hielt ihm den Ellbo-gen hin, da seine Hände ölverschmiert waren, sagte: »Geh schon mal rein, Jupp, Hedwig ist drinnen, ich muss mir noch die Hände waschen.« Herr Berns setzte sich auf die Eckbank, neckte meine Tante, die kichernd am Herd stand und eine riesige Bratwurstspirale umdrehte. Onkel Robert kam herein, auf löchrigen Socken, den Cordhut in der Hand, und sagte: »Und, Jupp, wie läuft es so?« – »Wie soll es laufen?«, antwortete Herr Berns, »ich sag mal, es läuft so.« – »Hedwig, bring uns doch einen Schnaps«, sagte mein Onkel, und: »Du trinkst doch 'nen Schnaps, Jupp?« – »Wenn es unbedingt sein muss«, sagte Jupp, »aber nur einen.« – Trotzdem ließ meine Tante die Flasche auf dem Tisch stehen. Herr Berns und mein Onkel prosteten sich zu und leerten die Gläser auf einen Schluck, wisch-ten sich mit dem Handrücken den Mund und seufzten erleichtert auf. Von dem Zeitpunkt an redete Herr Berns ununterbrochen, bis mein Onkel sagte: »Einen kannst du noch, Jupp« und die Gläser erneut füllte. Sie tranken noch einen weiteren Schnaps, bis mein Onkel die Futter-mittelliste unterschrieb, in der Herr Berns zwischenzeit-lich verschiedene Kreuzchen gemacht hatte. Danach ver-abschiedete er sich und stieg in sein Auto. Als er vom Hof fuhr, hupte er kurz.

Leute wie Herr Berns machen berufsbedingt jeden Tag Frühschoppen, und da sie auch in den Ferien, oder wenn ihnen gekündigt wurde, nicht darauf verzichten wollen, entstand eine Werktagsvariante des Sonntagsfrüh-schoppens: Gegen zwölf kommt in jeder Dorfkneipe eine Gruppe von Männern zusammen, um Bier und Schnaps zu trinken und zu räsonieren. Es sind immer dieselben, und oft wanken sie erst gegen drei nach Hause, wo sie von ihren Frauen beschimpft werden, weshalb sie sich gegen Abend erneut treffen. Diese Zusammenkünfte gehören jedoch eher in den Bereich Sucht und sollten nicht mit dem schönen, Gemeinschaft stiftenden Brauch des Frühschoppens in Verbindung gebracht werden.

Bei uns war der Samstagsfrühschoppen ein fester Punkt in der Woche, seit ich mich erinnern kann. Samstags kam mein Vater gegen Viertel nach eins von der Arbeit, und alle zwei, drei Wochen brachte er einen Kasten Bier mit, auf dem eine Flasche Schnaps lag. Es gab entweder Grünkohl mit Mettwurst, Sauerkraut mit Kartoffelpüree und Kassler oder Ochsenschwanzsuppe zu essen. Aber bevor gegessen wurde, tranken mein Vater und meine Mutter einen Schnaps, und mein Vater probierte das neue Bier. Indem sie den Frühschoppen zusammen machten, überführten meine Eltern dieses typische Ritual der patriarchalischen Gesellschaft in die gleichberechtigte Partnerschaft. Sie gingen dabei ebenso radikal zu Werke, wie sie sich zum Beispiel in der Kirche nebeneinander statt nach Männern und Frauen getrennt setzten. Als ich siebzehn war, fragte mein Vater mich zum ersten Mal an einem Samstag: »Trinkst du ein Bier?«, und das markierte wiederum einen neuen Abschnitt in der Geschichte des Frühschoppens: Zwar machten die meisten Söhne unserer Gegend in diesem Alter ihren ersten Frühschoppen, aber eben nicht mit ihrem Vater, geschweige denn mit Vater und Mutter, sondern mit Freunden oder Bekannten, und auch nicht zu Hause, sondern in der Kneipe, und zwar in einer anderen als die Väter. Dennoch wäre es ein Missverständnis zu glauben, der Frühschoppen damals sei bei uns ein Zeichen dafür gewesen, dass meine Eltern und ich, später meine Geschwister, und unsere jeweiligen Freunde, Freundinnen uns besonders gut verstanden hätten, im Gegenteil: Er war oft die einzige friedliche Zeit in der Woche, eine Art sakrosankte Stunde, in der die Waffen ruhten. Irgendwann waren wir zu der stillschweigenden Übereinkunft gelangt, dass während des Frühschoppens die Konfliktstoffe höchstens in versöhnlichem, spöttischem Ton angesprochen wurden, meist jedoch gar nicht. Insofern hat er für unsere Familie gerade durch seine Transformation eine ähnlich ausgleichende und Vertrauen stiftende Bedeutung wie in der Tradition, nur dass eben Männer und Frauen unterschiedslos daran teilhatten und haben. Heute pflegen wir ihn deshalb umso ehrfürchtiger. Wir wissen, dass wir ohne ihn vielleicht längst miteinander gebrochen hätten, und es gibt wenig, das wir so übel nehmen wie eine Verletzung des Frühschoppenfriedens.

Thomas Hettche
Mittwochs, im letzten Jahrhundert

Ich weiß noch, wie langstielige Algen tief drunten im Wasser wogten die Pfefferminzblätter im Glas und verschlei-
erten die Luft mit dem Arom heißen Tees in der Bewegung des Löffels, bis diese stoppte und jene verebbte.
Langsam sanken die Blätter, dann rührte der Löffel sie
wieder auf, und wieder, bis G. schließlich trank. Gerade da
wurde es Nacht in der Stadt. Und wie immer ließ sie sich
mit ganz unterschiedlicher Geschwindigkeit nieder hier
in Berlin. Schnell dunkelte es in den Gassen und Hinter-
höfen, wie es sie überall gibt, schnell auch unter den Bu-
chen draußen am Wannsee bei Nikolskoe, langsamer
schon auf dem weitläufigen Alexanderplatz, wo die Farben der Leuchtreklamen noch lange pastellig ins dunstige
Restlicht schlierten, und sehr viel langsamer noch auf
dem Kreuzberg um Schinkels von Strichern umstelltes
Monument, das so lange schwarz in den Himmel stak, bis
dieser endlich dem Stein ganz glich und es verschwand.
Ganz zuletzt verglommen die roten Fahnen der PKK
ringsum auf den Dächern am Oranienplatz, und dann
wurde es auch hier Nacht, in der Dresdener Straße, diesem toten und versandeten Flussarm, der vor einem
Wohnkomplex am Kottbusser Tor anlandet wie einst die

Straßen an der Mauer, verwahrlost und still, idyllischer Windschatten, kapuzinerkressevoll im Sommer und voll eiskalten Windes im Winter wie jetzt. Dorthinaus sahen wir und tranken einen Tee nach dem anderen, die einzigen Gäste, keine Musik, das Wasser gurgelte ruhig in den Überlauf der Spüle, und der Barkeeper lehnte, selbst in ganz haltloser Introspektion, hinter der Theke am Tresen und wartete wie wir. Wie immer hatte ich den Tisch am Fenster reservieren lassen, unter dem die rotsamtene Bank verläuft, auf der G. saß, ich ihm zur Seite am Kopfende des Tisches und mit dem Rücken zur Wand. Plötzlich fragte er, als nähme er den verlorenen Faden eines Gespräches wieder auf, und hielt sich dabei, doch nicht lange, mit den Händen an dem Revers seines auberginefarbenen Anzugs, ob ich wisse, dass dieses Lokal bis weit in die 80er Jahre hinein vermauert gewesen sei, vermauert und vergessen. Ich schüttelte den Kopf, und seine Hände kugelten der Frage in den Gelenken eine kleine Weile noch nach. Und dann hielt hinter seinem Rücken auch schon das Taxi, und A. wechselte in ihrem Lieblingskleid schnell aus dem schwachen Licht des Wagenfonds ins Dunkel und von dort, wie so oft schon, mit sehr wenigen weiten Schritten ins Licht der Bar, das weit auf die Straße fiel. Als wir uns begrüßten, schien es tatsächlich, als hielte das Wiedersehen einen Moment lang die Zeit an. Ich weiß noch: Wir setzten uns wie in jenem Sommer, als wir viele Nächte hier zusammen verbracht hatten, bestellten denselben Wein und versuchten uns an denselben Sätzen, was nicht lange gelang. Ich erinnerte mich wieder an den guten Whisky, den es hier gibt, und an die Kapernkirschen, den Schauspieler mit seinem neuen Versace-Anzug, die Noblesse der Kellner und wie die Nächte hier stets sehr sanft vergilben. Schließlich unterbrach G. das Schweigen und erzählte, wie man die kurz nach dem Krieg vermauerten Türen

und Fenster des Lokals eines Tages mit Vorschlaghämmern
und Spitzhacken aufgebrochen habe und in muffigem,
staubigem Dunkel dann das unberührte Interieur eines
kompletten Kolonialwarenladens gefunden habe. Der Tresen hier war die Verkaufstheke, und in den Holzschränken
dort mit den Flaschen standen noch verstaubte Kaffee-
dosen und Gläser mit Lakritz, Safran und Perlmuttknöp-
fen. Die blinden Spiegel. Der Kronleuchter. Vor allem aber
die Decke, sagte er mit kugelnden Händen. Ich sah hoch
und betrachtete wieder die messinggefasste Kassetten-
decke aus jenem milchigen Glas, hinter dem sich die Lam-
pen verbergen und das dem Lokal dieses besondere
mondweiße Licht gibt. Fragte mich, was Safran eigentlich
ist. Trank und sah den Menschen zu. Es füllte sich langsam,
alle Tische und auch der Tresen waren besetzt, zwei Kell-
nerinnen mit weißen, langen Schürzen bedienten jetzt,
und sehr leise war nun auch Musik zu hören. A. und G.
unterhielten sich, und ihre Stimmen trippelten so unbe-
achtet wie ein sehr kleiner Hund neben meinen Gedanken her, aus denen ich erst aufschreckte, als es plötzlich
von außen an das Fenster klopfte und H. hereinwinkte.
Und noch während er sich seines Paletots und der leder-
nen Umhängetasche entledigte, in der er seinen Laptop
transportierte, kamen J. P. herein und B., die uns alle mit
dem Kinderwagen beiseite schob. Und dann, wenig später
und außer Atem, auch C. Sie roch, als ich sie umarmte,
sehr nach Winter und versah wie immer meine Sätze
sofort mit den leisen Bleistiftstrichen ihrer Korrekturzei-
chen und entdeckte überall Zwiebelfische und Spieße, Li-
gaturen und Fliegenköpfe. Deleatur, dachte ich schließlich, bemerkte noch im Augenwinkel, wie N. von der Tür
her G. zuwinkte und sich einen Weg an unseren Tisch
bahnte, dann schloss ich die Augen und lauschte. Nicht
der Musik und auch keiner bestimmten Stimme lauschte

104

ich nach, sondern der Weise, wie mit einem Mal die Musik den Teppich aus Gesprächen nicht mehr überlagerte und diese auch nicht in jener versank, sondern sich immer wieder von neuem eine seltsame Balance herstellte, in der ein Wort, das Bruchstück einer Melodie, das glasklare Klirren einer Flasche oder das Rücken eines Stuhles momenthaft in den Vordergrund trat, um sich dann sofort wieder mit den anderen Geräuschen zu verbinden. Und während ich noch überlegte, ob das wohl etwas mit der Resonanz der milchgläsernen Decke zu tun haben könnte, spürte ich plötzlich eine Hand in meinem Nacken und öffnete die Augen. Es war F., die nun neben mir saß, und schnell tauchte ich unter dem Duft ihres Haars zu ihrer Halsbeuge hinab. Nun sind wir komplett, dachte ich dabei und sah zu, wie G. und N. sich mit C. unterhielten und H. versuchte, die Tafel mit den Tagesgerichten an der Rückwand des Lokals zu entziffern. J. P. starrte, über den roten Samt der Rückenlehne gebeugt, aus dem Fenster, und ich beobachtete eine ganze Weile, wie er sich eine Locke seiner krausen Haare in die Stirn drehte, dann umarmte B. ihn endlich. Da hatte A., unbemerkt von den anderen, gerade den Asiaten herangewinkt, der schon mehrmals an diesem Abend hereingekommen war und der nun neben ihr stand und aus dem Leinenbeutel, den er über die Schulter trug, eine Polaroidkamera hervorholte. Ich weiß noch, wie wir alle erstarrten im Blitzlicht. Und sahen überrascht uns dann um, dem Augenblick des Bildes hinterher, das A. da bereits lachend in der Hand hielt. So lange schwenkte sie es hin und her, bis Farben darauf erschienen und mit ihnen ein Raum, und ich betrachte einen Tisch, Gläser und Stühle, Hände und unsere Gesichter.

Verena Auffermann
*Letzte Stunden auf dem Parkett
des alten Jahrtausends*

Direkt neben mir bremst eine zinnoberrote Vespa. Der
Fahrer nimmt den Helm ab, und ich rufe: »Hans?« Bevor
er ein großes »Tier« in der Welt des Geldes wurde, hieß
John Hans. John trägt unter der Barbourjacke einen
schwarzen Anzug. »Was ist passiert?« »Ich nehme Abschied«, sagt John. Schweigend betreten wir die Frankfurter Börse, geben bei einer Koreanerin unsere Garde-
robe ab, werden kontrolliert und registriert. Wir stehen
auf dem berühmtesten »Parkett« Deutschlands, jemand
ruft mir »The trend is your friend« ins Ohr, und schon ist
er wieder hinter dem Counter. Ein Abbild des Latin
Lover, denke ich, dessen stolzes Englisch sich mit frank-
furterischem Idiom vermischt. Auf der birnbaumverklei-
deten Balustrade, alles ist hier birnbaumverkleidet, fahren
die Kameramänner von n-tv und ZDF auf der Suche
nach einem erregten Händler, einem telegenen Wutaus-
schnitt ihre Filmmaschinen hin und her.

»Das Fernsehen will den Realismus in der Wutbe-
obachtung finden«, nörgelt John, »und weil das hier nicht
mehr zu finden ist, filmt man jeden Fingerzeig.« Die ver-
gitterte Besuchertribüne ist der Sicherheitskordon für
das allgemeine Publikum. »Früher«, sagt John und be-

kommt einen besonderen Glanz in die Augen, den man auch unterdrückte Tränen nennt, »früher wurde man hier auf dem Parkett zur Seite geboxt, überrannt, niedergebrüllt.«

»Ja, früher«, sage ich, »war alles besser.« John zischt mich an: »Arroganz, du überdrehst.«

Je weniger auf dem Parkett los ist, desto größer wurde das Interesse an der Börse. 1997 meldete die Frankfurter Börse 80 000 Besucher, gegenüber dem Vorjahr ein Plus von 30 Prozent. Die Telekom-Aktie hat das bewirkt. Der »T-Day« war der Turnaround im Land der Lebensversicherer und Häuslebauer. Die Sparbuch-Deutschen entdeckten nach dem Börsengang ein neues Lebensgefühl und eine neue Angst vorm Scheitern. Die Kinder des digitalen Zeitalters wurden Spieler und Surfer. Vom Begriff des »Global Player« wurden sie erotisiert und entwickelten ein libidinöses Verhältnis zu ihrer Frisur, zu ihrer eigenen Performance und zum Kurswert ihrer Aktien.

Höllische Zungen sagen, der Teufel habe die Börse erfunden, um den Menschen zu beweisen, dass sie wie Gott aus dem Nichts auch etwas schaffen könnten. Und diese Versuchung elektrisiert. Der DAX ist dreizehn Jahre alt, die Werbung hilft ihm weiter. »So simpel wie einkaufen«, spottet John, »ganz einfach, nur nie in fallende Kurse investieren, never catch a falling knife.«

Früher war der Börsenbesuch wie ein Blick auf ein Getreidefeld, über das der Wind streicht. Man sah, woher der Wind kam, in welche Richtung sich die Halme bogen und manchmal auch, wie ein Hagelschauer nahte und alles platt machte. Man traf Freimakler, Fondsvorstände, Börsenchefs, Geschäftsführer von Kapitalanlagegesellschaften. »Soll ich dir addieren helfen«, brüllt einer dieser jungen Männer, die mit ihren eisenbeschlagenen Alden-Schuhen um die Ecke schliddern, »kaufe 55

Mark.« »Sieh dir das Affentheater an, diese Invalidenpflege, hochgehalten aus Tradition, nur noch Kleinwerte, reine Schauspielerei, da ist gar niemand mehr, der dem armen Kerl zuhört«, spottet der wichtige John. »Die großen Werte werden doch zu über achtzig Prozent elektronisch gehandelt. Die ganze Show hier, Kulisse fürs Fernsehen, Staffage, Relikt, eine Informations- und Marketing-Maschinerie.«

Ein älterer Herr in Tweed geht mit kleinen Schritten auf John zu. »Sie, hier im Aktiensaal!«, ruft er, als sei ihm soeben der heilige Augustinus erschienen, und schiebt den Knoten seiner Bullen-&-Bären-Krawatte über den geöffneten obersten Kragenknopf. »Hier treffen sich doch nur noch Leute, die nichts zu entscheiden haben.« John schweigt einen Augenblick und genießt sich selbst und die Karriere, die er gemacht hat. »Wenn ich eine richtige Order habe, ist kein Handelspartner mehr auf dem Parkett«, sagt der Makler in Tweed. »Ich muss die Leute in den Banken anrufen, aber die sitzen in Computer- oder Compliance-Sitzungen. Ich bin nur noch Altwert. Aber ich bleibe, bleibe, bis der Saal endgültig geschlossen wird, niemand hier will sagen, wann. Offiziell wird Scheinoptimismus verbreitet«, und fischt seine in englischer Schreibschrift gestochene Visitenkarte aus der Innentasche seines Jacketts. »Die gläserne Informationsgesellschaft«, brummelt der Freimakler, »der Bildschirm und die Zahlenkolonnen, das Internet. Der Makler neuen Typs sitzt im Pool im Großbüro, Büro kann man das eigentlich gar nicht nennen, er sitzt vor mehreren Bildschirmen und einer Freisprechanlage und traut sich kaum, aufs Klo zu gehen. Selbst die Nacht wurde abgeschafft. Wenn Frankfurt und London schließen, machen die Börsen in New York, später San Francisco, Tokio, Hongkong, Singapur, Taiwan und Bombay weiter. Mit fünfunddreißig Jahren sind die Kerle einfach ausgebrannt, kaputt.« »Erfahrung«, fällt John ihm ins Wort, »ist nicht mehr gefragt. Niemand will mehr wissen: Was sagt mein Bauch?« »Mein Bauch!«, seufzt der kleine Mann. »Der neue Makler spiegelt sich im Displayfenster seines Handys, das ist seine Kommunikation, die Endstation Sehnsucht der letzten Tage des Jahrtausends.« »Ja«, sagt John, »wer kann hier noch ein Pokerface taxieren, alles Menschliche haben die Zahlenkolonnen auf dem Screen verschluckt.« »Die drei Hasen«, fährt der kleine Makler fort, »wurden kürzlich eingerissen, unser Mittagstisch, eingestampft. Wie begeisterungsfähig wir damals waren! Am Tresen hörte man die Kurse wachsen und sah sie im Voraus sterben. Unser schöner Jargon ist kaputt, unsere Rufe versteht man nicht mehr. Nichts wird erzählt, Parasiten der Wirtschaft, lächerlich, eine Kultur, sie ist verschwunden. Ich«, sagt der Makler, »stellen Sie sich das vor, fange nach dreißig Jahren tatsächlich wieder an zu lesen, zurzeit begeistert mich Madame du Châtelets ›Rede vom Glück‹. Diese kluge Frau hatte Pech in der Liebe, Voltaire nahm sich eine neue Mätresse, und Madame hatte Pech beim Spielen, sie verlor ihr Vermögen und behauptete dennoch, dass ihr das Vergnügen am Spiel wichtiger sei als die Tatsache, fast pleite zu sein.«

John nickt gelangweilt, weil Männer wie er das Zuhören niemals gelernt haben, und zeigt mit großen Armbewegungen in leere Kabinen. »Das waren die Hinterzimmer, hier wurden die Geschäfte abgewickelt.« Ich hebe zwei Ausgaben der »Financial Times« aus dem Jahr 1997 hoch, zähle drei Telefone mit Wählscheibe, zwei Feuerlöscher und eine Olympia-Schreibmaschine. Hier, räsoniere ich, wurden also die Deals gedreht, hier wurde um Wissensvorsprung gefeilscht. Heute sind Insiderinformationen strafbar. »Seit vier Jahren«, sagt der Makler, »stehen wir wie die Ärzte mit einem halben Bein im Gefängnis. Das Bundesaufsichtsamt für den Wertpapierhandel ist mittlerweile ein Industriezweig für sich. Was Jürgen Schneider der Bauwirtschaft eingebrockt hat, erledigte für uns der Global Player Nick Leeson, beide saßen hier in Frankfurt im Knast.« »Ein Händler muss neidlos zusehen können, wie andere Millionen verdienen. Short sein und auf Baisse spekulieren.« »Aach«, sagt der kleine Händler wie im Traum, während John auf seine Fingernägel schaut, »das Vehikel zum großen Geld ist das Rauschgift und nicht die Börse. Eine der acht *Golden Rules*«, John blickt mir streng in die Augen: »Setze nicht alles auf eine Karte. Die Mischung macht's.«

»Madame du Châtelet«, fährt der kleine traurige Händler unbeirrt fort, »war davon überzeugt, dass ein mittelmäßiges Vermögen mehr Vergnügen erlaubt als völliger Überfluss.« John will gerade protestieren, aber ich sage: »Recht hat sie, die Madame du Châtelet«, und John antwortet: »Ein schleichender Abschied kann tröstlich sein«, dreht den zwölf frisch geputzten Sandsteinputtis über dem Portal den Rücken zu und rollt langsam auf seiner Vespa in Richtung Hauptwache davon.

Gregor Sander
Nicht so

Warum sind die Stühle blau? Warum haben sie hier, ausgerechnet an diesem Ort, blaue Stühle genommen? Regiestühle, aus dunklem, braunem Holz, und die Sitz- und
Rückenflächen sind bespannt mit tiefblauem Stoff. Es ist
nicht so abwegig, und doch fällt das auf, es passt nicht so
recht, nicht an diesem Ort. Blau ist für einen Hafen eine
natürliche Farbe, sollte man denken, doch hier auf diesem grauen Beton, vor dem kleinen Café aus Holz und
Glas, wirkt es fast übertrieben.

Jan trinkt das zweite Bier, schaumlos und kalt. Er kann
die Gedanken nicht wegschieben. Die letzten Tage im
Studio seiner Freunde in der Hauptstadt dieses Landes,
das er liebt und das ihm doch merkwürdig fremd geblieben ist. Warum hat es nicht funktioniert, was war anders
als bei den Einspielungen davor? Er betrachtet seine Posaune, die neben seinen Füßen in einem Koffer steht. »Ich
weiß es nicht«, sagt er zu sich selbst.

Ein riesiger rostiger Frachter mit einer osteuropäi-
schen Flagge wird von einem Lotsen zum offenen Meer
gezogen. Er kann es sehen, hinter der Hafenmauer.
Grünlich, fast gelb liegt es da, so als würde es auf Schiffe
wie dieses warten. Er kann sich nicht bewegen, muss in

dieser Stadt sitzen, ohne dass er dies will. Unentschieden.

Jan hatte seine Sachen gepackt und war aus der Hauptstadt gefahren, nicht den direkten Weg zurück. Nicht Richtung Berlin. Er kann immer noch nicht sagen, warum. Er ist zur Küste gefahren. Langsam und von dort am Meer entlang Richtung Norden. So als wollte er, dass etwas passiert. Damit er in keine Welt muss. Nicht mehr in diesem Studio stehen und das Gefühl haben, dass etwas nicht stimmt, aber auch nicht zu Hause ankommen. Und nicht an Ostern denken, an das erste Fest des Jahres. Den Lkw, der ihn überholte, sah er kommen im Rückspiegel, wie er langsam an ihm vorbeizog. Den Stein sah er nicht, konnte er nicht sehen, wie er hochgewirbelt von den Hinterrädern des Lkw auf seine Frontscheibe geschleudert wurde. Sie splitterte, ohne zu zerbrechen. Ein Schlag, und dann war der Blick nach draußen versperrt. Jan fuhr ungebremst ein Stück weiter, so als benötigte er einen Moment, um zu begreifen, dass er nicht weiterfahren konnte. Dann fuhr er rechts ran und stand neben dem Wagen. Die Hände in den Taschen und die Schultern hochgezogen, stand er dort lange und sah auf das feine Muster der Risse auf seiner Frontscheibe. »Karfreitag«, dachte er und dass er nicht nach Deutschland kommen würde, heute nicht und auch nicht in den nächsten Tagen. Das war nicht schlimm, nicht wirklich ein Problem.

Er zog seinen Mantel aus und legte ihn auf die Vordersitze, und dann schlug er mit seinem Schlüssel, mit dem Schlüssel seiner Berliner Wohnung, die Scheibe raus. Löste die Splitter aus der Gummidichtung. Raffte den Mantel zusammen und schmiss das Glas an den Straßenrand. Ein Zug raste über eine Brücke, die hier in eine Bucht des Meeres gebaut war. Jan stellte sich vor, in diesem Zug zu sitzen und sich selbst zu sehen, in der Hand seinen blauen Mantel, wie langsam die Splitter ins Gras neben der Straße fielen.

Dann fuhr er weiter auf dem Standstreifen mit eingeschalteter Warnblinkanlage. Der Wind drückte kalt durch das entstandene Loch. Jan fror und schlug den Kragen seines Mantels hoch. War froh, dass diese Stadt, in der er jetzt saß, diese Stadt, die die einzige war, die er wenigstens vom Namen her kannte, nicht weit war. Er steuerte selbstverständlich dorthin, so als wüsste er dort, was ihn erwartete. Er rief seine Freunde in der Hauptstadt an und fragte nach einer Unterkunft. »Du kannst bei meiner Tante schlafen, sie wird sich freuen«, sagte der Drummer. Und er war froh, etwas Einfaches zu finden, auch wenn es ihm unangenehm war, sich noch einmal zu melden, nach dem, was war. Nach dieser Stille, die im Studio stand, als er sein Spiel beendet hatte und sie ihn ansahen durch die Scheibe. Stille.

Das Haus der Tante lag an der Stadtmauer. Lag so vor der Stadt, aber das stimmte nicht mehr, denn die Stadtmauer und deren Tore waren keine Begrenzung mehr, waren funktionslos. Jan konnte aus dem Zimmer im unteren Stock über den Garten hinweg auf die Mauer sehen. »Wir werden eine Werkstatt finden für Sie. Aber erst, wenn Ostern vorbei ist«, sagte die Tante lächelnd, und ihr Mann stand dabei hinter ihr und nickte.

Später lag er dann auf dem Bett und konnte nicht schlafen. Er hatte in einem Restaurant ein paar Häuser weiter gegessen. In einem fast leeren Restaurant, der Kellner wirkte müde, es war kurz vor Mitternacht, als Jan sein Essen bekam. Und er trank einen halben Liter roten Wein. Lag dann später auf einem weißen Laken und wollte schlafen, nicht denken. Er trat noch einmal vor die Tür und setzte sich auf die kleine Treppe vor dem Haus.

Nichts passierte mehr dort auf der Straße, und er saß angelehnt an die hohe schmale Eingangstür und sah über den Vorgarten und den Zaun trotzdem dahin. So, als würde dort etwas passieren. Als gäbe es dort eine Möglichkeit, ihm dies alles zu erklären, ihm sich selbst zu erklären.

Der Schlaf war dann tief und traumlos. Jan erwachte spät, vom Laufen der Alten in der Wohnung über ihm. Er öffnete das Fenster zum Garten und sah hinaus. Ein heller kühler Frühlingsmorgen. 15 Grad vielleicht. Und ging dann in die Stadt, die ihm fremde Stadt, deren Namen er seit Jahren kannte und der doch nichts in ihm hervorrief. Kein Baudenkmal, keinen Platz, den man gesehen haben musste, keinen berühmten Einwohner, den man kennen sollte. Es waren kaum Menschen unterwegs. Nur ein paar einheimische Touristen bewegten sich zwischen den Stadttoren, die sehr selbstverständlich in allen vier Himmelsrichtungen standen.

Jan ging in menschenleere Kirchen, die wirkten, als würden sie sich auf den morgigen Tag, den Ostersonntag, vorbereiten. Als würden sie auf etwas warten. Sie waren kalt und schön. Dann trank er einen Kaffee im Stehen und setzte sich später auf den Marktplatz, vor das Rathaus in ein Restaurant. Alles auch hier an seinem Platz. Die Kirche, das Rathaus, die Kolonnaden. Er trug seine Posaune in ihrem schwarzen Koffer mit sich herum, die er niemals irgendwo zurückließ, nur seiner Berliner Wohnung vertraute er sie an. Er wusste, dass das übertrieben war. Besonders hier, bei der Tante des Drummers seiner Band. Ihn fror, wenn er diese zwei Worte dachte. Seine Band. Er hatte sie noch nie gedacht. Nicht so.

Dann war er hierher gefahren. Zu diesem Hafen. Hatte ihn eher zufällig entdeckt als danach gesucht. Es machte ihm nichts aus, mit einem Auto zu fahren, das keine

Frontscheibe hatte. Die Scheibenwischer zeigten über das Armaturenbrett auf ihn. Kinder lachten und reckten die Finger in seine Richtung. Er winkte ihnen zu. Jan fuhr die Hauptstraße des Badeortes entlang, der der Stadt vorgelagert war. Am Straßenrand standen dicht gedrängt Hotels und Pensionen, wenige Stockwerke hoch. Manche so, dass der Blick zum Meer aus dem einen Hotel durch das nächste verstellt wurde. Das gefiel ihm. Er konnte nicht sagen, warum. Vielleicht, weil die Hässlichkeit so etwas Schlichtes hatte, nichts von der Gewalt der neuen Hotelkomplexe, die überall an den Küsten Europas standen. Weil er den Eindruck hatte, dass jedes dieser Gebäude etwas Eigenes hatte. Er parkte das Auto und überlegte tatsächlich für einen Moment, sich dort einzumieten. In so einem Hotel. Aber er ließ das sein. Auch weil er enttäuscht war vom Meer, das ruhig und flach hinter einem breiten Strand lag. Und vor jedem Hotel ein kleines Café mit Liegestühlen und Sonnenschirmen, jeweils in derselben Farbe.

Er ging nicht über den leeren Strand vor zum Meer. Das hielt er nicht aus. Drehte um und fuhr mit dem Auto weiter bis zu diesem Hafen. Die Straße endete vor der Mole in einer grauen Fläche, einem Parkplatz, wie er heute am Ostersonntag sah. Heute war diese Fläche voll mit Autos. Gestern war das anders gewesen. Sein Auto hatte dort allein gestanden. Jan konnte die Fahrrinne sehen, an deren Rand kleine Kutter und Segelboote vertäut waren und an deren Ende, dort, wo das Meer begann, ein schlichter weißer Leuchtturm stand. Wenige Gebäude begrenzten den Parkplatz. Ein Fischgeschäft und ein paar Restaurants. Vor der Hafenmauer eine kleine Tankstelle mit zwei Zapfsäulen und daneben das Kassenhäuschen, das aussah wie ein Kiosk. In der Mitte des Parkplatzes dann das Café, in dem er auch jetzt wieder saß. Er musste sich einen Platz suchen. Gestern hatte er hier allein gesessen.

Auch heute, also am Ostersonntag, war Jan spät erwacht. Zu spät, um sich, wie er sich das am Abend vorher vorgenommen hatte, eine Messe anzusehen. Er traf seine Gastgeberin, die aus eben dieser Messe kam, vor der Tür. Ihr Mann stand am Zaun in Hausschuhen. Er war nicht in der Kirche gewesen und auf Jans »Frohe Ostern« antwortete er »Schönen Spaziergang«, was in seiner Sprache ähnlich klang. Jan erreichte die Kirche in dem Moment, als die Menschen aus ihr hervorquollen. Sie waren festlich gekleidet, und er war wütend. Wütend auf sich, weil er nicht rechtzeitig aufgewacht war, und auch wütend auf sie, die in ihrer Feiertagsstimmung etwas hatten, was ihm fehlte.

Ostern dort, wo er herkam, hatte nichts zu tun mit einem Gang in die Kirche. War nur ein Geschenkeverstecken im Garten seiner Eltern gewesen. Und eine Schüssel hart gekochter Eier, bunt gefärbt. Das Gelbe herausgedrückt und das Weiße gefüllt mit Zitrone, Öl, Senf und Salz und Pfeffer. Das Gelbe vorsichtig und verkehrt herum wieder darauf gesetzt, so dass es aussah wie ein Hut. Und langsam an den Mund geführt, mit kleinen Kinderhänden. Wie viele konnte man davon essen, und wann sagten die Großen »Stopp, zu viel ist ungesund.«?

Er hatte sie auch einmal mit der Band gegessen. In Berlin, Jahre nachdem er diese Eier das letzte Mal bei seinen Eltern gegessen hatte. Auch da war es Ostern, und sie wollten wissen, wie man das feiert in seinem Land. Sie verzogen die Gesichter und lachten, und es blieben eine Menge Eier übrig an diesem Morgen.

Die anderen hatten ihn nach den Aufnahmen gefragt, ob er nicht Ostern mit ihnen verbringen wolle, so wie damals in Berlin. Aber er hat Ausreden gefunden, um

116

nicht bleiben zu müssen. Sie hatten sich kennen gelernt bei einem Festival, und seitdem spielte er die Posaune bei ihren Studioaufnahmen. Auch diesmal war sein Spiel gut gewesen. So dachte er. Ihm war nichts aufgefallen. Aber als er die Augen öffnete und sie ansah durch die Scheibe des Studios, da wusste er, dass etwas nicht stimmte. Es war ein *sie und er*, und das war es nie zuvor gewesen, in den Jahren, in denen sie gemeinsam Musik gemacht hatten.

Das Treiben im Hafen nimmt zu. Familien gehen die Mole auf und ab. Kinder laufen durcheinander und kreischen. Die Zapfsäulen der kleinen Tankstelle verschwinden fast zwischen den Menschen. Werden ein Teil des Durcheinanders.

Jan sieht das Paar plötzlich, wie es sich löst aus der Menge und langsam auf seinen Tisch zusteuert. Diese riesige unförmige alte Frau und der jüngere nervöse Mann, der versucht, sie zu stützen, und dabei aussieht, als ob er sie schiebt. Sie geht an einem Stock und knickt bei jedem Schritt seitwärts in den Knien ein. Als sie seinen Tisch erreichen, lässt sie sich auf einen der Stühle fallen, auf einen der blau bespannten Regiestühle. Der Stoff knarrt unter ihrem Gewicht.

Der Mann setzt sich ebenfalls und sieht Jan an. »Sind Sie aus Deutschland?«, fragt er akzentfrei, und Jan nickt. »Manchmal sehe ich es. Ich habe dort gelebt, in München, in meiner Kindheit.« Jan lächelt und muss seinen Blick von der Frau reißen, die schwer schnaufend neben ihm sitzt. Dass es eine Frau ist, kann er nur an den Ohrringen sehen. Der massige Körper, die großen Hände würden eigentlich eher für einen Mann sprechen.

Sie sagt kein Wort, und ihr Begleiter beginnt alles auf dem Tisch neu auszurichten. Die Zuckerdose, den Serviettenständer, die Bieruntersetzer. Nimmt dann einen Kugelschreiber und malt geometrische Formen auf eine

Serviette. Dreiecke, Quadrate, Kreise. Er schiebt dabei die Zunge zwischen die Zähne. Die Frau trägt eine wattierte Jacke und eine Schirmmütze, die viel zu klein ist für ihren riesigen Kopf und einfach nur oben auf den Haaren liegt. Sie hält die Augen geschlossen, und manchmal rutscht ihr der Kopf zur Seite, als würde sie einschlafen. Der Mann, er ist in Jans Alter und hat ein schmales Gesicht, füttert sie teelöffelweise mit dem Kaffee, den er für sie bestellt hat. Sie öffnet kaum die schmalen Lippen, und er redet dabei leise auf sie ein, so leise, dass Jan es nicht verstehen kann. Er hat die Höflichkeit aufgegeben und starrt die beiden an. Das Gesicht der Frau ist rund. Haare sprießen über ihre Oberlippe. Langsam schluckt sie den Kaffee, um dann weiterzudämmern.

Der Mann beginnt plötzlich zu reden. Ohne richtig aufzusehen, beginnt er Jan zu erklären. Die Situation zu erklären. »Sie lebt in einem Heim. Seit vielen Jahren schon. Ich habe da mal gearbeitet, aber jetzt schon lange nicht mehr.« Er sieht kaum auf und malt dabei weiter seine Kreise und Dreiecke. Und spricht von sich und der Frau. Dass ihr eines der Restaurants neben dem Fischgeschäft gehört habe vor vielen Jahren und sie, als er noch im Heim arbeitete, immer am Ostersonntag hier hergebracht werden wollte. »Sie wissen, was dieses Fest bedeutet. In diesem Land.«

Er habe ihr bei seiner Kündigung versprochen, sie weiter hier herzubringen. Auch jetzt noch. »In diesem Zustand.«

»Weiß sie denn noch, wo sie ist?«, fragt Jan.

»Ich glaube schon. Aber das kann niemand wissen«, sagt der Mann und sieht sie an dabei, fast zärtlich. Sie hätte immer nur hier sitzen wollen, und manchmal sei sie von Spaziergängern gegrüßt worden. Das wäre es wohl gewesen.

Jan setzt seinen Instrumentenkoffer auf die Knie, wie zum Absprung bereit. Die Frau scheint zu schlafen. Ein wenig Kaffee läuft ihr aus dem Mundwinkel das Kinn hinab. »Sie sind Musiker?«, fragt der Mann. Jan nickt. »Trompete?« »Nein, Posaune.«

»Es ist so ein schöner Tag«, sagt der Mann und deutet auf das Meer. »Sie hat Musik immer sehr gemocht. Können Sie nicht ein wenig spielen? Nur für sie.« Jan steht auf. »Nein, das kann ich nicht«, sagt er und geht in das Café, um sein Bier zu bezahlen.

Zsuzsa Bánk
Achtzehnter, vielleicht neunzehnter Dezember

An diesem Tag regnet es. Wir fahren über die Autobahn, hinter der Stadt, hinter ihren letzten Straßenschildern und Häusern in Richtung Westen. Es ist keine lange Strecke, eine Stunde dauert die Fahrt, manchmal länger, je nach Tageszeit, je nach Verkehr. Rechts und links von uns Felder in Braun, darüber Himmel in Grau, dazwischen Strommasten, Kirchtürme, erst zwei, drei, dann mehr, je weiter wir uns von der Stadt entfernen. In der Kurve hinter dem Vorsicht-Schild eine Tankstelle unter blauem Licht, früher war es gelbes Licht. Jemand steht neben einem Zapfhahn, reibt sich die Hände, stößt seinen Atem in die Luft. Seit Jahren fahren wir an diesem Tag diese Strecke, ich habe vergessen seit wie vielen, vielleicht sind es sechs, vielleicht auch sieben Jahre. Alex lenkt den Wagen, dreht am Radio von Sender zu Sender. Ich frage nicht, seit wann wir diese Strecke an diesem Tag schon fahren, weil ich mir sicher bin, auch sie weiß es nicht.

Es ist immer kurz vor Weihnachten, der achtzehnte, vielleicht neunzehnte Dezember, wenn sie anfangen, Glühwein- und Spielzeugstände in der Stadt abzubauen und wir sagen, es sind die kürzesten Tage des Jahres, wenn wir uns trösten damit, dass es bald heller wird, an jedem Tag ein bisschen heller. Autobahnhotels und Teppichmärkte in Adventsschmuck ziehen an uns vorbei, ein Möbelcenter, über dem Eingang Rentiere aus Leuchtbirnen, mit einem Schlitten voller Pakete. Vor einem Jahr waren es Christbäume, an denen wir vorbeifuhren, Christbäume mit roten Bändern, und im Jahr davor Engel mit Flügeln, mit hellblauen Flügeln. Habe ich gesagt, es regne an diesem Tag? Jetzt liegt zum ersten Mal Schnee. *Sonst* regnet es, bei zwölf, dreizehn Grad, und ein Wind weht. Das Wetter ist anders in diesem Jahr. Immerhin das Wetter.

Wir nehmen die dritte Ausfahrt nach dem Autobahnkreuz neben Zementwerken, Transportbändern und Schlöten. Schnee fällt, und mit Blick auf die Schlöte, die kleiner werden, sagt Alex, schön ist es auf dem Land, oder. Wir biegen ab, halten an einem Kiosk hinter dem nächsten Ortsschild, wo seit Jahren derselbe Mann im Fenster steht, zwischen Fruchtgummis und Fernsehzeitschriften. Wir kaufen Zigaretten, sechs Päckchen normal, sechs Päckchen Menthol. Christiane hätte gar nichts sagen müssen am Telefon, sie hätte nicht sagen müssen: Bringt Zigaretten mit, bitte, sechs normale und sechs grüne. Alex und ich hören auf zu reden, sobald wir die Tore sehen, die Schilder, sobald der Wagen über Kies fährt, wir aussteigen und die Türen zuschlagen, die hier anders klingen.

Man lässt den Eingang für uns aufspringen, wir steigen über zwei breite Treppen nach oben, halten uns am Geländer fest, bleiben stehen vor dickem Glas, durch das wir auf einen Gang schauen, unter Streifen aus Neon, mit Bildern an den Seiten, die aus einem Kalender geschnitten wurden, Bilder in Pastell, Flusslandschaften. Jemand öffnet uns, wir sagen Guten Tag, wie man nur an solchen Orten Guten Tag sagt, sehen Christiane am Ende des

Ganges, Christiane, die eine Hand hebt, wie zum Winken, sie fallen lässt und dann langsam, ganz langsam, mit kleinen, schweren Schritten, bei denen sie die Füße kaum hebt, auf uns zugeht. Christiane trägt ihre weißen Jogginghosen, weiße Strümpfe, Hausschuhe mit Reißverschlüssen und ein blaues Hemd, von dem sie später sagen wird, darin schläft sie auch.

Sie sieht nicht schlimm aus. Nicht so schlimm, wie ich geglaubt hatte, wie ich es jedes Mal glaube, wie ich es mir vorstelle, spätestens wenn wir am Möbelcenter vorbeifahren, spätestens dann, ein gutes Stück vor den Zementwerken, fange ich an, sie mir vorzustellen – vielleicht, weil Christiane beim ersten Mal, vor sechs, vielleicht sieben Jahren so schlimm aussah, mit verbundenen Händen und Pflastern im Gesicht. Aber jetzt sieht sie besser aus, sieht sie gut aus, jedes Jahr sieht sie besser aus, denke ich, oder bin nur ich es, die sich an diesen Anblick gewöhnt hat: Christiane in Jogginghosen, blasser noch als sonst, mit diesem Kinderlächeln und ungewaschenem Haar, das sie nicht mehr gefärbt hat in den vergangenen Wochen. Ihr braunes Haar fängt an, das rote zu verdrängen.

Christiane führt uns in ein Zimmer am Ende des Ganges, nebenan läuft der Fernseher. Im Vorbeigehen habe ich auf dem Bildschirm vier, fünf Leute gesehen, die im Halbkreis sitzen und reden. Vor den Bildschirm hat man Stühle gestellt, auf denen vier, fünf Leute sitzen, auch im Halbkreis. Christiane schließt die Tür hinter uns und sagt: Damit wir allein sind. Sie reißt die Folie von einem Päckchen Zigaretten, klopft mit den Fingern auf die Packung, bis die Zigaretten nach vorne rutschen, und fängt an zu rauchen. Sie halten mich fest, sagt sie, es ist ein Irrtum. Jedes Jahr erzählt sie uns das, zeigt uns die Unterlagen, die sie aus ihrem Zimmer geholt hat, die sie schon in den Händen hielt, als Alex und ich an der Tür standen und durchs Glas schauten. Immer ist es derselbe Briefkopf auf den Blättern, immer dieselbe Notaufnahme derselben Klinik. Nur die Umstände ändern sich. Im ersten Jahr stand Christiane in ihrem Küchenfenster, um auf ein Dach zu klettern und fünf Stockwerke hinabzuspringen. Im zweiten Jahr waren es Stecknadeln, eine Hand voll Stecknadeln, die sie schlucken wollte, im dritten Jahr war es – ich weiß nicht mehr, was es war. Christiane schaut an uns vorbei, schüttelt den Kopf, sagt: Irrtum, steht auf, öffnet die Tür, um nachzusehen, ob jemand zuhört, schließt sie wieder und fragt, ihr kümmert euch doch darum, ja?, und wir antworten, ja, klar, wir erledigen das, gib uns die Unterlagen. Schäbig fühle ich mich dabei, jedes Mal fühle ich mich dabei schäbig und denke, Christiane sieht es mir an, dass ich mich nicht kümmern werde, jetzt schon sieht sie es mir an, jetzt, da ich es ausspreche, sieht sie mir an, dass ich es nur so dahersage. Alex wird mir auf der Fahrt zurück eröffnen, wie schäbig sie sich gefühlt hat. Jedes Mal sagt sie das, und ich denke dann, wir haben doch noch etwas, das uns verbindet, Alex und ich. Vielleicht ist es ein neuer Anfang, es könnte einer sein, jedes Mal glaube ich das, aber dann ist es doch nie ein Anfang – nie.

Ich hole das Geschenk aus meiner Tasche, hier, sage ich, wir haben dir etwas mitgebracht, und Christiane packt es aus, langsam, sorgfältig, als dürfe das Papier nicht zerreißen, dann lacht sie, sagt: süß und: danke, und umarmt uns, erst mich, dann Alex. Sie legt das Buch beiseite, steckt sich die zehnte Zigarette an, Alex stöhnt, was für eine Luft, steht auf, geht zum Fenster, das sie öffnen will. Sie hat das kleine Schloss auf dem Griff vergessen, sie kann sich nicht merken, dass die Fenster hier verschlossen sind, vielleicht will sie es sich nicht merken. Sie steht am Fenster, schaut hinaus in den Schnee, der immer noch fällt, langsam durch dieses halbe Blau, und weil ich nicht weiß, über was ich sonst reden könnte, sage ich, stell dir vor, Christiane, bei uns hat es geschneit, über Nacht, und der Schnee ist liegen geblieben, selbst in der Stadt ist er liegen geblieben, und Christiane lacht plötzlich laut, unverschämt laut, verstummt gleich wieder und schaut erschrocken um sich, als hätte ein anderer so unsinnig laut gelacht – nicht sie.

Alex fragt, ob Christiane uns ihr Zimmer zeigt. Wir laufen langsam über den Flur, vorbei an den Kalenderblättern in Pastell, langsam, weil Alex und ich nicht schneller gehen wollen als Christiane. Christiane öffnet eine dunkelgrüne Tür mit weißem Griff, geht durch die Dunkelheit zum Fenster, da ist nichts auf dem Boden, über das sie stolpern könnte, sie bleibt stehen, sagt, das ist mein Zimmer, und schaut dabei zu Boden. Ich frage, knipsen wir nicht das Licht an? – wir sehen ja gar nichts, und Christiane erwidert, ja, klar, wenn ihr wollt, knipst ruhig das Licht an, da ist der Schalter. Alex und ich bleiben im Türrahmen, schauen auf zwei Liegen, die auf Rollen stehen, auf dicke Vorhänge, auf ein Fenster, drei Meter hoch, dahinter Bäume, zwanzig Meter hoch, mindestens, auf weiße Wände und auf Christiane, die immer noch dort steht und das Buch festhält, das Buch mit der Katze und dem verschnürten Paket auf dem Einband.

Als wir aufbrechen, gibt es von Christiane keine Einwände, kein: bleibt doch. Sie begleitet uns zur Glastür, sie fragt: Wasser auf Blech, wisst ihr noch, wie das klingt? Sie sagt es so beiläufig, wie sie etwas nur beiläufig sagen kann, als sei es bedeutungslos, als fehle ihr bloß noch ein Wort für ein Kreuzworträtsel in einer dieser Zeitungen, die hier auf den Tischen liegen. Damit schickt sie uns weg, mit diesem: Wasser auf Blech, das sie nicht zu wiederholen braucht, das sie nur einmal sagen muss, weil es auch so nachklingt, wie etwas nur nachklingen kann. Jedes Mal gibt sie uns das mit auf den Weg, dieses Wasser auf Blech, wenn wir aufbrechen, kurz bevor sich die Glastür öffnet und wir vom Treppenhaus noch einmal zurückschauen, zu Christiane, die sich bereits umgedreht hat und jetzt den Gang hinabläuft, ohne uns noch einmal anzusehen, ohne uns zu winken, kurz bevor wir die Treppen hinuntersteigen, zurück zum Parkplatz gehen, über den Kies, zum Wagen.

Jetzt fahren wir nicht über die Autobahn. Nicht ein einziges Mal sind wir in diesen Jahren über die Autobahn zurückgefahren. Wir nehmen die Landstraße, vielleicht wegen der vielen Ampeln und der Langsamkeit, die sie vorgeben. Wir fahren durch Weinberge, mit Blick auf den Rhein, der über die Ufer tritt zu dieser Jahreszeit, um die Bäume zu verschlucken, bis zu den Hüften, wie Alex sagt. Sie schaltet das Radio ein, die Verkehrsnachrichten melden Staus, der Rhein trägt dicke Stücke Eis, dort, wo er die Bäume umschließt. Wir wissen beide: Dass Christiane hier ist, hat auch etwas mit Wasser auf Blech zu tun, mit Regen auf einem Dach, auf das Christiane vor Jahren klettern wollte, um zu springen. Ich weiß, dass auch Alex daran denkt – so viel kann ich noch erraten, wenn ich sie anschaue, so von der Seite.

Immer kündigt es sich vorher an. Nie kommt es über Nacht, unerwartet, überraschend. Es zeigt sich zwischen Anfang und Mitte November, manchmal erst Anfang Dezember. Christiane ruft mich alle zwei Tage an, immer betrunken, weil sie bei ihren Medikamenten kaum ein viertel Glas Wein braucht, um betrunken zu werden. Sie stellt Fragen, jedes Mal dieselben Fragen, die sie nicht variiert, deren Reihenfolge sie nicht ändert, für die sie keine anderen Worte findet, wie geht es dir, wie geht es ihm, wie geht es ihr, und dann ein zaghaftes: Wann kommst du? Zwei Wochen lang ist ihre Stimme müde. Sie merkt sich nie, was ich antworte. Es ist gleichgültig, was ich erzähle. Ich könnte Dinge erfinden, ich könnte ein Band laufen lassen, ich könnte zehn Mal hintereinander denselben Satz sagen – ich könnte. Wenn ich erkläre, Christiane, das habe ich dir vorgestern schon erzählt, erwidert sie, ach so, ach so, ja, gut, dann erzähl es nicht noch mal.

Dann fängt sie an, ihre Tabletten abzusetzen, obwohl ich einwende, du darfst nicht, du darfst sie nicht einfach absetzen, und dann, bei den nächsten Anrufen, wird ihre Stimme lauter, jedes Mal ein bisschen lauter. Über alles lacht sie jetzt, als sei alles zum Lachen, alles plötzlich lachhaft, und dann ruft sie an und ruft an und ruft noch einmal an, bald in Abständen von Stunden, manchmal nur, um eine Frage zu wiederholen, weil sie glaubt, ich habe sie nicht richtig verstanden. Sie ruft mich an, Samstagabend, wenn alle ausgehen, und Sonntagmorgen, wenn alle schlafen. Dieses Mal hat sie eine Platte aufgelegt für mich, sonntagmorgens um zehn. Sie sagte, gerade habe sie an mich denken müssen, wegen dieser Musik, ob ich es noch kenne, dieses Stück?, und ich antwortete, ja, klar kenne ich es, und dann haben wir ein bisschen gesungen. Christiane sagte, du kennst den Text ja noch, und ich erwiderte, ja, ich kenne den Text noch, so was vergesse ich doch nicht, du vielleicht?, und Christiane antwortete, nein, ich auch nicht, wenn es jemand auflegt, kann ich es mitsingen, immer noch.

Das geschieht, wenn der Herbst in den Winter übergeht, also nicht nach Kalender, sondern nach Empfindung. Ich rufe Alex an und sage, ich glaube, es ist so weit, und kurz darauf fängt Christiane an, mir Dinge zu schicken. Jetzt war es ein Päckchen mit Zeitungsausschnitten und einem Kärtchen, auf dem stand, ich denke an dich, du fällst mir ein, wenn ich das sehe. Ich habe die Blätter auseinander gefaltet, Seiten aus einer Fernsehzeitschrift, das Programm vom dreizehnten bis neunzehnten Oktober, und habe mich gefragt, warum falle ich ihr ein, wenn sie das sieht?

Noch Wochen vorher hatten Alex und Christiane am Flughafen von Bombay gesessen. Alex hatte diese Idee von Indien, dass es Christiane gut tun würde, kurz bevor der Winter kommt, bevor er endgültig da ist, das Meer zu sehen, die Sonne, den Sand. Alex erzählt mir das beim Kaffee, auf den wir uns treffen, am Tag davor, immer am Tag davor, vierundzwanzig Stunden bevor wir in Richtung Westen über die Autobahn fahren. Warum wir uns treffen, wissen wir selbst nicht, wo wir uns doch seit Jahren, seit bestimmt sechs, sieben Jahren nicht mehr viel, ich könnte ebenso gut sagen: nichts mehr zu sagen haben. Wegen dieser Sache, die nichts mit Christiane zu tun hat, na ja, ein bisschen vielleicht. Irgendwie hat alles mit allem zu tun, würde Christiane sagen, in den wenigen Monaten, in denen sie klar im Kopf, bei Verstand, eingestellt ist. Also wird auch unser Schweigen, unser jahrelanges Schweigen etwas mit Christiane und diesen Wintern zu tun haben.

Am Flughafen von Bombay hatten sie gesessen, Christiane und Alex, weil ihr Rückflug gestrichen worden war. Sie hatten ihn umbuchen und dann warten und warten und wieder warten müssen. Alex ließ Christiane in der Cafeteria sitzen, an einer Bar, mit ihren zwei Koffern und drei Taschen, während sie selbst über den Flughafen eilte, weil sich jede halbe Stunde etwas änderte mit ihrem Flug. Als sie zurückkam, war Christiane betrunken. Alex fing an, mit ihr zu schimpfen, und Christiane schloss die Augen und ließ ihren Kopf nach vorne fallen, auf den Tresen. Alex musste noch einmal los, sie packte

Christiane an den Schultern und schrie, du bleibst hier sitzen, hörst du mich?, und Christiane nickte und ließ ihren Kopf wieder fallen, nach vorne, auf den Tresen, und Alex schrie, lass deinen Kopf nicht so nach vorne fallen, und dann lief sie noch einmal von Schalter zu Schalter, über die Gänge des Flughafens von Bombay, immer mit der Angst, Christiane könne aufstehen und gehen, hinaus und in ein Taxi oder aufs Rollfeld und in ein falsches Flugzeug steigen. Hin und her gerannt war sie, auf diesem Flughafen, habe sich ständig nach Christiane umgedreht und geschaut, ob sie noch da sitze, neben den zwei Koffern und drei Taschen. Und jetzt, da sie es mir erzählt, beim Kaffee, auf den wir uns treffen, am Tag davor, müssen wir plötzlich lachen, Alex und ich, laut loslachen, wir müssen schrecklich lachen, wir können nicht aufhören damit, bis Alex den Kopf schüttelt und sagt: Nie wieder.

Alex und ich, wir brauchen feste Zeiten, in die die Anlaufphasen schon eingerechnet sind, bloß um uns vorzubereiten darauf, dass wir uns sehen, wenn wir am Tag darauf zu Christiane fahren. Ich denke mir Fragen aus, die ich Alex stellen könnte, sie stellt mir keine, und auch meine Fragen gehen kaum weiter als: Was macht deine Arbeit? und: Wie geht es deiner Mutter? Vielleicht hat es zu viele Fragen gegeben, die wir einander gestellt haben, zu viele Dinge, von denen wir früher glaubten, wir müssten sie einander erzählen, früher, als wir täglich dreimal, viermal telefonierten und alles, einfach alles taugte, um erzählt zu werden. Ansonsten sehen wir uns nur zufällig, in der Stadt, auf der Straße, wenn ich ihren Weg kreuze, vor einem Café oder Geschäft. Immer sagen wir, ich ruf dich an, aber es kommt nicht dazu. Es bleibt bei den wenigen Besuchen bei Christiane und den zwei Anrufen im Jahr, an unseren Geburtstagen, wenn wir erleichtert sind, weil bloß das Band anspringt und keine von uns vorgeben muss, wir hätten uns noch etwas zu erzählen, wir könnten einander einfach anrufen.

Alex hat mich heute mit dem Wagen abgeholt, gegen Mittag. Sie hat gehupt, ist im Auto sitzen geblieben, kam nicht hoch übers Treppenhaus, vielleicht weil ich scit Jahren nicht mehr zu ihr gesagt habe, komm doch hoch, setz dich, nimm von dem Tee, ich bin gleich fertig. Nie habe ich das gesagt, nur vorgenommen habe ich es mir, in diesem Jahr besonders. Ich dachte, heute werde ich Alex fragen, ob sie aus dem Auto steigen will, ich werde das Fenster öffnen und rufen, komm doch hoch, ich brauche noch einen Augenblick, aber als ich sie unten auf der Straße gesehen habe, heute Mittag, in ihrem Wagen, ist es mir nicht mehr eingefallen. Ich habe vergessen, dass ich sie in meine Wohnung bitten wollte, in meine Küche, als könne ich sie an meinem Tisch, vor meiner Tapete nicht mehr sehen, wie sie aus meiner Tasse meinen Tee trinkt, obwohl sie doch früher ständig hier gesessen hat, um aus meinen Tassen meinen Tee zu trinken. Als ich das Hupen hörte, bin ich nur zum Fenster gegangen, habe die Hand gehoben, zum Zeichen, dass ich Alex sehe, in ihrem Wagen, dass ich meinen Mantel nehme, den Schal, die Mütze, die Handschuhe und das Geschenk, das ich für Christiane besorgt habe, so wie Alex und ich es besprochen hatten, am Tag zuvor. Etwas Unverfängliches, hatte Alex gesagt, etwas ganz und gar Unverfängliches, und später, als ich durch Kaufhäuser zog, habe ich mich gefragt, was soll das überhaupt sein – etwas Unverfängliches. Das Kinderbuch habe ich ausgesucht, mit der Katze und dem zugeschnürten Paket auf dem Einband. Christiane mag Kinderbücher.

Tage nach unserem Besuch ruft Christiane mich an. Sie sagt, vergiss, um was ich euch gebeten habe, vergiss es, ich bleibe hier, es ist in Ordnung, und ich sage, gut, wie du willst. Jedes Jahr sage ich, gut, wie du willst, als hätten Alex und ich etwas unternommen, um Christiane aus dieser Klinik zu holen. Christiane meldet sich erst im neuen Jahr wieder, diesmal von zu Hause. Ich weiß, sie sitzt vor ihrem schwarzen Tastentelefon, hinter ihr die Einbauküche, die gerahmten Fotos an den Wänden. Ich weiß, wie es dort aussieht, jetzt, zwei Monate später. Kein Staubkörnchen liegt dort, etwas Sonnenlicht fällt am Nachmittag durch die Lamellen. Christiane erzählt mir von einem, mit dem sie die Abende verbrachte, weil sie nicht vor dem Fernseher sitzen wollte und er auch nicht. Erst habe er nicht mit ihr geredet, weil er es aufgegeben habe, überhaupt mit jemandem zu reden. Das habe er ihr später erklärt, auch dass er nur mit seinem Hasen spreche, der jetzt von irgendwem versorgt würde. Christiane lacht ein bisschen, leise, zaghaft, als wolle sie nicht, dass es jemand hört. Den Hasen, den kenne er schon seit Jahren, fährt sie fort. Ihm vertraue er, der möge ihn, und er möge den Hasen − sonst niemanden. Ich frage, wirst du ihn wiedersehen, diesen Hasenmann?, und Christiane antwortet, spinnst du.

Ich rufe Alex an, ihr Band springt an, ich sage: Hallo, Alex, Christiane ist wieder zu Hause, ich glaube, sie freut sich, wenn du sie anrufst. Ich zögere einen Augenblick lang und sage, ja, und ich, ich freue mich natürlich auch, wenn du anrufst. Ich lege auf. Ich weiß, Alex wird sich nicht melden. Erst im Dezember wieder, kurz vor dem achtzehnten, neunzehnten vielleicht, aber nicht früher.

Kathrin Röggla
nach köln

ich fürchte, wir werden das bild der vor einer schallplat-
tensammlung stehenden männer nicht los. nein, jungs
sind es eigentlich keine, dazu sind sie zu alt, sie umstehen
sich bloß mit derselben genauigkeit, die man aus den jahren kennt, welche man gerne hinter sich gelassen hätte,
doch hier wird man sie mit sicherheit nicht los. sie aner-
kennen sich jedenfalls. jungs, die sich gegenseitig zumau-
ern mit ihrer information und mit der zeit in so eine gemeinsame kommunikationstätigkeit hineingeraten. ja,
eine gemeinsame kommunikationstätigkeit würde ihnen
schon einfallen, die hätte man dann doch gern gehabt,
und so fängt wieder das gemeinsame bestaunen der plat-
tenbestände an. und wie sie dann wieder auf ihren film
draufkommen, ja, wie sie gleich wieder auf ihrem film
drauf sein werden, ihrem popfilm. augen zu und durch,
sage ich immer, doch auf mich hört eben keiner. manche
sagen, es läge an köln. manche sagen: das ist westdeutsch-
land! und wiederum andere sagen ganz einfach: popzu-
stand. doch es hilft alles nichts.
    gleich kommen die namen von bands, von labels, von
vertrieben, oder sie erwähnen legendäre platten aus dem
industrial-zusammenhang. ja, davor wird man sich nicht

retten können. umsonst stehen sie nicht nächtens vor schallplattensammlungen herum und bestaunen sie. doch weder beginnt der eine von szenezusammenhängen zu sprechen, noch geht sein gegenüber mehr materialästhetisch vor. da ist nichts zu hören, da bleibt alles still.

auch einige kilometer weiter westlich dasselbe bild. irgendwelche jungs, die vor einer plattensammlung stehen und sich nicht einkriegen, wieso auch nicht, ist doch für eine gute sache: das pop-kunst-avantgarde-universum wird da wieder aufgeschlossen, gleich treten wir ein. gleich können wir es wieder erleben, wie sie ihre popträume großziehen, gleich sind wir dabei, wie ein spannungsbogen durchs material sich zieht, wie sie immer mehr unter fetischisierungsdruck geraten, immer mehr in dieses holz hinein, das man eigentlich hat schlagen wollen, doch alleine, es bewegt sich nichts, alles bleibt still.

fulda. andere baustelle. auch wieder irgendwelche jungs, die vor plattensammlungen stehen. doch das macht uns nicht mehr richtig froh, denn auch sie sagen nichts. das ist ja flächendeckend, das hält man nicht mehr aus! auch hier wird nicht großartig kommuniziert – da stehen sie vor ihrem plattenbestand und merken, dass etwas gar nicht stimmt: der industrial-spezialist aus hamburg, sein kölner kollege und der poptheoretiker aus mainz stehen da vor der plattenwand, und plattengedenksteine werden in ihren blicken aufgebaut, ganze plattenmemorials in diesem raum. doch das gespräch läuft nicht, kein wort kommt ihnen über die lippen, die ganze akustik stellt sich nicht her.

vielleicht hätte man eine andere route, vielleicht eine andere autobahn wählen sollen, zumindest diese schleunigst verlassen, denn ich fürchte, wir werden das bild der podiumsbewohner nicht los. wie lange sind sie schon da oben? man weiß es nicht. sie werden jedenfalls nicht runtergehen. da bewegt sich nichts. sie sitzen das jetzt aus, haben sie wohl beschlossen: uns kriegt man nicht so leicht weg!, scheinen sie zu sagen und blicken ungefähr in die richtung, in der sie ein publikum vermuten.

wie ist die luft da oben?, hat man sie schon längst gefragt und keine antwort erhalten. also welche kommunikationsgänge sind da noch zu erwarten? keine, könnte man sagen und gehen. doch wer kann das schon machen heutzutage, wer kann sich das noch leisten? nein, alle bleiben sie sitzen, alle halten sie ihre stühle weiter aus.

eine studioentfernung davon weg dasselbe geschehen. auch hier sitzen sie die fragen aus. mal sehen, wer am längsten kann, haben sie gesagt und weiter die einzige frau in ihrer mitte umrahmt, die man in dieser situation immer parat haben muss wegen geschlechtervielfalt. sicher, sie sagen hin und wieder ein wort, sprechen richtig sachen aus, geradezu in eine gesprächstätigkeit scheint man zu geraten, man wähnt sich eben in einem kommunikationszusammenhang. doch jeder erzählt nur so ein bisschen was in seine richtung, jeder kommt aus seiner richtung nicht heraus, übt eher mildes territorialverhalten aus. nun, richtungsentscheidungen werden ohnehin nicht erwartet, obwohl der moderator ständig so tut als ob.

und auch in saal drei tut der moderator so als ob. da beginnen sie ebenfalls unruhig auf ihren stühlen herumzurutschen und können das jetzt nicht verstehen: der ist ja auf konsens aus. eben noch hat er auf seinem dissens bestanden, er wollte zunächst einen ordentlichen dissens sehen, einen streit wollte er haben, und jetzt ist er schon wieder voll auf konsens aus. damit er wohl schluss machen kann, ist anzunehmen, damit das alles sein ende hat, denn kein lüftchen bewegt sich, kein augenblick dreht sich. nur sie rutschen weiter auf ihren stühlen herum – »die bringen uns auch nicht weiter um.« hat man angenommen, doch das gegenteil ist zu erwarten, sieht man sich die sache etwas genauer an.

vielleicht hätte man innehalten sollen, vielleicht auf den plan gucken und dann eine abkürzung nehmen, um zeit zu gewinnen, denn inzwischen werden wir schon das bild der vor abflugzeiten stehenden managertypen nicht mehr los. wie sie wieder gas geben im blick: »meiner kann schneller!«, sie fliegen dahin, ihre blicke: über oberflächen, bildschirme, flat screens und palms. ja, palms werden ausgegraben in dieser flughafenlandschaft. und was finden die typen noch alles drin? handys, business-mappen, kleine elektronische gadgets. zielsicher greifen sie immer zu diesen sachen und zielsicher halten sie sich auf darin. da schlagen sie ihre zeitungen und zeitschriften auf, und überall sind nur sie zu sehen, überall stehen nur sie drin. ja, man hat sich darin gleich wieder entdeckt, da braucht man sich nicht erst lange grüßen, nein, im gegenteil, viel mehr werden jetzt handys ausgepackt.

denn ständig glauben sie, ihre handys zu hören, und holen sie dann raus, starren sie eine weile an und stecken sie dann doch nur wieder weg. sie haben eben so einen handy-glauben entwickelt, wie man ihn heute schnell mal hat. doch manchmal verliert er sich ebenso rasch wieder, manchmal knickt er plötzlich ein, und dann ist zu bemerken: eher abnehmende tendenz im telefonkontakt! ist auch besser so, denn die athmosphäre knistert nicht, kein elektrosmog vorhanden, lahm gelegt der ganze fernmündliche verkehr!

auch einen flughafen weiter dasselbe problem: wie sie schon wieder an die new economy glauben, und wie sie schon wieder auf den nasdaq starren, als hätten sie einen zweiten in petto. und wie sie den bildschirm nicht zusammenklappen können auf ihrer suche nach dem funktionierenden geschäftsmodell. mit sicherheit haben sie schon eine werbestrategie parat, gleich ist es wieder so weit, könnte man denken, gleich telefonieren sie wieder los und geben ihre anweisungen durch. aber nein, handy-unterentwicklung ist festzustellen im raum, eine kräftige handy-unterentwicklung im gesamten flughafen-komplex.

kein handy-krieg auch 300 km entfernt im flughafen köln/bonn. da hält die telekommunikation es sonst ganz gut aus und funkfrequenzen feiern spitzenwerte, kurz: alles auf kontakt. jetzt stehen sie aber nur da und starren auf anzeigen, suchen displays, auf denen sie ihre abfahrtszeiten vermuten, doch es kommen keine an.

und wie sie sich auch hier wieder erkennen neben aufzügen und fluchtwegen, wie sie sich wieder erkennen auf den gängen, auch neben den transportbändern sehen sie sich plötzlich an. stummer vorwurf liegt keiner in ihrem blick, das kann man nicht behaupten, der wird auch nicht gerne angewandt in den branchen, in denen die meisten hier zu hause sind, man hält sich im allgemeinen eher raus aus so einer blicksubstanz, gibt mehr für engagierte ratlosigkeit aus, was doch zum versteinerungsvorgang zählt.

wär nicht so schlimm, wäre nicht zu befürchten, dass sich gleich das bild der aufsichtsratstypen darüber legt. gemeinsame kauertätigkeit rund um den tisch jedenfalls. kommt noch was geflogen? sie verharren so schon eine ganze weile. hat der wirtschaftsprüfer jetzt endlich seine rede abgeschlossen? nein, wieder fliegen einige trümmer von oben. der himmel stürzt ein – ein majestix-himmel, wie man ihn aus dem comic kennt? –, es ist zu befürchten, dass nein. es ist zu befürchten, dass – »der hört ja nie auf!« – gemeinsame kommunikationstätigkeit versuchen sie auch hier auszugraben, doch allein, man findet eine verständigung nicht. zu viel ist schon geflogen, zu viel liegt obenauf. ja, wie viel material hat man schon nach oben gestemmt? und jetzt fällt wieder was runter. und sie kauern immer noch: alle nägel sind klein gebissen, alle augen gerieben, einzig das klackern mit den kulis ist noch zu hören. auf den tischen, gegen die schrankwand, gegen knie und gegen hand.

kommt man jetzt etwa überhaupt nicht mehr vom fleck? ja, richtig, wir befinden uns immer noch in dem bild der sich duckenden geschäftsführer, man wird es einfach nicht los, und es hilft nichts zu fragen, wer uns da reingeritten hat – da müssen wir jetzt durch! –, hat wenigstens der wirtschaftsprüfer endlich seine rede abgeschlossen? – nein, die ist auch gar nicht abschließbar! da sitzen sie wieder auf den schränken und unter den tischen und klammern sich an das letzte bisschen hoffnung, beißen ihre nägel kurz und klein, knabbern das letzte bisschen nagel an. und auch hautfetzen ziehen sie jetzt in die sache mit rein, so manche kopfhaut ist da schon blutig gekratzt. doch so wird kein abstand gemacht, so bleiben die kilometer, wo sie sind: so ziemlich unter der haut.

nein, nicht einmal zentimeter schauen bei der sache raus, denn immer noch lässt der wirtschaftsprüfer nicht ab, nur scheint man jetzt auf eine katastrophe zu warten, ja, man hätte gerne eine katastrophe zur hand, die sich darüber legen könnte über diesen versteinerungsvorgang. nun, flugzeugabstürze werden hier keine gemacht, auch autounfälle sind schwer zu kriegen in so einem konferenzraum, in so einem bürokomplex, in dem jetzt nur noch minusprozesse ablaufen, statt findet der absolute substraktionsvorgang – vielleicht ein alles erlösendes attentat? ja, so ein katastrophenbild könnte schon ein hoffnungsträger sein, in so einer situation hat man sich immer wieder gerne so manches desaster ausgedacht, nur um ihr zu entkommen, das können wir verstehen, das ist uns regelrecht vertraut, weil kongruent zu unserer gegenwärtigen erfahrung. versuchten wir nicht, bis eben eingang zu finden ins defizitäre bildgeschehen, versuchten wir nicht auch, loszukommen von dem ganzen kram? ja, wir kämpfen mit unseren besten absichten dagegen an, doch er entließ uns nicht. und haben wir dann etwa nicht auf eine schnelle lösung gehofft, uns regelrecht von ihr besetzen lassen? – richtig, nur wie es so ist im richtigen leben: bei uns kam die katastrophe pünktlich an, wir wurden nicht allein gelassen von ihr.

vielleicht hätte man nicht so viel loswerden wollen im pop-tagebau, vielleicht hätte man schnell das weite suchen sollen, denn zu bemerken ist jetzt nur, wie wir nicht mehr abstand halten können von diesen bildern, ja, wie wir wieder kleben bleiben in diesem geschehen, quasi verschüttet werden darin. wär nicht so schlimm, müsste man nicht fürchten, wir sitzen dabei immer noch im selben auto drin, ja, langsam, aber sicher sitzen wir immer noch im selben auto drin, das wiederholt sich jetzt immer stärker, wie wir immer mehr in immer demselben auto sitzen bleiben, da bewegt sich absolut nichts mehr – wär nicht so schlimm, müsste man nicht fürchten, keine richtungen befinden sich mehr darin – nicht drinnen, nicht draußen, und auch im bildgeschehen steht alles still. ja, jetzt, wo einmal real so alle richtungen zusammengeschlagen sind, ist lediglich zu sehen, wie wir gar nicht vorhanden sind auf unserem weg rein in die stadt. letztendlich ist es wie immer: die autobahn hält durch, nur man selbst ist raus.

Karl B. aus Wien hatte Schwierigkeiten

Gisela von Wysocki
Schreiben und Lügen

Karl B. aus Wien hatte Schwierigkeiten mit seinen jungen Schauspielern. Er plante mit ihnen einen Abend über die österreichische Dichterin Ilse Aichinger. Die Spieler brachten Vorstellungen über eine Schriftstellerin auf die Probe mit, die etwas Romantisches, Pompöses an sich hatten. Für sie war eine Schriftstellerin ein Wesen der dritten Art. Sie war weder von hier noch von heute. Eigentlich gab es sie gar nicht.

Die Schauspieler stelzten, wenn sie gehen sollten. Als hätte jemand unsichtbare Kothurne unter ihren Füßen befestigt. Sie betteten sich auf Stühle, statt auf ihnen zu sitzen. Sie spielten ihre Rollen nicht, sondern hauchten sie als heilige Texte.

Karl B. lud mich zu einer Probe ein. Ich sollte dort als Schriftstellerin »auftreten«. So wünschte er es sich von mir. Meine Aufgabe war klar umrissen. Ich hatte überzeugungsstarke Alltäglichkeit darzustellen; den erfrischenden Anblick einer der U-Bahn entstiegenen Zeitgenossin zu bieten. Ich sollte über quengelnde Nachbarn erzählen, über Einkäufe in den Supermärkten der näheren Umgebung. Ich sollte alles tun, um die jungen Spieler herauszulocken aus ihrer selbst verordneten Haltung der Ehrfurcht.

Ich sagte zu. Aber ich wusste, dass ich die Schauspieler belügen würde. Was ich ihnen sagen sollte, unterschied sich von dem, was ich ihnen zu sagen gehabt hätte. Zuerst erzählte ich ihnen, an welcher Stelle in meiner Wohnung sich der Schreibtisch befand und welche Bilder es in meinem Arbeitszimmer gibt. Ich berichtete von den Bodyguards, die draußen im Treppenhaus vor den türkischen Konsulatsräumen ihren Dienst tun. Von der Ärztin im zweiten Stock, die mich abends manchmal zum Essen einlädt. Von einem Nachbarn, der Abbruchhäuser saniert und mich mitten am Tag zu einer Baustelle fährt, um mir die Fortschritte vor Ort zu zeigen. Ich berichtete von Aufstehzeiten und Essenszubereitungen, von der Unheimlichkeit der steinernen Aufgänge, von der Unüberblickbarkeit der riesigen Korridore nachts beim Nachhausekommen. Von Korrespondenzen und Telefongesprächen, von Terminen und Veranstaltungen.

Nur vom Schreiben erzählte ich ihnen nichts. Nichts vom Seitenwechsel der Schriftsteller. Nichts davon, dass sie in Wirklichkeit bei weitem merkwürdiger, komischer, bizarrer sind, als die Spieler dies in ihren misslungenen, steifbeinigen Versuchen zum Ausdruck zu bringen versuchten. Es hätte nichts genutzt, ihnen reinen Wein einzuschenken. Es hätte ihr Spiel nicht besser gemacht. Deshalb unterschlug ich den Hinweis darauf, dass Schriftsteller sich selbst im Stich lassen müssen. Dass sie alles dafür tun, mit Tricks und Tarnungen arbeiten, um sich auf die andere Seite zu schlagen. Auf die Seite der leeren Blätter, auf die Seite der in ihren Verstecken abwartenden Wörter.

Ich ließ sie nichts davon wissen. Man durchschaut es ja selber nicht so genau. Man denkt nicht viel darüber nach, was in diesen Stunden, Tagen, halben Nächten werden kann aus einer an einem Schreibtisch sitzenden Person. Ich hätte ihnen davon berichten müssen, dass vegetative Natur in den Hintergrund tritt und der Körper in einen Zustand der Abwesenheit hineingerät, in eine Lage, die von Verstörung gezeichnet ist wie bei einem Ritual. Auf welche Weise hätte man dies zum Ausdruck bringen können? Wie erklären, dass sich die Fließgeschwindigkeit der Lymphe und des Blutes zu verlangsamen beginnt, der Herzschlag zögernder wird?

Kein Wort davon, dass es um eine Lage, einen Zustand geht, bei dem man vor sich selbst mit leeren Händen dasteht. Dass man sich selber keinen Anlass, keinen Anhaltspunkt der Wiedererkennung bieten darf. Man hat sich aus dem Weg zu gehen. Für die Spieler wäre eine solche Berichterstattung Öl ins Feuer gewesen. Der Freund hätte den Gedanken verflucht, mich eingeladen zu haben. Es hätte ihm nicht gefallen, von mir zu hören, dass man sich vor den eigenen Blicken in Sicherheit bringen, mehr noch, dass man sich selbst in die Wüste schicken muss. Du fällst mir in den Rücken, so hätte er zu mir gesagt. Du hast meine Schauspieler in die Irre geschickt. Du hast alles nur noch schlimmer gemacht.

Deshalb verschwieg ich ihnen eine Reihe von Einfällen und Methoden, die mir in diesem Augenblick im Kopf herumspukten. Dass es zum Beispiel die Möglichkeit gibt, in völlige Erstarrung überzugehen und stundenlang ausgestreckt auf dem Bett zu verharren. Wartend auf den Vers, das Kapitelende, den einleitenden Satz. Einen Vormittag, einen Tag. Wie etwa Ilse Aichinger: die in einen Zustand der Lähmung verfällt, im zeitlosen Gewand der Mumie verharrt, dann aufsteht, Stunden später, zum Schreibtisch geht und schreibt.

Von anderen Prozeduren der Selbst- und Wortfremdwerdung wollte ich erst gar nicht anfangen. Sie hätten nur weitere Missverständnisse zur Folge gehabt. Zum Beispiel, welche Wirkung aufs Schreiben eine selbst erfundene Um- und Geheimschrift hat: die anfängliche, die vorübergehende Unkenntlichmachung der Buchstaben. Dass also die Schriftform, das Textbild vorübergehend unleserlich, unkommunizierbar sind. Nicht »von dieser Welt«: und damit Binnen-Raum, poetische Engführung. Ganz zu schweigen davon, dass manche von den Schreibenden für kurze Zeit in eine Tiergestalt ausweichen, das heißt auswandern in einen Winterpelz, in eine vierbeinige Körpernatur. Wie Werner Schwab es tat, der seine Texte in dem Gefühl schrieb, sie würden herausquellen aus einem Hundemund. Dass also hier die Sprache bellt und Dinge sagt wie ein Hund.

Nichts von den Drogen, den Turmzimmern und Höhlen, nichts von den Vereinsamungen, von Besorgnis erregenden Gleichgewichtsstörungen.

Das alles gehörte nicht hierher.

Die jungen Schauspieler waren dafür dankbar. Sie hatten schließlich nur wissen wollen, dass auch die Schriftsteller Badeschwämme haben und eine Lieblingskekssorte. Dass sie zum Zahnarzt gehen müssen und gern unsterblich wären wie andere Leute auch.

Wie ich später von meinem Freund erfuhr, war der Abend über Ilse Aichinger ein Erfolg. Die Schauspieler, so hieß es in einer Theaterkritik, hätten die österreichische Dichterin außerordentlich lebensnah, zum Anfassen deutlich auf die Bühne gestellt.

Aber, so habe ich mich gefragt, will man *das* sehen?

Ralf Bönt
Die Angst des Künstlers vor dem Tag

Wenn wir schon längst im Tagwerk unterwegs sind, steht
er auf, nicht schnell, und hoffentlich nicht vom Telefon
geweckt, gleich reden müssen ist Unglück. Ein Auge
macht er auf, langsames Erwachen ist Erwachen aus tie-
fem Schlaf, den er mindestens simuliert, am Winkel des
Lichteinfalls in den Raum erkennt er die Uhrzeit, ent-
fernter Straßenverkehr und sein Atem, das Rascheln der
Decke am Ohr versichert dem Künstler sich selbst. Er
bleibt liegen, fast ist das ein Sport, bis die Waagerechte
unangenehm wird, dann springt er auf, dreht vielleicht
am Thermostat vom Heizkörper, das hängt von der Jahreszeit ab, trägt Pantoffeln. Er macht Espresso. Heute rauchen die Frauen, er nicht, reden musste er nicht; um nicht
denken zu müssen, sitzt der Künstler mit nachtschwar-
zem Kaffee vorm Fernsehen. Dann eine zweite Tasse,
Orangensaft, ein Glas Wasser, und abrupter Arbeitsbeginn.
In den ersten drei Stunden, der Künstler arbeitet im
Schlafanzug oder vielleicht in einem Bademantel, unterbricht er nur, um die Espressomaschine mit einem rück-
sichtslosen Griff und gegenläufigen Händen zu öffnen,
den Einsatz in die Hand fallen zu lassen und mit einem
präzisen Schlag auf die Kante der Spüle den Kaffeesatz

zu entfernen, mit einem Finger den Klumpen unter dem Wasserstrahl zu zerreiben, damit der Schlamm im Ausguss verschwindet. Diese Tassen schwächt der Künstler mit Milch ab: sein Magen. In der vierten Stunde hat er gefrühstückt, draußen zieht Dämmerung auf, der Künstler ist kein feingliedriger, feinsinniger, leicht zu beeindruckender Mann, seine Unterarme sind kräftig, wahrscheinlich behaart und können packen, in manchen Augenblicken erinnert der Künstler an einen Bauern, der auch mehr Trecker und Feld ist als Ballonfahrer oder Geck oder zur See will, nur dass der Künstler nicht am Tageslicht hängt und mehr Kaffee trinkt. Nach dem Frühstück läuft zur nächsten Tasse ohne Milch wieder der Fernseher, der Künstler telefoniert mit der Agentin, er ist so höflich wie erfolgreich, hatte sich mittlerweile geduscht und angezogen, er ist so erfolgreich, dass es keine Rolle mehr spielt; an die Zeit vor dem Erfolg erinnert er sich so wenig wie der Bauer an eine Zeit ohne Scholle, und kocht den nächsten Espresso, obwohl der Magen längst protestiert, wie ein Kind, das müde und leise ist, weil es weiß, dass ihm eh niemand über den Kopf streichen wird. Die nächsten drei Stunden arbeitet der Künstler ruppig mit der Uhr, es arbeitet sich aufgehobener und angetriebener in der Nacht, exklusiver, der Trecker des Künstlers zieht seine Bahn durch die Nacht, zwei weitere Doppelte und Schokolade haben Platz, sein Magen: ein weinendes Kind, das in der Ecke sitzt, von den Erwachsenen vergessen, die am Tisch unter der Lampe saufen, über ihnen Zigarettenqualm. Der Künstler steht auf und schlägt das Kind, das seinen Namen trägt; noch zwei oder drei Stunden, herrscht er das Kind an und arbeitet herrisch, dann endlich steigt er, eine Erlösung, auf Alkohol um und plant seinen Gang in die Stadt, um sich mit uns, die wir ihn kennen, zu treffen.

Klaus Reichert
Rituale, Ordnungsräume

Jeden Mittag um kurz vor zwölf kam der Großvater aus dem Geschäft die langen Treppen hoch und zog die Standuhr auf. Wenn die Schläge kamen – und danach die Nachrichten aus dem Volksempfänger, die ich nicht verstand und zu denen der Großvater nichts sagte –, stand ich am Fenster und sah auf den höchsten der vielen alten Bäume im Garten, eine Kiefer mit ein paar weiten Ästen, die die Krone bildeten. Ich wusste, ohne dass man es mir gesagt hätte: Das ist der liebe Gott. Seither gab es diese Verbindung, die sich täglich erneuerte: das Aufziehen der Uhr, den Stundenschlag und Gott als hohen Baum, der sich auch dann nicht regte, wenn der Wind in die Birken und Pappeln fuhr. Rituale sind ortsgebunden, auch in der Höhe oder Tiefe und in den Blickachsen. Wenn ich im Garten spielte, kletterte ich am liebsten in die Bäume, auch in die hohen Kastanien. Die Kiefer kam dafür nicht infrage. Nicht weil sie tabu gewesen wäre, sondern weil sie nicht einmal Aststümpfe für den Aufstieg bot. Von unten konnte ich sie dafür verachten.

Eine andere Szene. Spätherbst 45 im Gartenhaus; ein Riesenraum mit Stützbalken, in dem, ich weiß nicht wie viele, Verwandte wohnten, die alle mit irgendetwas beschäftigt hin und her gingen. Der Raum ist überheizt. Zwar ist das Geschäftshaus des Großvaters abgebrannt, aber die Koksberge im Keller sind es nicht. Also muss der ganze Koks in den einen Ofen in dem einen Raum. Einkacheln hieß das. Ich stehe am Ofen und halte Windeln und Wickeltücher zum Trocknen davor. Dann lege ich sie zusammen, Ecke auf Ecke. In einem anderen Teil des Raums badet meine Mutter meine Schwester in einer Zinkwanne, wickelt und stillt sie. Dazu singt die Mutter Weihnachtslieder, jedes mit allen Strophen. Wenn sie einmal die Reihenfolge vertauscht, erinnere ich sie: Erst kommt ›O du fröhliche‹, dann ›In dulci jubilohoho‹. Wenn ich im Bett liege, ziehe ich mir die Decke über den Kopf und sage alle Lieder mit allen Strophen in der richtigen Reihenfolge auf. Mache ich einen Fehler, muss ich die ganze Reihe noch einmal von vorn aufsagen. Der Kopf unter der Decke und die Reihenfolge (nicht der Inhalt) der Lieder, das ist mein Abendreich gegen die Welt. Rituale sind nicht beliebig transportierbar. Sie brauchen einen Ort, der allenfalls nach festen Regeln immer wieder neu herstellbar ist, wie das Stiftszelt in der Wüste, und sie brauchen die Wiederholung, das heißt den immer gleichen Ablauf. Rituale sind konservativ. Es gibt Kulte, bei denen ein einziger falscher Schritt die ganze Handlung ungültig macht, sodass der Ritus wieder von vorn begonnen werden muss. Kann es sein, dass wir Dinge zu erfinden scheinen, die tief in unserem Inneren verschüttet liegen, mit uns geboren werden und uns an etwas anschließen (ein Stromkreis?), das in irgendeiner Ecke der Welt vor Jahrtausenden Gesetz war? Superstites?

Solange ich denken kann, wollte ich schreiben. Es ging zuerst langsam, wurde aber über die Jahre nur immer langsamer. Es begann mit der Beschreibung einer Blumenwiese, deren Resultat mich jedoch enttäuschte,

denn es fand sich darin nichts von dem, was den Schreib-
impuls ausgelöst hatte. Rituale sind von ihrer Herkunft
her oft angstlustbesetzt, indem sie etwas hereinholen und
dadurch bannen, was man gelernt hat zu fürchten,
folglich auszuschließen, zu tabuieren, gerade weil von
diesem Etwas eine unheimliche Faszination (im ur-
sprünglichen Wortsinn) ausgeht. (So wie bei der Priester-
weihe in Leviticus Ohrknorpel, Daumen und großer
Zeh, immer rechts natürlich, mit Blut bestrichen werden,
Blut, das die unreinste aller organischen Substanzen ist,
vernichtet werden muss, oder anders gelesen, den Durst
der vielleicht noch überlebenden – superstites – chtho-
nischen Gottheiten stillt.) Wie lassen sich Schreiben
(»rein«) und Schreibversagen (»unrein«) an einen Tisch,
auf einen Altar (»die Schlachtstatt«) bringen, und wie lässt
sich dabei zugleich die Differenz – der gespaltene Huf
der Wiederkäuer, links und rechts, ja und nein – beobachten?

Im Garten gab es einen Schuppen, in dem die Sachen
lagerten, die in der Verlagshandlung meines Großvaters
nicht mehr gebraucht wurden, weil sie durch neuere Erzeugnisse ersetzt worden waren. Ob man damals den
Reißwolf noch nicht kannte oder ob die Aufbewahrung
durch den sparenden Hausvatergeist meines Großvaters
veranlasst war, weiß ich nicht, jedenfalls lagerten in diesem Schuppen Türme von Lesebüchern zum Gebrauch
an den großherzoglich-darmstädtischen Volks-, Mittel-
und Oberschulen, während die rezenteren, noch in Han-
del und Gebrauch befindlichen Erzeugnisse meines
Großvaters am 6. Dezember 44 ein Raub der Flammen,
gewissermaßen ein Ganzopfer, englischer Fliegerbomben
geworden waren. Abgesehen davon, dass meine erste Bil-
dung aus den obsoleten Lesebüchern hessischer Schul-
männer stammte, faszinierten mich aber eigentlich die

Säulen von Loseblatt-Gesetzestexten, die, dem Format nach zu schließen, aus der Vor-DIN-Zeit stammen mussten. Ich habe kein einziges dieser in Fraktur gedruckten Gesetze gelesen, oder richtiger: kam über die merkwürdigen Überschriften kaum hinaus, aber die Rückseiten waren frei und blütenweiß, was in Zeiten holzhaltigen Papiers ein zu hütender Schatz war. Als ich die Entdeckung gemacht hatte, wusste ich, dass ich auf kein anderes Papier würde schreiben können, und so kam es. Ich ging mit dem Papier verschwenderisch um und bedeckte die Blätter mit meiner großen, ungelenken Schrift, machte Entwürfe über Entwürfe, fertigte Reinschriften an, korrigierte diese, fing von vorne an, in einem nicht endenden Schreibvorgang, um, vermute ich, den Anforderungen der Schule auszuweichen. Das Schreiben ging, wie gesagt, langsam, obwohl ich mich vollkommen frei fühlte in der Bearbeitung des Papiers und den wildesten Gedanken nachgeben konnte. Freiheit und Schreibbedürfnis waren vielleicht dadurch veranlasst oder ermöglicht, so erscheint es mir jetzt, dass ich nie vergessen konnte, worauf ich schrieb: Da lag das unabänderliche Gesetz (dessen Drucktypen manchmal durchschlugen) und auf seinem Rücken konnte ich tun, was ich wollte. Von den Gesetzestafeln des Moses heißt es, Gottes Schrift sei darauf »eingegraben« gewesen. Dieses Wort, »eingegraben«, für alle Zeiten eingegraben, heißt in einer Silbe anders vokalisiert: »Freiheit«, was den Rabbinen nicht entging. Vielleicht ist es befreiender, mit 213 Geboten zu leben, als mit 10. Die List, wie man sie einzuhalten lernt, indem man sie gleichzeitig umgeht, schärft das Formgefühl.

Der Papiervorrat reichte bis zum Abitur, ein rundes Jahrzehnt. Da war es aus mit Freiheit und Gesetz, und ich hätte gewissermaßen aufs offene Meer hinausgesollt. Ich probierte ein bisschen herum, aber nicht auf dem Meer, das keine Balken und Bretter hat. Ich versuchte es mit englischen Formaten, doch die waren entweder zu groß (»Narrenkappe«) oder zu klein, obwohl sie doch auch nicht nach DIN normiert waren. Vielleicht war es am Ende ganz egal, und ich begann wahllos auf irgendwelche Zettel zu notieren, sofern sie weiß waren und unliniert, Zettel, die ich sorgfältig aufbewahrte, die aber bald auf unerfindliche Art verschwunden waren und blieben, als hätte sie ein Puck in eselsohrige Buchzeichen verwandelt, und manchmal fand ich sie nach Jahren ebendort wieder, in Büchern, und längst nicht mehr brauchbar als das, was sie einmal hätten sein oder werden sollen. Es lag also kein Segen auf der Beliebigkeit der Papiersorten, und ich ging in einer Wolke, aus der keine Stimme sprach.

Gleichsam als Ersatzhandlung begann ich die Schreibutensilien zu sanktifizieren: den Bleistift, den Kugelschreiber, den Füllfederhalter, die zu jeweils verschiedenen Handlungen gehörten, dazu den Spitzer und den (selten oder nie benutzten) Radiergummi. Sie lagen wie Claimmarken griffbereit auf dem im Übrigen immer unaufgeräumten Schreibtisch mit seinen Palimpsesten von Arbeitsschichten: der Bleistift für Gedichte, der Kuli für Vorträge, Aufsätze, Essays, die Füllfeder für Reinschriften oder Briefe. Wehe, wenn die Geräte nicht lagen, wo sie zu liegen hatten, oder wenn sie gar zu profanen Zwecken, zur Aufschreibung einer Telefonnummer etwa, entwendet worden waren. Die Utensilien hatten für sich natürlich überhaupt keinerlei Wert, weder einen materiellen noch einen emotionalen. Aber sie waren, ohne ersichtlichen Grund, ausgewählt, ausgesondert, an bestimmter Stelle angeordnet worden, und dadurch waren sie heilig gemacht. So wie egal wer oder was zum Totem oder zum Sündenbock erklärt und dann von einem komplizierten System von Reinheit und Gefahr umzirkt wird.

Durch die Hütung der Stifte hatte ich nicht bemerkt, dass ich mich längst für ein neues Papierformat entschieden hatte: DIN A5. Auch der Schreibvorgang selbst hatte sich geändert, jedenfalls für fortlaufende Texte wie Aufsätze oder Vorträge. Nicht mehr die aus einer Überfülle von Papier veranlassten Ansätze, Entwürfe, Fassungen in großer Schrift, sondern ein jeweils einmaliges Unterfangen in einer Verwinzigung. Wenn ich etwas zu schreiben habe, habe ich nur die allervagsten Ideen (ein »Thema«, gewiss), aber keine Ahnung, wie das zu Schreibende zu entwickeln wäre. Ich kann den Gang nicht im Voraus skizzieren oder gar planen. Ich warte beim Schreiben darauf, wo es mich hinführen wird. Ein Satz muss aus dem anderen folgen, nur ist der Weg von einem Satz zum nächsten manchmal meilenweit, soll aber doch nur als ein Schritt wahrgenommen werden. Bei dieser irrwitzigen Selbstbehauptung eines »quod scripsi, scripsi« kann es keine Einschübe oder Streichungen oder auch nur Korrekturen geben. Das Blatt ist von oben bis unten mit Schriftzeichen bedeckt – »Ameisen-Handschrift« hat das eine Freundin genannt –, die zu entziffern selbst mir Mühe macht, weshalb ich es während des im Übrigen quälenden Schreibvorgangs nicht tue und das später meiner Abschreiberin überlasse. Links ist ein Rand von höchstens einem Zentimeter Breite (für Sofortkorrekturen bei Verschreibungen), sonst ist alles dicht und zu, vermutlich aus einem atavistischen Horror Vacui heraus, wobei beim Schreiben die winzige Schrift nur immer noch winziger wird und der Abstand zwischen den Zeilen fast verschwindet, so als sollte das eben zu Schreibende im Schreiben gleichzeitig in das Schon-Geschriebene wie in Kettfäden eingeschossen werden. Das alles sind zwanghafte Rituale der Bedeckung und Verschleierung mit haarfeinem Kuli, als müsste das Geschriebene beschützt werden (wie der Kinderkopf mit den Liedern unter der Decke) oder als müsste das zu Schreibende (»an das ich nie herankomme«) als etwas Unberührbares verborgen bleiben. Was angesichts des in meinen Arbeiten beabsichtigten Stils, der leicht, spielerisch, wie hingetuscht sein möchte, natürlich unverständlich ist. Vor jedem Schreiben steht die Angst vor dem Schreiben (»diesmal wird es schief gehen«). Rituale sind Standardisierungen zur Angstabwehr. Deshalb sind sie neuerungsabstinent: kein anderer Stift, kein anderes Papier(format), kein anderer Schreibplatz. Als Aarons Söhne sich mit nur einer Pfanne (statt zweien) und fremdem Feuer dem Altar nähern, trifft sie auf der Stelle der Elektroschock des Herrn. Rituelle Standardisierungen geben Sicherheit (die einzige), aber sie sind nicht der Sache vorgelagert, sind nicht gegeben, funktionieren nur im stets erneuerten Vollzug. »Mentale und praktische Techniken dienen dazu, die gefährlichen Löcher, die sich bei der Verfolgung eines wichtigen Ziels oder in einer kritischen Situation auftun, zu überbrücken.« (Malinowski) Das Schreiben auch des kleinsten Aufsatzes zieht sich über Tage hin. Jedes Mal vermeide ich es möglichst lange, mich dem Blatt zu nähern, erfinde Dinge, die zuvor erledigt werden müssen, räume auf, lese herum. Es ist die Scheu, dem erschöpfenden Ablauf mit allen Sinnen gerecht werden zu müssen. Denn die Angst ist mit dem Eintritt ins Ritual noch nicht gebannt, sie muss von Satz zu Satz beruhigt und stillgestellt werden. (So ungefähr Radcliffe-Brown gegen Malinowski.) Mir ist aufgefallen, dass ich oft mitten in einem Satz, der nicht von der Stelle will, aufstehe, um mir grundlos die Hände zu waschen, so als könnte die Stockung durch ein Reinigungsritual überwunden werden.

Rituale haben Anfang und Ende. Ich weiß, wann ein Text zu Ende ist, auch wenn ich es noch nicht glaube. Hat der Glaube das Wissen eingeholt, beginnt der Reinigungsprozess. Die aufgeschlagenen, übereinander getürmten Lexika werden Band um Band abgetragen, zugeklappt und eingestellt. Notizen auf Zetteln oder Schnipseln werden in einer Mappe versorgt, nichts wird weggeworfen, aber die Spuren werden in einem Akt der Befreiung sorgfältig getilgt. Nichts soll erinnert, nichts soll aber auch vernichtet werden. Die Krümel der Hostie werden zusammengekehrt, damit nicht etwa eine Ratte sich in den Zustand der Heiligung versetzen kann. Schön ist die Handlung des Priesters, der nach der Kommunion den Kelch auswischt und das Wischtuch wieder fein zusammengefaltet über den Kelch legt. Es ist ein Übergangsritual, das das Attribut der Entheiligung mit hineinnimmt in den Kult. Ich neige aber eher zur Beseitigung in dem Sinn, wie unbrauchbar gewordene Thorarollen in einem Schuppen deponiert und vergessen, nicht vernichtet werden. Superstites. Das war's und wird sein.

Patrick Roth
Johann Peter Hebels Hollywood
oder
Freeway ins Tal von Balzac

Drei Bilder würde ich Ihnen gerne näher bringen: Eine Autofahrt durch Los Angeles. Eine Hand, die rätselhaft auf etwas deutet. Und: ein einfacher Tisch.

Drei Bilder, die Sie sich, hoffe ich, aus dem Übrigen aufbewahren werden. Ich glaube an die Kraft dieser Bilder: die Autofahrt; die Hand, die deutet; der Tisch. Ich ging durch diese Bilder und war verwandelt. Wenn Sie am Ende meiner Rede an diese Bilder denken, als hätten Sie sie selbst geträumt, dann wär's ein Wiedersehen. Im Sinn der Sache. Im Sinn der Autofahrt, der Hand, des Tischs.

Ich bin in Karlsruhe aufgewachsen, lebe aber seit über 20 Jahren in Los Angeles, der Stadt, die mir zur zweiten Heimat geworden ist. Wenn Sie Einblick in meine Träume hätten, wäre zu sehen, wie gut sich Karlsruhe und Los Angeles, wie sehr sich beiderlei Heimat miteinander verträgt.

Staunend würden Sie sehen, wie der Sunset Boulevard, so um zwei oder drei Uhr nachts bei mir, in den Karlsruher Passagehof hinterm Moninger mündet und ein Kinobesuch in der Kurbel möglich wird. Der selbstlose

Karlsruher Kinobesitzer zeigt den »Glanz des Hauses Amberson«: »The Magnificent Ambersons« von Orson Welles. Im Original! Joseph Cotten spricht in diesem Klassiker mit feinstem Karlsruher Akzent seine Rede vom unaufhaltsamen Aufstieg des Automobils. Aus seinen berühmten Worten:

> But automobiles have come and
> almost all things are going to
> be different because of what
> they bring.

wird:

> Ha heer, alles Folla Audomobiele.
> Do kansch gar nix mache, un die gehe
> ned weg. S wird sich so manches
> verändere durch die Dinger.

Auch muss der Zuschauer dabei keinesfalls auf den herrlichen Chili-Dog, den er bei »Pink's« auf La Brea Avenue zu »munchen« begonnen hat, verzichten. Die Kaiserstraße verliert sich nach solchem Genuss wieder im goldbraunen Abendsmog der Hollywood-Hügel, die geliebten Buchhandlungen – die Stephanus, die Braunsche, Kaiser und Kundt – verwandeln sich in die roten, grellgelben und rosafarbenen Sexshops auf dem Sunset und Santa Monica Boulevard, aus denen kleine geduckte Männer in Regenmänteln mit Erstausgaben von Celan, Huchel, Joyce oder gar von Johann Peter Hebel in die Nacht huschen, um sich die wertvollen Stücke in Geigers Antiquariat auf dem Hollywood Boulevard – natürlich von den Autoren selbst – signieren zu lassen.

So kann der Traum zusammenführen, das Unbewusste kennt nicht Zeit, nicht Trennung durch den Raum, wie wir sie bei Bewusstsein kennen. Diese Tatsache aber kommt nicht nur im Traum zum Tragen, sondern – so ist das zumindest bei mir – auch bei der Arbeit.

In den ersten Phasen der Arbeit an einem Roman oder Stück lebt man oft intensiv in dieser Welt, in der die Dinge kaum entstanden sind, noch eins ins andere übergeht, aus dem Torbogen eines mir aus Kindertagen vertrauten alten Hauses in der Karlsruher Stephanienstraße wird mühelos ein Stadttor-Bogen, durch den am Anfang unserer Zeitrechnung einer den Weg zum Herodianischen Tempel in Jerusalem ging. Man sucht beim Schreiben einen Halt, nach einem Bild, in welches am geheimnisvollsten schon alles eingegraben scheint. Nach einem Bild, das langsam auszugraben, zu verstehen und so ins Licht zu rücken wäre.

Ich will von Bildern erzählen, die Ihnen einige meiner Stationen als werdender Schriftsteller vor Augen führen. Ich werde reden vom Wunsch, das Ferne nah zu bringen, von einer Sehnsucht mithin, der Einsicht auch, im Fernen immer wieder auch das Allernächste aufzufinden. Das Ferne war mir einst Amerika, jetzt ist es »nah«, und nah ist es, weil ich es über die Jahre immer wieder mit Nahem, Nächstem ergänzt habe. Ich habe mir das fremde Land durchs Eigenste, Nächste angeeignet. Das will ich gleich am Beispiel Johann Peter Hebels, des ehemaligen Rektors meines alten Gymnasiums, demonstrieren.

Wie habe ich mir die fremde Welt, dieses Los Angeles, zu Eigen gemacht? In meinem ersten Auto, einem 500-Dollar-VW mit einem baren Hauch von Bremsbelägen, gab es kein Radio. Ich las mir meine Lieblingsautoren, den Johann Peter Hebel, den Hölderlin, Joyce, Trakl, Nathanael West, Poe, Arno Schmidt und Celan, auf Tonband, deponierte das Tonbandgerät dann auf meinem Beifahrersitz und hörte den Geschichten und Gedichten bei den langen Fahrten auf den Los Angeles Boulevards und Freeways also per Band zu. Damals war das Benzin um einiges billiger als heute, »cruising« – das einfache Herumkreuzen mit dem Auto – war jedermanns Zeitvertreib. Man fuhr, ohne eigentlich anzuhalten, man fuhr langsam. Langsamer, sehr langsam, im Schritttempo, wenn man, eine junge Frau etwa, genauer sehen wollte oder genauer gesehen *werden* wollte. Letzteres war bei mir nicht der Fall. Kein California Girl, das etwas auf sich hielt, wäre in meine Todeskarosse eingestiegen. Der vorherige Besitzer hatte, als hätte er's herbeibeschwören wollen, die Beifahrertür durch einen Unfall – die Tür war halb eingerammt – für immer versiegeln lassen. Ich hätte also erst aussteigen müssen, um jemanden dann auf meiner Seite einsteigen und auf den »dead-end«, das heißt: Sackgassen-Sitz, rutschen zu lassen. Und was hätten diese Frauen dann gehört? Meine Stimme auf Tonband, Kalendergeschichten, Gedichte, »short storys« lesend …

»Hey, man. Don't you even have a radio? Some music, for God's sake?«

»Musik?«

Hatte ich nicht – und also keine Beifahrer.

Ich hörte beim Fahren zum Beispiel meiner Stimme zu, die las:

»In Falun in Schweden küßte vor gut fünfzig Jahren und mehr ein junger Bergmann seine junge hübsche Braut …«

Das war der Anfang der Hebel'schen Kalendergeschichte »Unverhofftes Wiedersehen«. Erinnern Sie sich an diese Geschichte? Eine meiner Lieblingsgeschichten. Sie erzählt von einem jungen Bergmann und dessen bevorstehender Hochzeit mit seiner jungen Braut.

Aber der Tod holt ihn ein, die Braut sieht ihn nicht

wieder. Die Zeit, die Weltgeschichte, zieht an dieser geringen Figur, einer trauernden Frau in einer kleinen Stadt in Schweden, vorbei. Es gibt Wichtigeres, Weltbewegenderes als ihr Unglück. Da schwenkt der Erzähler, Hebel, nach Jahrzehnten Weltgeschichte, zeilengerafft einhermarschierender Weltgeschichte, fast zärtlich zurück auf die Altgewordene, die Alte, die Witwe des Bergmanns. Man hatte nämlich aus einer der verschütteten Minen, aus »dreihundert Ellen Tiefe«, heißt es bei Hebel, aus »Schutt und Vitriolwasser« einen jungen Mann hervorgegraben. Seine Leiche war nicht gealtert. Als sei er bei seiner Arbeit nur eingeschlafen, schien's den Entdeckern, als sie den jungen Toten nach oben beförderten. Die alte Frau aber, als Einzige im Dorf, erkennt ihn, den Toten, ja erkennt an ihm noch die Stunde der Hochzeit, die damals so nah war, er hätte nur nach Hause kommen müssen. Und nimmt Abschied, noch einmal, verspricht dem jungen Mann, bald nachzukommen, denn »bald wird's wieder Tag«, sagt sie und schaut sich, als sie fortgeht, noch einmal nach ihm um.

»Unverhofftes Wiedersehen«. Von Hebel so erzählt, dass man glauben lernt, alles Geliebt-Verlorene eines Tages doch noch wieder zu sehen.

Denn Hebel führt den Leser, seinen Zuhörer, immer wieder unvermittelt von hinten an ein zu Sehendes, an den Rücken des Verlorenen, das sich dann dreht, sich uns unverhofft als das Verlorene wiederschenkt. Und Hebel tanzt mit solcher Drehung, solchem Drehen um die wenigen Bilder seiner Geschichte, dass einem schwindlig wird und das Wiedersehen mit dem Toten wahrhaft unverhofft zustande kommt. Eindringlich wird bei ihm wieder gesehen, wieder erlebt, was für verloren galt. Das Leben, das sich für diese Frau seit dem Unglück doch nur wie stur nach vorn bewegt haben muss, sinnlos scheinbar, ein nimmer enden wollendes Vermissen, lautlos gemacht vom Gebrüll der Geschichte, wird leise rundgeschlossen hier im Schlaf, durch diesen gleichsam Schlafenden, den hier entdeckten Toten, wird es rundgemacht, ihr Leben, erhält so Sinn. Denn »Was die Erde einmal wiedergegeben hat, wird sie zum zweiten Mal auch nicht behalten«, hört Hebel die Alte sagen, das Letzte, was zu hören ist.

»In Falun in Schweden küßte vor gut fünfzig Jahren und mehr ein junger Bergmann seine junge hübsche Braut …« Nochmals zum Anfang zurück, dem ersten Satz der Geschichte. Ich fahre ja noch im Auto, das Tonbandgerät auf dem Sitz neben mir. Ich höre sie ja gerade auf dem *One-Oh-One,* dem Ventura Freeway, diese Geschichte, diese Sätze …

Die ausgesprochenen Sätze, die von mir da gelesenen Sätze, ihre Bilder, legten sich damals, könnte man sagen, über die Welt meines »windshields«, meiner Windschutzscheibe: Der junge Bergmann küsste die Braut in Los Angeles auf dem Ventura Freeway nahe dem Laurel Canyon Exit, an dem ich gerade mit 55 Meilen die Stunde vorbeifuhr. Eine perfekte Stelle für Abschiede. In grauer Vorzeit – in Los Angeles heißt das: »vor gut 50 Jahren und mehr« – grenzte die Gegend, über die meine Stimme vom Kuss des Hebel'schen Bergmanns fiel, an Orangenplantagen, gehörte die Welt im Fenster meines Autos dem alten Hollywood-Regisseur John Huston, war Teil seiner Ranch gewesen. Hier hatte er die Schlachtszenen aus dem amerikanischen Bürgerkrieg spielen lassen, hatte hier, im SA Fernando Valley, in der Nähe des Laurel Canyon und Ventura Boulevard, Stephen Cranes berühmte Novelle »The Red Badge of Courage« verfilmt. Eine angemessene Stelle für den letzten Kuss eines schwedischen Bergmanns. Denn der Bergmann, von dem Hebel 1811 im Kalenderblatt seines »Rheinländischen Hausfreunds« erzählte, kehrt nicht mehr von seiner Arbeit zurück. »Der Bergmann hat sein Totenkleid immer an«, sagt Hebel. Wie jene Unionssoldaten, von denen Stephen Crane erzählte.

Der Kuss, jener Kuss, ist mir seit damals immer mit dieser Stelle verbunden: Laurel Canyon und Ventura Boulevard. Und Hebels kurz darauf folgender Satzteil, nämlich das grausame: »Da meldete sich der Tod« – diese unheimlichste Stimme, die man zunächst hört, wenn man's liest, als sei in der Kirche auf den Ausruf des Pfarrers »ob jemand Hindernis wüsste anzuzeigen, warum diese Personen nicht möchten ehelich zusammenkommen«, als sei da jemand aufgestanden, in der hintersten Reihe einer, den man nicht hatte eintreten hören –, diese Stimme, mit der Hebel den Leser erschreckt, die lag über der großen Kreuzung zwischen dem Ventura und dem Hollywood Freeway, den ich in jenen Tagen, auch um zur Arbeit zu fahren, öfter nehmen musste. Hier, wo der Tod sich meldete, geht's in Los Angeles durch einen längeren Pass, den Cahuenga Pass, durch die Hügel nach Hollywood. Wenn man das Folgende dann hört, das Folgende der Hebel'schen Geschichte, dabei durch diese Landschaft fährt, im Osten, links des Freeways noch die Universal Studios, die Carl Laemmle hier gründete, den Black Tower, den Schwarzen Turm, am Studioeingang sieht, in dem auch Hitchcock sein Produktionsbüro hatte, dann muss einem auffallen, wie in diesem – wie gesagt 1811 geschriebenen – Text Hebels die neue Kunst des Films, genauer: eines seiner vermeintlich »filmischsten« Erzählmittel, die »Montage« nämlich, schon angekündigt ist. Kurz bevor Hebel die Weltgeschichte über die vom Tod Getrennten, den Bergmann und seine junge Braut, hinwegmarschieren lässt, endet er visuell: mit einem leitmotivischen Close-up, könnte man sagen, ei-

ner Großaufnahme: »Und die junge Braut saumte vergeblich selbigen Morgen ein schwarzes Halstuch mit ro-
tem Rand für ihn zum Hochzeitstag, sondern als er
nimmer kam, legte sie es weg und weinte um ihn und
vergaß ihn nie.«

Wir waren gerade ganz nah an diesen Händen der
Frau, sahen deutlich das Schwarz und das Rot auch des
Halstuchs, das sie ihm saumte. Jetzt folgt die »Montage«.
Sie kennen dieses angeblich so filmische Erzählmittel:
»Montage«, das ist das »Und die Tage zogen ins Jahr« des
Films; sind die Überblendungen von Dutzenden abfal-
lender Kalenderblätter; sind die Überblendungen der
Jahreszeiten, in Hollywood meist musikunterlegt; oder
die Zeitungsschlagzeilen irr rotierender erster Seiten, die
aus der Ferne des Filmbilds heranschwirren und dann
festfrieren:

KENNEDY ASSASSINATED

»Kennedy ermordet«, während im Hintergrund schon
eine neue Schlagzeile herankreist:

OSWALD GUNNED DOWN

»Oswald erschossen«; ein narrativer Trick also, der uns
Zuschauern die »passage of time«, das Vergehen der Zeit,
durch solche Großschlagzeilen etwa, augenfällig und
fühlbar machen soll.

Hier ist Hebel, wie ich ihn auf dem Weg durch den
Cahuenga Pass, vorbei an Lankershim Boulevard, Barham
Avenue und Mulholland Drive, Geschichte schreiben
hörte, so, durch mein Autofenster hin, in meiner Stimme:

»Unterdessen wurde die Stadt Lissabon in Portugal
durch ein Erdbeben zerstört, und der Siebenjährige

163

Krieg ging vorüber, und Kaiser Franz der Erste starb, und der Jesuitenorden wurde aufgehoben und Polen geteilt, und die Kaiserin Maria Theresia starb, und der Struensee wurde hingerichtet, Amerika wurde frei« ... – sehen Sie diese Bilder, diese Schlagzeilen rotieren? –, ...»und die vereinigte französische und spanische Macht konnte Gibraltar nicht erobern. Die Türken schlossen den General Stein in der Veteraner Höhle in Ungarn ein, und der Kaiser Joseph starb auch. Der König Gustav von Schweden eroberte Russisch-Finnland, und die Französische Revolution und der lange Krieg fingen an, und der Kaiser Leopold ging auch ins Grab. Napoleon eroberte Preußen, und die Engländer bombardierten Kopenhagen, und die Ackerleute säeten und schnitten.«

Die Montage der Weltgeschichte ist hier schon zu Ende, denn: »Die Ackerleute säeten und schnitten«, das ist natürlich keine Zeitungsüberschrift mehr, keine mehr wert, das ist schon ... das ist schon fast wieder die kleine Stadt Falun in Schweden. Das könnte sie sein. Es ist, als würde man sich – auch ein filmisches Mittel – aus der Luft herab durch die Wolken hindurch übers Land hinabbewegen, langsam hinabbewegen – wie zu Anfang in »The Night of the Hunter«, der »Nacht des Jägers«, jenes großen Schwarzweißfilms von Charles Laughton, dessen Sicht aus den Wolken herab auf ein kleines amerikanisches Dorf, auf eine geheimnisvolle Wiese zuhält, auf der Kinder sich verbergen, Versteck spielen ...

Hebel fährt fort: »Der Müller mahlte, und die Schmiede hämmerten, und die Bergleute gruben nach den Metalladern in ihrer unterirdischen Werkstatt. Als aber die Bergleute in Falun im Jahr 1809 etwas vor oder nach Johannis zwischen zwei Schächten eine Öffnung durchgraben wollten ...« – Jetzt haben wir nicht nur die Weltge-

164

schichte, sondern auch das Allgemeine der Saison hinter uns gelassen, sind im unterirdischen Einzelnen, sehen vor uns die Gestalten der Bergmänner, die graben. Die graben, wo sich – ahnen wir vielleicht – etwas verborgen hält. Die also ein Versteck öffnen, die gleich etwas … die gleich *einen* finden werden, der dort im »Schutt und Vitriolwasser« verborgen ist. Wenn man das hört, kann man nicht anders als: sehen. Und wenn man fährt, wo ich damals fuhr, kann man wohl auch nicht umhin, diese Bilder filmisch zu lesen, das Filmische in ihnen schon angekündigt zu sehen.

Der Cahuenga Pass öffnet sich. Auf dem letzten Hügel im Osten ist vom Freeway aus gut zu sehen: ein riesiges weißes Kreuz, wo in den 50er Jahren noch Gottesdienste abgehalten wurden, hoch über diesem »Sündenpfuhl Hollywood«. Seltsam ist und bleibt mir immer in Erinnerung, dass wenn man beim Tonbandhören auf dieser Fahrt in keinen Stau kommt, wenn man, wie ich das oft tat und tue, zum Beispiel nachts spazieren fährt, dann timet sich das Wiedererkennen des Toten, dann trifft das »unverhoffte Wiedersehen«, das hier beschrieben wird, in etwa zusammen mit dem Gower Avenue Exit des Hollywood Freeway. Nah dieser Ausfahrt sieht man auf eines der ältesten Hotels in Hollywood, man sieht die großen Lettern im Vorbeifahren: Es ist das »Knickerbocker Hotel«. In diesem alten Hotel wurde auch einst einer in einem Zimmer tot aufgefunden. Aber die ihn fanden, kannten ihn nicht mehr. Hier war D. W. Griffith, der erste große, ja vielleicht größte Regisseur der Filmgeschichte, der sicherlich dafür verantwortlich war, dass es Hollywood überhaupt gibt, mit 73 Jahren gestorben. Verarmt, vereinsamt und vergessen. Ende des Tonbands, Ende der Hebel'schen Geschichte, die mit dem Umschauen nach dem Toten schloss und Abschied nahm. Ende auch der

Geschichte Griffith', deren letzte Station man beim Weiterfahren im Rückspiegel schon bald verliert.

Oft waren die Worte, die ich so hörte, nicht über das gelegt, was ich da durch meine Windschutzscheibe sah, sondern schienen mir aus den Dingen selbst wiederzukommen. Als sei die Welt der fremden Stadt wie angelegt, so jetzt zu mir zu sprechen, so ganz in Hebels Sprache. Als könnte das Zusammenspiel des Geschehenen und des Gehörten gar kein Zufall sein. Als habe Hebel Heimat geschrieben. Nur: anders, als man denkt.

»Hebel, der Heimatdichter«. Manchmal hört man das ja etwas verächtlich gesagt. Mir war er ein Heimat-Dichter im anderen Sinne: Denn wenn »dichten« vom lateinischen »dictare« kommt, dann dichtete Hebel mir, »diktierte« er mir die Heimat aufs Fremde. Ich stenographierte die vertrauten Wendungen der Geschichte mit, erkannte sie wieder, im Fremden einer fremden Welt.

So hab ich mir Heimat geschaffen, meine Heimat, mit Stimmen meiner Erzähler über die Landschaft gelegt. Das ist Landnahme, versteht sich. Das tun alle, die fremd irgendwohin kommen und sich dort Heimat machen: Sie bringen etwas mit, das ihnen Heimat bedeutet, das diese Heimat schon immer in sich trug. Wie eben die Erzählerstimme des Johann Peter Hebel.

Zeigen wollte ich also, wie man sich die Heimat, das Eigene, ins Fremde holt, das Fremde sich dadurch heimisch macht; das Eigene, Eigenste überhaupt erst im Fremden findet. Es ist also nicht nur ein Transportieren – das mag es zunächst sein, als solches ist es zunächst geplant, es ist ein Trost, ein Vergnügen, das vertraute Buch dabeizuhaben, sich daraus vorzulesen. Dann wird's nämlich dort, wo es mit dem Fremden verschmilzt – zur Entdeckung. Man entdeckt, dass man das Eigene gar

166

nicht kannte. Man hat es hier, im Fremden, durchs Fremde erst gefunden.

Das waren ganz entscheidende Eindrücke in meinen ersten Jahren dort drüben. Ende der siebziger Jahre kam ein Zweites hinzu, ein zweites Erlebnis, das ich als Bild, in seinem Geheimnis, den wechselnden Bedeutungen, die ich ihm im Laufe der Jahre zuschrieb, auch nicht vergessen konnte.

Ich hatte einen Job als »production manager« angenommen, kümmerte mich um die Produktion einer kleinen Serie von Dokumentarfilmen über deutsche, während des Kriegs nach Los Angeles geflüchtete Exilschriftsteller. Wir drehten damals in Marta Feuchtwangers riesigem Haus, der »Villa Aurora«, einer Art Museum, könnte man sagen, Bücher-Museum, 32 000 Bände, fast ausschließlich Erstausgaben, die Lion Feuchtwanger gesammelt hatte. Marta Feuchtwanger, die ich über Freunde schon kannte, deren Haus ich aber noch nie besucht hatte, wurde von einer deutschen Interviewerin im ehemaligen Arbeitszimmer ihres Mannes gefilmt. Vor einem gemütlichen Kamin und neben einem höchst komfortablen Schreibtisch, einer Sonderanfertigung. Lion Feuchtwanger und zwei Sekretärinnen hatten einstmals daran Platz: in jeweils separaten Schreib-Buchten. Hier fanden auch, so weiß ich aus erster Hand – ich schweife kurz ab –, hier fanden auch Lion Feuchtwangers in Exilantenzirkeln berühmte Lesungen statt. Wenn Charlie Chaplin oder Aldous Huxley anwesend waren, musste Feuchtwangers Übersetzer aus der englischen Übersetzung vorlesen. Thomas und Heinrich Mann, Alfred Döblin, Alma Mahler-Werfel, Ludwig Marcuse, Arnold Schönberg, Hanns Eisler, Bruno Walter bekamen die Texte Feuchtwangers natürlich deutsch zu hören, auch wenn ein paar Hollywood-

Starlets unter den Gästen saßen; die hätten sowieso nichts verstanden, hieß es. Nie bei den Lesungen war – Bertolt Brecht. Der hatte seinen eigenen Kreis.

»Wurde das Vorgelesene von den Gästen diskutiert, kommentiert?«

»Sicher, aber nicht im großen Kreis.«

»Wie hat sich denn Thomas Mann zum Vorgelesenen geäußert?«

»Thomas Mann? ›Bravo, Lion, bravo!‹, hat er Feuchtwanger nach den Lesungen immer zugerufen.«

»Nichts weiter?«

»Nichts weiter.«

Zurück zu jenem Dokumentarfilm, den wir drehten. In den Drehpausen, wenn der Kameramann das Licht neu einrichtete, muss mich Marta Feuchtwanger öfter beobachtet haben, wie ich langsam die Buchrückenreihen abging. Ich hätte's nie gewagt, ein Buch aus seiner eng besetzten Reihe zu ziehen, aber sie tat's mehrere Male – für mich. Sie muss sich über meine kindische Freude amüsiert haben – und schien mir dann selbst wie ein Kind. In einer Inkunabel hat sie mir vorgeblättert – »Schau'n Sie, schau'n Sie!« –, als sei's eine Illustrierte.

Einmal, ich werde es nie vergessen, zog sie einen schmalen Band aus dem Regal und gab ihn mir in die Hand.

»Na, raten Sie mal, was das ist«, sagte sie und ließ mich allein mit dem Buch.

Ich begann, in dem Band zu blättern. Es war eine alte Ausgabe eines Sophokles-Textes, der »Antigone«, wenn ich mich recht erinnere. Der ehemalige Eigentümer dieser Ausgabe hatte sich manches griechische Wort am Blattrand übersetzt. Statt aber das so von ihm übersetzte Wort im griechischen Text zu unterstreichen, ließ der

Leser und Besitzer dieses Textes eine mit schwarzer Tinte entworfene Hand, eine fingerdeutende Hand, auf das zu übersetzende griechische Wort zeigen, ließ diese Hand mit dem Finger darauf hinweisen: »Hier … Hier!« Über die Hand fand man dann zur Marginalie zurück.

Seltsam war die Schönheit, das Detail der so immer wieder gezeichneten Hände. Ich musste unwillkürlich mit dem Finger daran rühren, denn die Feder des Besitzers war einige Male an der rauen Oberfläche des Papiers angestoßen, hatte sich darin verhakt. Aber so, dass die Hand dem Betrachter an diesen aufgeworfenen Stichstellen nur noch plastischer erschien. War das Absicht gewesen? An den gezeichneten Händen waren selbst die Hügel der Knöchel und darüber hinlaufenden Sehnen erkennbar, warfen Schattenschraffur, als fiele vom Scheitel des Blatts ein Licht her auf sie. Ich blätterte weiter, schlug dann zur ersten Seite des Buches zurück. In der unteren rechten Ecke war der handgeschriebene Name des Sophokles-Lesers zu entziffern: »Buonarroti.« Es war die Sophokles-Ausgabe des Michelangelo, die ich in Händen hielt.

Seine kreuz und quer durch Sophokles' Zeilen gezeichneten Hände wiesen zwar immer aufs griechische Wort, aber nicht alle führten zu einer Übersetzung am Seitenrand. Michelangelo Buonarroti hatte, schien mir, dies im einzelnen Fall zwar immer so vorgehabt, war aber oft vom Plan abgekommen. Manche Hand war über den griechischen Worten so fein federgeführt, die Haltung-Drehung der Finger derart lebendig, ihr Sehnennetz aufgetan, um lichtere Knöchel her bogenbeschattet, dass der Zeichner das Übersetzen, den Sprung zum Rand der Textseite, über der Landschaft der Hand einfach vergessen hatte. Hier, schien mir damals schon, ist etwas gesagt über das Spiel, das nur die eigene Aufgabe kennt. Nicht die Pflicht. Beim Schreiben ist das oft das Wichtigste: vom Plan, der Pflicht abzukommen und dann sich ganz ins Detail des Entstehenden zu verlieben, es hier nicht zu verlassen, der Pflicht weiterzugehen nicht zu genügen, sondern zu verweilen, verspielt weiter an der zeitlosen Arbeit stehen zu bleiben.

Man könnte einwenden: »Und wenn er das griechische Wort einfach nicht zu übersetzen wusste, dein Michelangelo Buonarroti, und deshalb an seiner Hand immer weiterzeichnete?«

»Dann«, sag ich, »schau dir an, um wie viel reicher, für solches Unvermögen, die Zeichnung geworden ist.«

Hier wurde mir, je öfter ich daran dachte, immer klarer, wie wichtig es war, beim Eigenen zu verweilen, die Konzentration aufs Eigene völlig »weltvergessen« weiterzutreiben, zu intensivieren. Nur dann entstehen »Hände«, die so aufs Fremde deuten, dass man es nicht mehr übersetzen muss, wie an der Hand genommen versteht.

Wenn ich dem Bild, dem sich so in Hände verliebenden Michelangelo, nachträume, lässt sich, gar nicht weit gegriffen (denn dem Traum ist der Raum kein Hindernis), erkennen, wer hier handelt: Der intuitive, spielerisch-verspielte Mut: nicht weiterzugehen, inwendig zu verstehen, wo wir stehen, unsere Grenzen zu fühlen, ja: der Mut, zurückzugehen, zu verweilen und: gegen alle, gegen alles »Nach vorn!«-Geschrei das Leben einmal nicht als ständiges »Weiter« zu begreifen, sondern nach dessen zeitlosen Eigenschaften zu suchen, sie vielleicht spielend zu finden, und das sagt: im einhaltenden Erkennen wahrhaftig Grenzen zu überschreiten.

Einige Jahre darauf, um 80/81 muss es gewesen sein, da brach so manches für mich zusammen. Meine Ehe mit Jude, einer Sängerin aus Nashville, Tennessee, hatte sich nach ganzen 15 Monaten, dramaturgisch gesprochen, über die Krise hinaus katastrophenabwärts gestürzt. Keine Peripetie. Vom dritten sofort in den fünften Akt. Hollywood-Style. Sicher habe ich damals auch mit dem Gedanken gespielt, nach Deutschland zurückzukehren. Die Scheidung war eingereicht, ich lebte bei einem amerikanischen Freund.

Zehn Jahre lang hatte dieser Freund versucht, einem CIA-Agenten, seinem Vater nämlich, reisend zu entkommen. Immer wieder, egal wohin er flüchtete, egal unter welchem Namen er im Hotel eingecheckt hatte, kurz nach Verschließen der Zimmertür klingelte stets das Telefon – und die Stimme von »Dad« meldete sich. Dieser Freund riet mir natürlich vom Reisen ab.

»Abhauen hat keinen Sinn«, sagte er. Die Angst, vom Vater verfolgt und immer wieder gefunden zu werden, hatte dieser amerikanische Freund sublimiert. Er zitierte den Philosophen Ralph Waldo Emerson: »The giant is always with you.« Der Riese wird dich immer begleiten. »The giant«, der Riese: Das war mir die eigene Aufgabe, vor der kein Entkommen war. Aber was war meine Aufgabe? Beim Spiel zu verweilen, sich auf das eine zu konzentrieren – wie Buonarroti, der über den Bildern die Worte vergaß?

First things first, dachte ich. Erst mal wollte ich »meine Sachen« aus der alten Wohnung, die ich mit Jude geteilt hatte, holen. An die tausend Bücher, einen kleinen Aktenschrank mit Geschichten, Notizen, Filmkamera und Filmkopien, Kleider. Aber als ich mich anmeldete, ließ sie mich wissen, dass sie die Schlösser ausgewechselt hatte, mir den neuen Schlüssel keinesfalls ausleihen würde. Sie sei auch keine Sängerin mehr. Nein, sie arbeite jetzt als Chefsekretärin für den Manager von Cher und Dolly Parton.

»Dann verdienst du ja genug money, honey«, sagte ich. »Was willst du mit meinen Büchern?«

»Die bleiben bei mir, bis entschieden ist, wie viel Unterhalt du mir zahlst.«

Unterhalt? What the hell does she mean? Wir hatten beide nichts, weder Geld noch Kinder, was hieß hier »Unterhalt«?

»Kein Unterhalt, keine Bücher«, sagte sie und hängte auf.

Neben meinem CIA-geplagten Freund wohnte damals ein Maskenbildner namens Jimmy Gillespie, der sich auf Low-Budget-Horrorfilme spezialisierte und, nachdem er tagsüber gut aussehende junge Männer und Frauen maskenbildnerisch in angehende Kadaver verwandelt hatte, allabendlich mit blutigen Händen nach Hause kam. Im Fenstereck neben seiner Haustüre war deutlich ein roter »sticker« zu sehen, der für potenzielle Einbrecher gedacht war. Da las man: »Meinen Hund, mein Auto, meine Frau kannst du haben. Aber Pfoten weg von meiner .45 Magnum.« Jimmy, der mir haarklein erklärte, wie man jeden Einbrecher, um auf Nummer Sicher zu gehen, noch vor der Haustüre, ja am besten gleich durch die Türe hindurch: erschießen sollte – Überraschung sei Trumpf, so würde ein Zweikampf vermieden – und wie man den Toten oder Angeschossenen dann sofort an den Beinen in die eigene Wohnung zerren sollte, auf den guten Teppich, bevor man die Polizei verständigt – für jeden Polizisten in L.A. sei sofort klar, was sich zugetragen habe: »forced entry«, der Kerl war eingedrungen, man hatte in Notwehr gehandelt –, Jimmy Gillespie also klärte mich über die Rechtslage in meinem Fall auf.

»Du willst deine Bücher wiederhaben?«

Um die vor allem ging es. Er wies mich darauf hin, dass ich ja immer noch die »driver's license«, den Führerschein mit meiner alten Adresse, besaß.

»Du brichst dort einfach ein«, riet er mir. »Du kannst

mit deinem Führerschein jederzeit beweisen, dass du dort wohnst, noch legal wohnst. Wir kommen mit 'nem Möbelwagen nach und helfen dir dann ausräumen.«

»Und was, wenn sie zufällig schon am Nachmittag nach Hause kommt?«, fragte ich.

»Keine Sorge. Wir räumen alles in die kleine Schweiz.« So nannte Jimmy den Möbelwagen, den er mieten wollte. »Sobald wir dein Zeug im Wagen haben, sind wir unantastbar, auf neutralem Gebiet. Sie würde Diebstahl begehen, wenn sie uns überraschen und die Sachen wieder ausräumen wollte.«

Am nächsten Tag also, gegen 3 p.m., brach ich in die Wohnung ein, öffnete mein altes Bibliothekszimmer und – fand es nicht mehr vor! Alles war ausgeräumt. Kein einziges Buch, kein einziger Zettel mehr vorhanden. Sie hatte meine Schätze gehoben, irgendwohin geschafft. Oder – mir kam ein grausamer Verdacht – sie hatte alles verkauft. Ich fürchtete schon den Augenblick, der mir bevorstünde, wenn ich, in einem alten Buchladen stöbernd, plötzlich auf meine Bücher stieße …

Wir fuhren mit der leeren »kleinen Schweiz« also wieder zurück. Jimmy wollte sofort zum Gegenangriff übergehen, es gäbe ja schließlich Abhörgeräte, mit denen man rauskriegen könnte, wo sie die Bücher versteckt hielt, und überhaupt: Es gäbe todsichere Mittel, sie zum Reden zu bringen. Da pfiff ich ihn zurück. Mir wurde's unheimlich. Ich befürchtete, er wollte aus meinem Pech eine Low-Budget-Horrorproduktion machen.

Ich suchte mir einen Anwalt, gab ihm eine Anzahlung auf das bevorstehende Scheidungs-Spektakel und flog nach Deutschland. Ich hatte »The Killers«, eine Charles-Bukowski-Geschichte, verfilmt und war guter Hoffnung, den Film in Europa verkaufen zu können. »Atlas Film« war interessiert und wollte mir, um auf Spielfilmlänge zu kommen, eine zweite Bukowski-Geschichte finanzieren: »You kissed Lily« (auch da ging's um einen Kuss, der den Tod nach sich zieht). Kurz darauf erschien Marco Ferreris Bukowski-Verfilmung »Tales of Ordinary Madness« – in deutschen Kinos ein Flop. »Atlas« war das Risiko plötzlich zu groß, man ließ das Projekt fallen.

Ich ging nach Paris, um es mit dem Verkauf dort zu versuchen. Deprimierende Tage. Einmal saß ich in der Pariser Cinémathèque und erinnerte mich an das schöne Buch über die deutsche Stummfilmkunst, das Lotte Eisner geschrieben hatte. Die alte Dame wohnte in Neuilly, nicht allzu weit von der Cinémathèque entfernt, deren »verbotene Filme« sie während der deutschen Besatzung im bergwerktiefen Verließ eines alten Schlosses versteckt, verwahrt und gerettet hatte. Ich ging mit meinem Film zu Lotte Eisner. Drei Nachmittage lang saßen wir immer wieder beisammen. Sie erzählte mir unter anderem von ihrem Treffen mit Sergei Eisenstein, dessen Schriften ich damals las. Neben Eisensteins Filmen waren es eben diese Schriften über Filmregie und Literatur, die mich faszinierten. Eisenstein war ein Einheizer. Einer, der dich für den, der ihn faszinierte, wiederbegeistern konnte. Eisenstein hatte mich für Balzac begeistert, für seine Bücher, für Balzacs Arbeitsmethode. Und Lotte Eisner, die damals sicher wusste, wie dreckig es mir ging, gab mir an unserem letzten Nachmittag zum Abschied den Rat, ein Museum aufzusuchen. Das Balzac-Museum.

»Sehen Sie sich das mal an, das ist was für Sie«, meinte die alte Frau und schaute sich, als sie fortging, noch einmal nach mir um.

Das Museum war ein restauriertes Haus in der ehemaligen Rue Basse, in dem Balzac einst gewohnt hatte. Und hier geschah das Entscheidende.

174

Im ersten Stock dieses Gebäudes, das ich, nachdem ich Eintritt gezahlt hatte, noch ganz zerschlagen durchlief, an zig Vitrinen vorbei, den Inhalt, der mir nichts bedeuten wollte, kaum betrachtend, im ersten Stock dieses Gebäudes gab es ein Zimmer, Balzacs »cabinet de travail«, sein Arbeitszimmer.

Man hatte das Zimmer mit einem teuer geflochtenen Seil zweigeteilt: Einige Meter hinter der Absperrung stand ein kleiner einfacher hölzerner Tisch. Dessen Schreiboberfläche: zwei mal zwei Ellen groß; ein Sessel dahinter. Das Ganze war schlecht beleuchtet. Es waren zu diesem Zeitpunkt nur wenige Besucher im Haus, diesem Balzac-Museum. Kein weiterer Besucher auf meinem Stockwerk. Der Museumswächter, der am Eingang zum Arbeitszimmer stand und meine Aufregung beim Betreten des Zimmers gespürt haben musste, hatte also keinerlei Grund, auf andere als mich zu achten. Und doch war er auf einmal verschwunden. Ich hatte mich umgedreht, das Zimmer wieder zu verlassen, da sah ich: Er war weg. Der Wächter war abgezogen worden. Im Gang – ich sah hinaus – stand niemand. Rasch lief ich zurück zur Mitte des Zimmers, stieg über die Absperrung und war mit zwei, drei Schritten am Tisch. Berührte ihn. Das war der Tisch, den er, Balzac, bei allen seinen Umzügen nie aufgegeben hatte. Er hatte sich nie einen anderen gekauft. Die ganze Comédie Humaine, zwanzig Jahre Dauerprojektion, war hier entstanden. Man darf das nie berühren, man muss es *fassen* können. Einmal. Ganz schnell.

Ich stellte mich zwischen Stuhl und Tisch und – nahm an Balzacs Schreibtisch Platz.

Der ganze Wahnsinn dieses Tischs lag vor mir. Ein winziger Tisch. Gerade genug, zwei Stapel Papier darauf zu platzieren, ein Tintenfass, Federn, eine Schale schwarzen Kaffees. Sonst nichts. Hier – zwei Ellen im Quadrat –, hier war die Welt. Ich legte die Arme auf seinen Tisch, ließ meine Hände darüber gleiten und fasste nach den Ecken. Hier war alles, was er brauchte. Was brauchst du sonst? Was brauchst du Bücher, Habe? Du brauchst nur einen Tisch, so groß, dass er umfassbar ist mit Händen. Darauf den Platz zum Schreiben, Projizieren. Und dass das ging, entsetzlich gut ging, sah ich auch. Denn als meine Hände über das Areal des Tisches strichen, fand ich die Oberfläche nicht eben, sondern … wie eingedrückt zur Mitte hin. Wo das hellblaue Papier gelegen hatte, auf dem Balzac immer schrieb, da sank der Schreibtisch sachte ein, als hätte Balzac hier sein Tal gemacht, »la petite vallée de Balzac«. Hunderttausend Stunden Druck aufs Holz der Schreibplatte, Druck, Nachdruck der die Welt – *seine* Welt – beschreibenden Buchstaben, der die Welt – *seine* Welt – einschreibenden Hand. Hier war die Welt, hier! Wenn man mir das nur ließe, das – hab ich gedacht. Das wäre das Mindeste – und doch schon alles. Das bliebe mir, wie immer dieses Ehedrama enden mochte.

Wie ein Kind hab ich den Kopf ganz auf den Tisch gelegt, mir das Tal fest einzuprägen, das hier zu sehen, zu fühlen war.

Ich hatte etwas für Amerika, ich hatte Sicherheit, in diesem Augenblick: handfest in Händen, sichtbar vor Augen, war allzu gewiss, dass niemand mir die nehmen könnte.

Dann stand ich auf.

Hans Jürgen Balmes
Der Mond auf dem Wasser

Stenogramme, Postkarten. Vier Monde

1

Entgeht dem Netz
          entschlüpft dem Tau –
der Mond auf dem Wasser
                    Buson

2

Der Hund und ich gehen hinunter zum Fluss: von der
Straße führt ein Wiesenpfad zwischen den Zäunen der
Schrebergärten zu den Uferwiesen mit den riesigen
Eschen, die man zur Zeit der Flussbegradigung vor hundert Jahren auf die Dämme pflanzte.
    Der äußerste Rand der Uferwiese wird noch vom
orangen Schein der Bogenlampen erreicht. Zwei Meter
tiefer fließt schwarz das Wasser, zunächst über ein steiles
Wehr, über das es sich tosend bricht, dann entlang einer
Kiesbank, auf deren jenseitigem Ufer sich ein toter Arm
gebildet hat, in dem sich träge Treibholz und Schalbretter
von Baustellen flussauf drehen. In den letzten kalten Ta-

gen hatten sich am unebenen Rand der Kiesbank kleine Eisdächer zu den Steinen der flachen Stromschwelle hin gebildet, unter denen das Wasser dunkler gurgelt. Nachts schlafen auf den Steinen Enten, die misstrauisch ihren Kopf aus dem Gefieder nehmen, wenn sie unsere Schritte hören, tagsüber rasten dort die Wasseramseln nach ihren Tauchgängen, bis sie in weiten Bögen schrill pfeifend flussaufwärts fliegen. Seit die Reiher in ihr Winterquartier verschwunden sind, patrouillieren Krähen am Ufer.

Am Kopf der Wiese steht das Wehr – so tief zwischen den Bäumen, dass nicht genügend Mondlicht herabreicht, um die übereinander niederschießenden Wellen zu unterscheiden, doch genug, damit der Wasserfall als leicht bewegter Vorhang erscheint. Ein angehaltenes Sprühen wie der hellwach stille Moment, in dem wir uns über das Bild unseres Selbst neigen, das wir auf der Hinterseite der Pupille mit uns tragen. Der Umriss seines Schattens fällt auf die Welt: Wir betrachten uns, wir sehen die Dinge und versuchen das eine durch das andere zu erkennen. Ein Vexierbild, auf das wir verlegen um eine Antwort starren, bis unsere Aufmerksamkeit vibriert wie eine stehende Libelle. Ein angehaltenes Schauen, in dem sich die Silhouette unseres Schattens von den Dingen löst, um im Mondlicht im matten Schwarz der Körnung des Sichtbaren zu erlöschen – für den Moment, in dem eine Autotür zuschlägt, einen Abschied lang, für jetzt, für immer. Ständig rauscht neues Wasser das Wehr hinunter, ständig bebt die Wand, doch stets bleibt sie da.

Gestern erzählte ich dem Hund die Geschichte von Odysseus' Heimkehr, keiner hätte ihn erkannt bis auf seinen Hund, was ihn aber nicht besonders beeindruckte. Jetzt steht seine gestreckte Silhouette schwarz vor dem silbrigen Schimmern.

Die Scheinwerfer eines abbiegenden Autos durchfahren den Raum über dem Wehr, dann fällt alles zurück ins Dunkel, wir gehen.

Das Zittern der Libelle in der Wasserwaage.

3

Die Schatten fressen Übergänge, die Modulation der Dämmerung, das Wachsen des Lichts, das den Körpern ihren Raum gibt, ist vergessen. Das eben noch schwarze Wasser gleißt, das Geräusch muss keine Distanz zurücklegen bis zum Ohr des Schlaflosen. Die Nacht ist der Moment des Umschlagens – so plötzlich wie die leichte Regung, mit der das Denken die Zunge berührt.

Entgeht dem Netz
      entschlüpft dem Tau –
der Mond auf dem Wasser
                Buson

Das Bild ist eine Zikade. Kaum schließt man das Auge, singt sie wieder das Zitat, der Mond auf dem Wasser. Sein Licht will sich nicht in die Dinge senken. Es bleibt in sich gekehrt, für sich: kein Netz, es zu fassen.

Weißfisch schlägt auf
      sein schwarzes Aug
im Netz, das Gesetz
              Basho

Manchmal, auf einem Feld, aus den Bäumen tretend, schlägt uns die metallene Kälte des Mondes in ein Bild, in dem alles Abstand wird, ein Silberabzug, der sich auf der Haut der Erde entwickelt. Die Sterne scheinen ferner, und unser Körper wächst aus seinem Schatten, jede Erscheinung wird zu Tau.

Eine Welt aus Tau
     ist eine Welt aus Tau –
und doch und doch und doch
         Issa

Netz und Tau. Und der Mond.

4

Ob ich nach dem Lesen die Lichter in dem schlafenden Haus lösche oder mit dem letzten Zug heimkomme, ganz mürbe vom Schlagen der Räder, taub von den Gesprächen: der Hund stupst mich mit der Schnauze, und wir gehen noch einmal hinaus, er voran. Sterne im Schwarz über dem engen Tal, in dem das Haus steht: an einem Fluss, an der Autobahn, an den Gleisen: Alles zwängt sich hier zwischen einer Wiesenschulter einer steilen Bergflanke hindurch. Im Winter, wenn kein Laub das Sirren der Reifen dämpft, wohnen wir an der Autobahn, im Sommer ist das Rauschen des Flusses näher.

Selbst auf einer Landkarte der letzten Vergletscherung Europas ist unser Haus leicht zu finden, die Bergflanke war die Endmoräne des Rheingletschers: das einzig eisfreie Riff nördlich der Alpen. Unterhalb von ihm lagerten der Gletscher und später das Schmelzwasser den Lehmfächer ab, auf dem das Haus steht. 1945 als Doppelhaus ganz aus Holz erbaut – eine Notbehausung für die Nachkriegszeit, die wie so manches Provisorium in seiner Anspruchslosigkeit zu einer gültigen Lösung fand.

Über einer flachen Grube errichtet, die als Keller dient, gleicht das einstöckige Haus mit dem breiten ausgebauten Dach einer Arche, nachts knarren die Balken, und es zieht in der Takelage des Schlafs. Die Wände sind dünn, wer hier lebt, lässt sich nicht nieder.

Jetzt im Oktober rauscht der Fluss nicht mehr, hinter dem Mühlwehr fließt er nur noch als Rinnsal zwischen den ausgewaschenen Kalkplatten, die dem Flussbett einen festen Boden geben. Wo es über Stromschnellen fließt, kräuselt sich das Wasser auch ohne Wind. Bei normalem Wasserstand ist davon nichts zu merken, doch nun schmiegt es sich auch dem sanftesten Gefälle an.

Der Hund und ich steigen die Wiesen gegenüber der steileren, bewaldeten Hangschulter hoch, dazwischen stehen Häuser, deren Mansardenlicht auf den ansteigenden Feldweg fällt. Die hohen Pappeln beidseits der Hauptstraße unten werden von den leicht im Wind wippenden Bogenlampen von innen beleuchtet und verdecken die Lärmschutzwand der Autobahn. Manchmal wird das gleichmäßige Zischen der Autoreifen von dem Rattern eines Zuges unterbrochen und eine Lichterkette blitzt hinter den Baumstämmen auf, aber nur kurz, dann verschwindet sie im Tunnel, um erst hinter der Autobahn aufzutauchen, von wo man die Waggons nicht mehr hört. In den Bäumen tief die Mondsichel.

Hinter den Mansardenlichtern treten wir in die Nacht. Über uns im Hang steht die Silhouette eines Apfelbaums, in dessen schwarzer Krone die Sternbilder hängen. Den hellen Widerschein der Stadt queren die blinkenden Positionslichter eines startenden Flugzeugs. Das Flugzeug ist still, und doch scheint es das Tal wie das Sirren eines Faxgerätes mit der Welt zu verbinden, die es wie das Summen, Knacksen und Rauschen nächtlicher Telefonleitungen umschließt.

Die Natur zieht sich davor die Hänge entlang zurück und findet zwischen den Häusern und Straßenrändern ein Residuum. Die Holunderhecke, die, gegen die Nacht betrachtet, massiv wirkte, wird, als wir sie im weiten Bogen umgehen, vor dem Lichtschein der Straße zu einem schmalen Baldachin, einem schwarzen Ornament Natur, das den Menschen vor der Begegnung mit sich selbst schützt.

Ich spüre meinen müden Körper wieder, und der Hund zieht mich heim.

5

Tsukimi: betrachte den Mond. Gestreifte Aufmerksamkeit, ein Bild lagert sich in die Sprache. Schreib eine Postkarte, Nachentwicklung eines Stenogramms. Nacht für Nacht der Anfang eines Satzes, der zu keinem Vers gerinnt – ein Anflug von Begehren, schreib auf, der Mond auf dem Wasser.

Sarah Schumann
Tizian starb am 27. August vor 426 Jahren

Mit der frühen Post kommen Einladungen. Adressiert an Sarah oder Sarah Schumann. Geladen wird in eine Akademie, in einen Dom, in ein Theater, in einen Festsaal. Freundinnen und Freunde sollen geehrt werden. Es häufen sich die Preise für die geschriebenen Wörter. Welches Kleid werde ich in der Akademie, im Dom, im Theater, im Festsaal tragen? Nach den Festakten gibt es meist ein »gesetztes Essen« zur Feier der großen Wörter, im Restaurant mit Seeblick. Für die, die Seeblicke nicht mögen, empfiehlt der Taxifahrer das Künstlerlokal der Kleinstadt.

Ich mache ein Gebräu, eine Art Tee, für dessen Mischung habe ich mir einiges abgeschaut von den Teetrinkern in Mexiko und Indien. Ich trinke viel Tee, wie ein Russe. Danach gehe ich täglich hinaus auf die Straße. Schaut auf diese Straße, nichts als Zahlen. Ein halbes Pfund Butter, das macht DM 2,90. ›Geh nach Hause, schwarzer Afrikaner.‹*

Dante schreibt: »Mittags muss man handeln.« Ab dem Mittag dirigiere ich die Farben zu Kompositionen. Ich kann die nuanciertesten Töne mischen. Ein Eimer mit

---

* Die mit * versehenen Zitate stammen von William Blake

Eisenoxidrot wird angerührt, auf die Leinwand gegossen. Das ist die Grundierung. Auf ihr, das Bild vor mir hertreibend, formt sich aus Krapplack, Kadmiumrot, Scharlach die Darstellung einer Madonna. ›Der Adler verlor niemals so viel Zeit, als dass er sich auferlegte, von der Krähe zu lernen.‹*

Ich arbeite weiter mit Karminrot, bis ich schließlich nichts mehr sehe. Soll das Loch in der Wand mein Bild sein? Werde ich farbenblind, wie die Einwohner der Insel Pohnpei es sind? Ein Anruf beim Arzt. Er sagt:

»Rot. Du hast zu viel Rot gesehen. Nimm das Lichtspektrum, darin hat Rot die größte Wellenlänge, eine Wellenlänge von 625 zu 700 nm. Die Anstrengung des Auges, dem zu entsprechen, bringt die Farbzäpfchen und Stäbchen in ein rasendes Tempo. Das Gehirn ordert die Produktion von Melatonin. Und das weiß man ja, dass das müde macht. Die Sehfähigkeit lässt vorübergehend nach. Sei unbesorgt, du hast keinen Defekt.«

Nun ist es so weit, mich für den Gang in die Kammern umzuziehen. Englischrot ist das Kleid aus der Hand von Claudia Skoda. Als sie es für mich anfertigte, sagte sie:»ziegelfarben.« Auf dem Weg zu den Kammern halte ich mich an meiner Freundin fest. In den Kammern befinden sich Gebilde aus Luft, die fortwährend sich selbst gebären. Einige haben einen Fotoapparat. Meinen Engel frage ich:»Darf ich mich neben dich setzen?«

›Der Engel, als er dies hörte, wurde nahezu blau; aber sich selbst bezwingend wurde er gelb & und zuletzt weiß, rosa & lächelnd‹*, und dann antwortete er:»NEIN.«

Die Post kommt. Der Tee wird getrunken. In der vorangegangenen Nacht haben sich auf der Straße unbenennbare Formen gebildet. Der Unrat wird abgeräumt. Schließlich sind die Zahlen der Maßstab. Mein Bild: Gar nichts.

Ich aber kann bei jeder Farbe genau bestimmen, aus welchen Farbpigmenten sie zusammengesetzt ist.

Zum heutigen Festakt werde ich meine Bekleidung mit besonderer Sorgfalt wählen: Ich werde die chinarote Jacke tragen, die Margitta Scholten mir in chinesischer Nahtführung fertigte, dazu ein Kleid in Chinacridonrosa. »Wie Blaubeeren mit Milch«, kommentierte Claudia Skoda die Farbe des Kleides ... Wir betreten das Gebäude.

Gespreizte Flügelschwingen schließen den Raum in der Höhe. Geräte speichern Figur und Wort der Preisträgerin.

›Ich fragte nun meinen Gefährten, welches mein ewiges Los sei?‹ Er sagte: ›Zwischen den schwarzen & weißen Spinnen.‹*

Briefe kommen mit der Post. ›In ihre zitternde Hand nahm sie den neugeborenen Schrecken, der heulte.‹* In den Umschlägen befinden sich die fotografischen Beweise ihrer preisfestlichen Begegnungen mit anderen. Im Bildmittelpunkt sieht sie ihr Abbild; ihre Kontur; das Selbst, das diese Kontur umschließt, entblößt sich jäh vor ihrem entsetzten Blick. Die Wut vorm eigenen Bild. Beim Zerreißen entsteht ein kreischendes Geräusch.

Jeden Morgen aufstehen wollen

David Wagner
1977, 1989, 2004

1977

Jeden Morgen aufstehen wollen. Glauben, dass das Spielzeug wartet. Am Spielplatz vorbei, allein in die Schule
gehen, die Trinkflasche auslaufen lassen. Ein Taschenmesser in der Hosentasche haben. Schulbrote anbeißen und
in der zweiten großen Pause wegwerfen. Eine Apfelta-
sche, Amerikaner und Rosinenschnecken an- und nicht
aufessen können. Jeden Tag Pudding essen wollen. Tri-
Top trinken, Mama und Papa sind immer da. Von Bären-
und Rentiertellern essen, die Milch und den Kakao nur
aus der Namenstasse trinken. Mit dem Storchenlöffel
löffeln, keine Leberwurst mögen, Briefe bekommen
wollen. Länger aufbleiben, ein Zehngangfahrrad fahren,
im Auto vorne sitzen wollen. Bis zur Tagesschau fernsehen dürfen, den sich nach oben hin mit Streifen füllen-
den Bildschirm sehen. Nie an gestern, nur an jetzt, an
heute denken, an zukünftige Weihnachtsgeschenke vielleicht. Und den nächsten Geburtstag. Im Badezimmer
immer trödeln. Einen Schlafanzug mit bunten Bildern
auf der Vorderseite des Oberteils tragen, Zähne putzen,
weil die Zahnpasta schmeckt. Milchzähne putzen. Ins

Bett gebracht werden und einen Gutenachtkuss bekommen, vor dem Einschlafen in Kinderbüchern blättern, die Bilder ansehen.

1989

Aufstehen, weil ich mich daran gewöhnt habe. Beim Aufstehen den Boden vor dem Bett immer mit dem rechten Fuß zuerst berühren. Alle Brote bloß mit Marmelade essen. Noch immer keine Leberwurst mögen. Und ohne bestimmten Grund Vegetarier sein.

Jeden Tag versuchen, sich ein eigenes Leben auszudenken, im Auto auf einmal hinter dem Lenkrad sitzen, immerzu daran denken und schließlich glauben, ich bin sehr, sehr verliebt. Briefe schreiben, aus einer Seite eines Magazins einen Umschlag falten, adressieren und frankieren. Und doch nie abschicken. Bei S., A. oder Ka anrufen und auflegen, wenn die Mutter ans Telefon geht. Früh am Morgen schon in den Briefkasten sehen. Warten, dass sie anruft, und nicht wissen, dass sie darauf wartet, dass ein ganz anderer anruft. Sich irgendwann kennen lernen, Kassetten überspielen, Musik zusammen hören, zusammenkommen, verlassen werden. Kassetten überspielen. Sich wünschen, dass die Welt sich radikal veränderte. Oder mindestens unterginge.

Zu Grillhüttenpartys fahren, in Papas oder Mamas Auto oder im Freien schlafen. Alles ausprobieren und so tun, als ob ich Sternschnuppen sehen könnte. Nur um mir was, aber was eigentlich, zu wünschen. Dann Bier zum Frühstück trinken, um zu zeigen, dass ich das kann. Mit Mama und Papa streiten, ihre Autos fahren und sonst nicht viel mit ihnen gemeinsam haben wollen, glauben wollen: Ich bin ganz anders, bin in allem ihr

Gegenteil. Und auf Zebrastreifen nur auf die dunklen Zwischenräume treten. Versuchen, sich ein, sein eigenes Leben auszudenken. Sich selbst für sehr wichtig halten. Überall hin und ungebunden, gleichzeitig aber auch irgendwo geborgen sein wollen. Nur bitte, bitte, nicht zu Hause.

Vorgreifen wollen, von der Zukunft und all ihren Möglichkeiten leben wollen. Dann aber wieder zu müde, zu gelangweilt sein, um überhaupt aufzustehen. Um irgendetwas zu unternehmen. Andererseits, ich könnte ja. Und sich doch all seinen Möglichkeiten geschlagen geben. Fernsehen bis Sendeschluss, sich einen Sport daraus machen, alles zu sehen. Und dabei doch noch auf etwas Großes warten. Das ganz, ganz Große. Und nebenbei schon mal mit der Retrospektive anfangen. Was ich nicht alles anfangen und vielleicht sogar hätte durchhalten können.

Sich an ein, zwei Sommerferienfreundinnen erinnern. Und an eine aus dem Winter. Und nicht daran denken, dass man mit ihren Körpern noch nicht so viel anfangen konnte. Nicht so richtig viel. Merken, dass man sich mit Mädchen oft bei Fragen nach der Seele aufhalten, sich für Seele und Probleme interessieren muss, nächtelang diskutieren, immer wieder über das Leben reden und vor dem Austausch von Körperflüssigkeiten wochen-, manchmal monatelang zuhören und reden muss. Und dann ist der Sex noch nicht mal gut.

Sich hin und wieder die Zähne, die zweiten Zähne, und ihre Plomben putzen. Glauben, man sei schon sehr alt geworden.

Und sich manchmal abends schon aufs Frühstück morgens freuen.

Wach werden, weil das Kind wach ist. Aufstehen und wieder ins Bett gehen. Und immer öfter gar nicht mehr aufstehen, nicht mal mehr frühstücken wollen. Manchmal nicht mal mehr Kaffee, sondern nur noch Leitungswasser trinken. Sonst den Zucker aus der Kaffeetasse löffeln. Cornflakes kaufen, vier oder fünf Portionen essen und die angebrochenen Packungen auf dem Kühlschrank stehen und verstauben lassen.

Das Telefon immer viermal klingeln lassen, manchmal gar nicht mehr ans Telefon gehen. Briefe bekommen. Und oft nicht mal mehr öffnen. Sich jeden Tag in eine der Frauen in den Autos an der Ampel neben mir verlieben. Sich weniger für Seelen, mehr für Körper interessieren. Mittags am Schreibtisch schlafen, sich verkommen vorkommen, nicht mehr richtig wach werden, überhaupt nicht mehr wach werden. Windeln wechseln und sich plötzlich, für mich selbst überraschend, an irgendwelche, Jahrzehnte zurückliegende Ereignisse, Vorfälle, Situationen, Begebenheiten erinnern. Und an das, was ich irgendwann nicht alles hatte werden oder erreichen wollen. Sich erinnern, wo wir gewesen sind. Und wo wir dann wieder, jeder für sich, allein gewesen sind. Mich an alle meine Zimmer, alle Wohngemeinschaften erinnern. Sich an Mama erinnern. Und an Papa. Weihnachtskarten öffnen. Und die Geldscheine ins Portemonnaie tun.

Über eigene Kinder, nicht mehr über die Eltern reden. Und trotzdem die Elternerzählung jeder flüchtigen Bekannten anhören, Frauen sagen hören, *meine Mutter spinnt, meine Mutter ist verrückt*, dann die Therapiegeschichten hören, *ich gehe zur Atemtherapie, ich hänge Kristalle in meiner Wohnung auf*. Und immer wieder und immer wieder gern, auf dieselben Bewegungen, Gesten, Augenaufschläge ansprechen, sich frauenverzaubern lassen. Und jeder Frau ein anderes, neu erfundenes Leben erzählen, was alles gewesen sein könnte. Sich erinnern und erinnern, kaum einem Tag so richtig hinterhertrauern, aber auch an die eigene Zukunft nur noch Erinnerungen haben. Sie vielleicht schon hinter sich haben.

Die rauchende Frau auf dem Balkon gegenüber sehen. Und an ihr Leben denken, zweimal im Jahr, einmal zwei, einmal eine Woche, in die Ferien fahren. Jeden anderen Tag, jeden weiteren Tag, Danke für jeden neuen Tag, dazuzählen; denken, den, auch den, hab ich durchgehalten.

Das Leben für eine Reihe zufälliger Kopplung von an und für sich, eigentlich sinnloser Kleinigkeiten, Belanglosigkeiten halten. Und die Schienen, auf denen es fährt, nur hinter sich sehen. Es aushaltbar finden. Pragmatisch sein. Zusammenkommen, Zusammensein, sich trennen. Mit dem Kind auf den Spielplatz gehen.

Sich nicht mehr mit Papa streiten, nicht mehr mit Mama. Sich überhaupt nur noch selten streiten. M. und Ka und A. hinter die Ohren küssen. Und jedes Mal so tun, als sei sich so und so zu küssen für sie erfunden worden. Sich auch mittags die Zähne putzen, Zahnseide benutzen, Inlays und Teilkronen putzen. Angst nicht vor dem Zahnarzt, sondern vor der Zahnarztrechnung haben.

Sich nicht mehr fragen, ob es das große, glückliche, perfekte Leben gibt. Fencheltee kochen, in die Flasche füllen, das Kind aus dem Kindergarten holen, die Rutsche hinunterrutschen. Der Daseinsfreude zusehen und jedes Lied aus dem Radio mitsingen können, singsüchtig sein. Sich an Kleinigkeiten, kleinen Unterschieden durch die Tage ziehen, von einem zum andern hangeln. An den Eigenschaften hängen. Jeden Tag die Spur von gestern suchen. Und ohne es zu bemerken, bis zu den Knöcheln in Spurrillen stehen. Auf einer alten römischen Straße.

Bücher fast immer irgendwo in der Mitte anfangen. Und wenn sie gefallen, vielleicht noch einmal von vorne lesen. Milchtüten nie leer trinken, lieber eine neue aufmachen und die alte im Kühlschrank schlecht werden lassen. Tiefkühlpizza essen und eine Art von Selbstmitleid pflegen. Zeichen, Vorzeichen, Ankündigungen suchen. Und schließlich sehen. Sich nicht mehr umbringen wollen, nicht mehr sterben, eigentlich nur noch, und das immer öfter, tot sein wollen.

Dem Kind einen Gutenachtkuss geben, sich dann in der Küche, im Wohn-, Ess- oder Arbeitszimmer nicht mehr sinnlos, sondern nur noch sinnvoll betrinken. Langsamer eben. Und mit besseren Weinen, glotzen und nie auch nur in die Nähe des Sendeschlusses mehr kommen. Den Gürtel aus den Schlaufen ziehen, Hemden auf einen Bügel hängen. Alle Hosentaschen leeren. Kein Taschenmesser mehr haben.

Nachts, auch besoffen im Bett, immer noch in einem Buch vom Nachttisch lesen. Oder auch nur die Seiten anschauen, als könnten Zeilen und Wörter auch Bilder sein.

Und morgens, noch betrunken, viel leichter aufstehen können. Erst mich, dann das Kind anziehen. Frühstück machen, frühstücken. Und das Kind, am Spielplatz vorbei, in den Kindergarten bringen.

Antje Rávic Strubel
… dass die ganze Familie gesund bleibt

> … wie kann ich dir überhaupt noch begegnen,
> wo du in Frage stellst, indem du dich in meinen
> Schriften verkörperst, ob du leibhaftig vorhanden –
>
> Friederike Mayröcker

In Lynn verliebte ich mich, weil jemand es mir gesagt hatte. Bevor ich sie wieder aus den Augen verlor.

Wir waren uns tagsüber im Park oder im Supermarkt begegnet, sie trug eine Taschenuhr, die lose von der Gürtelschlaufe ihrer ausgewaschenen Jeans baumelte, und hatte das unbestimmbare Alter von Frauen, die immer zu jung aussehen. Als ich einer Freundin eher zufällig von diesen Begegnungen erzählte, stellte sie die Vermutung an, dass sich etwas zwischen Lynn und mir abspielte. Ich bin bis heute nicht sicher, ob sich tatsächlich etwas abgespielt hätte zwischen uns, wenn sich diese Freundin nicht zu mir über den Caféhaustisch geneigt und mir zugeraunt hätte: »Du bist verliebt.« – Daraufhin begann ich mir einzubilden, Lynns Blicke würden mich auf besondere Weise bezeichnen. Später deutete ich ihr in einem Telefonat meinen Zustand an und handelte eine Verabredung aus und war erstaunt über ihre hohe, blasse Stimme, mit der sie sagte, sie hätte damit schon gerechnet. Ein erfreuliches Zusammenspiel.

Ich fühle noch, wie sie zum ersten Mal hinter mir die Treppe hinunterging, fast schmerzhaft, wie sie ohne Berührung hinter mir herkam. Das war vor unserem ersten

Kuss. Ich sehe das fast weiße Blond ihrer Haare in einem alten Fabrikhof, in dem für diese Nacht aufgetischt worden war. Später drängte sie sich an mich, als warte sie schon lange darauf, und stieß – die Hüfte vorgestreckt – auf der Tanzfläche gegen mich, und geküsst hatte sie mich dann, als fände sie kein Ende in mir, als müsste sie weiter und über mich hinausgehen.

Also gab ich vor, zu wissen, wer sie sei und wohin es ging, und als sie mit ihrer Taschenuhr spielte, antwortete ich mit dem ausgeklügelten Hochziehen einer Augenbraue. Wenn ich mich verliebte, tat ich immer so, als wüsste ich Bescheid, und die meisten wollten das allzu gern glauben. Aber verliebt zu sein gab mir vor allem das Gefühl, gerade wieder den Gepäckträger meines Fahrrades angeboten zu haben, als wäre er der Sessel einer Rikscha, und dann ins Straucheln zu kommen.

Lynn gab ich also mit dem kurzen Blick auf die Taschenuhr zu verstehen, dass ich wüsste, was sie wusste, nämlich, dass die Nacht morgen früh zu Ende sei und ein Kuss wiederholbar. Sie grinste und ließ die Uhr um ihre Hand tanzen. Da wusste ich noch nicht, dass sie mir später auf dem U-Bahnhof die Arme um die Schultern legen und vorsichtig fragen würde, ob sie das dürfe, jetzt schon, mich zu berühren, als hätten wir uns nicht zuvor bereits geküsst. Und ich lotste ihre schmale Hüfte zwischen aufgeregten Mitternachtsjungs hindurch und aus dem Laternenlicht hinaus ins Freie, um auf dem Bahnsteig noch lässig zu antworten: »Klar doch!« Ihre Frage war unnötig, allein schon wegen der Schicht aus Winterpullover und Lederjacke zwischen uns und nachdem zuvor, unter den drehenden Lichtern, ihr Mund schon so ausdauernd an meinem gewesen war. Aber das spielte keine Rolle. Diesmal ging es darum, alle Zeichen außer Kraft zu setzen.

»Fällt dir gar nicht auf«, hat sie später gesagt, »was für langweilige Fertigprodukte wir sind? Kommst du denn nie drauf, deine Phantasie zu benutzen, damit wenigstens *einmal* nicht alles immer schon vorher klar ist?«

Das war während einer unserer langen Abende im Park. Sie hing im Reifen einer Kinderschaukel, den Blick Richtung Himmel, und ich versuchte, die Umrisse ihres Körpers nicht an die Dunkelheit zu verlieren. Den Daumen hatte sie in den Flaschenhals einer Bierflasche gestopft.

Dann sprang sie plötzlich auf. »Wir müssen abhauen! Komm schon, komm schon.« Sie zerrte an meiner Hand, und die Bierflasche sackte in den Kies.

»Wieso?« Ich drehte mich suchend um. »Hier wird nie zugemacht. Der Park ist öffentlich.«

»Aber nein. Du irrst, Liebste! Komm schon. Es gibt kein Zurück mehr. Siehst du sie denn nicht«, flüsterte sie hektisch und zeigte auf ein paar Lichter auf der Straße hinter dem Park. »Da hinten, da kommen sie schon, ich kann sie sehen, diese verdammte Menschewiki-Miliz! Ich habe ihm die Botschaft überbracht, aber sie haben Wind von der Sache gekriegt, und jetzt sind sie hinter mir her. Sie werden hier sein, sobald der Morgen graut, und ich muss dich mitnehmen, sonst werden sie dich finden. Komm, Geliebte, ich flehe dich an, lass uns gemeinsam fliehen und übers Meer gehen und ein neues Leben anfangen!« Ich ließ mich von ihr hochziehen, rannte mit ihr ein paar Mal quer durch den Park, um zu beweisen, dass ich durchaus phantasievoll war, aber als sie meine Hand nicht losließ, sagte ich: »Lynn, ist gut, wir sind schon längst hinter der Grenze, und ich kann nicht mehr.«

»Hinter der Grenze?«, flüsterte Lynn. »Wo soll das denn sein?« Wir gingen über die Straße, und sie erklärte mir, wie schade es sei, dass ich die Botschaft nicht hätte lesen können. Dann hätte ich gewusst, dass sie ihr Leben lang jedes Detail, das die Welt bereit hielte, gegen sich gerichtet sähe, gegen die Chance, etwas anderes zu sein als das, was ich oder alle anderen vorgäben, in ihr zu sehen, weil wir nichts anderes gelernt hätten. Ihr Gesicht war fast durchsichtig geworden über den Autoscheinwerfern.

Eine meiner frühesten Kindheitserinnerungen spielt an einem Herbsttag. Ich war fünf, und meine Eltern wollten mit mir spazieren gehen. Ich fand Spazierengehen langweilig. Also nahm ich meinen Roller und brauste vorneweg. Es ging einen matschigen Feldweg am Kanal entlang, und ich zog den Roller geschickt an den Rändern der Pfützen vorbei, als meine Mutter nach mir rief. Sie setzte sich hinter mich auf den Plastesitz und sagte: »Meinst du, du schaffst das?«

Aber sie saß schon, und ich war stolz und fuhr los. Ich hatte jetzt ihr ganzes Gewicht unter meinen Händen auf dem Lenker, aber ich kam voran. Meine Mutter feuerte mich an, und ich gab Gas, dass es schmatzte. Erst in der nächsten Kurve rutschte mir der Roller weg. Bevor es passierte, dachte ich noch, dass meine Eltern mich schon immer überschätzt hatten. Sie hatten mir eingeschärft, mich bei allem, was ich tat oder sagte, zu fragen, ob ich es auch verantworten konnte. Und jetzt kippte mir meine Mutter vom Roller weg auf den schlammigen Weg.

Kurz bevor der Roller umfiel, konnte sie abspringen. Ich landete in einem schönen Bogen in der Pfütze, es war jedoch nichts passiert. Aber niemand würde sich je wieder zu mir auf den Roller setzen (ich würde es auch niemandem anbieten), und als ich aufsah, um diese schreckliche Ahnung widerlegt zu bekommen, stand meine Mutter da und lachte.

198

»Willst du immer nur Antworten, die du schon kennst?«, hatte Lynn kühl gesagt. »Abgestandene Erklärungsversuche?« Sie hatte den Ärmel ihres T-Shirts bis zum Ellbogen heruntergezogen und ihren Oberarm schützend mit der Hand bedeckt. »Interessiert dich nie das, was es nicht gibt?«

Sie saß neben mir im Bett mit einem Haufen Kissen in ihrem Rücken. Ich hatte das tätowierte Schwert auf ihrem Oberarm entdeckt und es für ein Symbol der absoluten Autonomie gehalten; Herrin über Leben und Tod im alten, ritterlichen Sinne, und das ließ mir meine Anwesenheit in ihrem Leben nicht mehr als selbstverständlich erscheinen. Aber als ich ihr das sagte, sah sie mich nur mit diesem erstaunten, nicht mal erschrockenen Blick an, und ich wusste, dass ich einen mühsam erdachten neuen Entwurf gerade mit einem einzigen Wort eingerissen hatte.

Und so begann mir mit Lynn nach und nach alles das verloren zu gehen, was ich kannte und für so sicher gehalten hatte wie unseren Kuss. Mein Verhältnis zu ihr reduzierte sich auf eine unsichere Art der Nachahmung. Ich wusste zwar, dass sie da war, aber ich kam nicht über die rohe Aufregung der ersten Verliebtheit hinaus. Es war, als säße sie immer noch hinter mir auf dem Gepäckträger. Ich spürte ihr Gewicht, wenn ich mich in die Kurve legte, aber ich konnte sie nicht sehen.

Und eines Morgens begann ich, Wimpern zu verlieren. Erst verlor ich sie nur, wenn ich mir die Augen rieb, aber bald verlor ich sie immer und überall und ohne erkennbare Ursache. Ich fand sie in der Kleidung, auf Tellern und im Bett.

Dann tippte ich sie mit dem Zeigefinger auf, pustete sie weg und wünschte mir was. Lynn hat immer dabei gegrinst, und ich habe anfangs gedacht, sie wird wohl glauben, der Wunsch hätte mit uns zu tun. Das war beruhigend, weil es dann etwas, das mit uns zu tun hatte, in ihren Augen tatsächlich gab. Allerdings wünschte ich mir nie etwas, das mit uns zu tun hatte.

Nach unserer Flucht durch den Park hatte sie mich, noch in der Rolle der Partisanin, lieben wollen, aber ich konnte nicht wegen der vielen Wimpern, die ich alle einzeln vom Laken sammeln musste.

Und mit jeder Wimper, die ich wegpustete, wünschte ich mir dasselbe. Es war ein Wunsch aus meiner Kindheit, den jedes Pusten auf dieselbe Weise aus meinem Kopf trieb. Ich wünschte mir fünf, sechs, zehnmal, *dass die ganze Familie gesund bleibt*, immer im gleichen Tonfall, immer in der Kinderstimme, als hätte sich der Herbsttag ins Endlose geweitet. Ein lästiges Zusammenspiel. Lynn hatte sich längst zusammengerollt und war eingeschlafen.

Ich den nächsten Tagen und Wochen verlor ich unzählige Wimpern. Wenn Lynn da war, führte ich sie ihr vor und sagte: *Guck dir das an. Das hört gar nicht mehr auf!*, ohne zu wissen, wie viel tausend Mal ich mir die Familie schon gesund gewünscht hatte, es dennoch wieder tat und sie dabei ansah, was mir wie ein Denkfehler vorkam. Denn wenn ich sie ansah, sollte mein Wunsch von der Eindeutigkeit unserer Liebe handeln, davon, herauszufinden, ob sie möglicherweise nie zustande gekommen wäre ohne dieses Caféhausgespräch. Davon, was in ihrem Leben eine Taschenuhr zu bedeuten hatte, was dieses Schwert. Aber sobald ich die Augen schloss und pustete, war ich nicht in der Lage, das zu formulieren. Was mich dazu trieb, noch heftiger zu wünschen, mir einzubilden, die Tonlage, in der ich bisher gewünscht hatte, wäre falsch, oder meine Finger wären zu klebrig. Und die ganze Zeit über dachte ich, eines Morgens würde sie fragen. Sie würde mich verschmitzt ansehen und wissen wollen, ob denn mein Wunsch nicht etwas mit uns zu tun hätte, und ich würde ja sagen, denn in dem Moment wäre ich plötzlich in der Lage, mir das wenigstens zu wünschen, und dann hätte es wirklich was mit uns zu tun. Ich erinnere mich noch an die Zurückhaltung ihrer Hände, wenn sie wartete, bis ich die Augen wieder öffnete. Sie hat geglaubt, dass schon mit der Frage die Fähigkeit zu verstehen verloren ginge.

So stand ich hilflos vor dem, was sich in ihrem Kopf abspielte und wovon ich annahm, es wäre vollkommen verschieden von allem, was es gab.

Stattdessen hat sie mir die Wimpern auf ihren schmalen Fingerspitzen entgegengehalten, und ich habe sie im großen Bogen weggepustet. Und im Moment des Wegpustens konnte ich immer nur formulieren, *dass die ganze Familie gesund bleibt*, von der sie noch nicht mal ein Teil geworden war.

Ich begann Angst zu haben, dass ich eine Wimper übersah. Manchmal fielen sie ins Waschbecken, knapp neben den Abfluss, und ich stellte hektisch das Wasser ab. Ich kroch unter das Sofa, unter den Schreibtisch, ich verließ den Raum nicht, bevor ich die Wimper da fand, wo ich sie hatte hinfallen sehen. *Dass die ganze Familie gesund bleibt.*

Ich untersuchte meinen Wunsch nach Unregelmäßigkeiten im Rhythmus, überprüfte, ob ich korrekt betont und die Worte eng zusammengezogen wie ein rundherum geschlossenes Geschmeide hatte klingen lassen. Ich dachte mir ein Regelsystem aus zur Vermeidung von Fehlern, und das alles immer mit ihrem Gesicht nah an meinem, während ich lautlos murmelte: *Dass die ganze Familie gesund bleibt.*

Ich erinnere mich an den Tag auf ihrem Balkon, als der Wind mir eine Wimper vom Finger nahm und ich nur ausgehöhlt das Frühstück mit ihr beenden konnte. Denn ich hatte sofort eine schreckliche Ahnung. Ich wusste nur noch nicht, worum es ging. Dann, als ich mit dem Rad über die Treptower Brücken fuhr, bin ich diesem Krankenwagen begegnet, der mit heulenden Sirenen durch auseinander driftende Autos kurvte. Unter der Sirene wurde ich plötzlich klitschnass, meine Hände rutschten an den Lenkergriffen ab, und ich musste anhalten. Ich stand auf den Lenker gestützt, die Knöchel traten hervor, und konnte nicht weiterfahren. Das Bild dieses Krankenwagens sank so nachhaltig in meinen Körper, trieb über die Blutbahnen ins Hirn, dass ich versteinerte. Die Leute guckten schon und fragten, was ich verloren hätte, weil ich minutenlang auf den Asphalt starrte. Aber ich musste das Bild des Krankenwagens erst mit Nachdruck und unscharf gestelltem Blick in den Asphalt brennen, bevor ich wieder atmen konnte. Immer, wenn mich in Zukunft ein Krankenwagen überholte oder ich ihn am Straßenrand entdeckte, musste ich anhalten, um das Bild loszuwerden, indem ich es gründlich auf den Gehweg brannte. Denn mir war klar, dass sich die Bedeutung des Krankenwagens auf den übertrug, der ihn sah. Und wenn ich diesen Anblick nicht innerhalb weniger Sekunden wieder loswurde, dann würde sich der Wunsch, *dass die ganze Familie gesund bleibt*, ins Gegenteil verkehren. Nichts hatte das mit Lynns schmaler Hüfte unter meinen Händen zu tun, nichts mit ihren zärtlichen Versuchen, mich wachzuhalten für sich.

Aber wenn wir in der Stadt unterwegs waren, war ich bald nicht mehr mit ihr, sondern ständig mit vorbeifahrenden Krankenwagen beschäftigt, und kamen wir nach Hause, verlor ich Unmengen von Wimpern, sodass es unmöglich war, mich auf Lynn zu konzentrieren. Es war kein Wunder, dass sie die Lust verlor.

»Liebst du sie denn noch, deine Mutter?«, hat sie am Ende gesagt, beim Abschied in der offenen Tür, als ich plötzlich entdeckte, dass die leuchtende Sonne in ihrer Wohnung nur die vom Zigarettenrauch gelbe Tapete war und das Schwert vielleicht nichts als die Hommage an einen Film. Sie hat mich angesehen und den Kopf geschüttelt. »Du vermisst sie noch. Das ist ein Unterschied. Und es langweilt mich zu Tode.« Dann hat sie die Tür zugemacht.

Seitdem bin ich Lynn nicht mehr begegnet. Aber inzwischen kann ich wieder Zeitung lesen, ohne vor dem Umblättern zuerst die Wimpern von der Seite zu sammeln. Und wenn ich doch eine finde, ist mein Wunsch jetzt länger geworden. Ich wünsche mir, dass die ganze Familie gesund bleibt. Und Lynn.

Silvia Bovenschen
Hausen im Zwischenarchiv

> *»Wir leben von nicht bewusst*
> *gewordenen Erinnerungen«*

Ilse Aichinger

Saisoneröffnung

Immer habe ich den Sommer ersehnt. Gute 30 Jahre ging ich regelmäßig, sobald es warm wurde, in ein kleines Frankfurter Schwimmbad. Das »Freibad« trägt den Namen eines Frankfurter Stadtteils: »Hausen«. Einige der Stammgäste sah ich mit mir älter werden, einige sah ich vor mir älter werden. Einige kamen eines Sommers nicht mehr. Zur Saisoneröffnung wurde bilanziert. Die Badbesucher, die im Winter Kontakte untereinander pflegten, meldeten Todesfälle. Sofort wurde nach Anzeichen eines jeweiligen Eigenverschuldens gesucht. »Sie war ja auch sehr dick«; »Er hat ja auch sehr viel geraucht.« Einmal aber schien es, als ließe sich kein solches Verschulden bei dem Gestorbenen finden. Die Badefreude kam aber dann doch wieder auf, als einer schließlich ausrief: »Er ist ja auch immer so schnell geschwommen.«

Abwehrfallen

Ignoranz gehört zum halbwegs frohen Leben. Die rituelle Vermeidung des Eingedenkens unserer Sterblichkeit. Das gedankliche Umtänzeln von Sumpfgebieten der Endlichkeit. Wird der Schritt aber altersbedingt schwerer, geraten wir häufiger in den Stimmungsmorast. Die nachlassende Vermeidungselastizität. Die Rituale der Vermeidung und Umgehung kehren sich vermehrt gegen uns selbst. Die Trennwände werden porös: Das Vermiedene findet ungeahnte Schlupflöcher. Etwas in uns, ein dubioses autoaggressives Sammelzentrum, zieht fortan das böse Omen magisch an. Schalten wir jetzt den Fernseher ein, geraten wir hundertprozentig in eine Sendung über Altersdemenz, Pflegenotstände oder Sterbeversicherungen. An Zufall mögen wir in Kenntnis der spaßigen Programmpalette nicht glauben. Da die Unterhaltungsindustrie die Vermeidung im Großen exekutiert (man könnte sogar sagen, Vermeidung sei ihr ganzes Programm), ist die Wahrscheinlichkeit, zufällig in Sendungen der morastigen Art zu geraten, statistisch verschwindend gering.

Aber ungeachtet der kulturkritischen Grübeleien: die Vermeidung hat gute Gründe. Zu weiten Teilen handelt es sich um die bewusste (deshalb wäre es wohl nicht richtig, von Verdrängung zu sprechen) Vermeidung von großen Fragen, auf die wir, wie wir wissen, in säkularisierter Zeit keine Antworten wissen – auch die Klügeren wissen nicht. Nur die Gläubigen glauben zu wissen.

Warum ist etwas und nicht etwa nichts?
Kinder haben kleine, aber auch ganz große Fragen. Warum stirbt der Großvater? Warum bekomme ich nicht noch ein Eis? Warum gibt es Hunde? Sie bekommen viele Antworten, viel zu viele, aber keine wirklich befriedigenden. Die in unseren Augen kleinen Fragen werden übermäßig aufwendig beantwortet, auch, damit sie nicht merken sollen, dass es für die großen so wenig zu antworten gibt. Das merken sie auch nicht gleich, das wissen sie nicht, aber sie spüren es. Darum halten sie sich an Ri-

tuale. Das gleiche Märchen wortwörtlich zur guten Nacht. Hier sind Anfang, Verlauf und Ende bekannt. Hier gibt es Sicherheit – na ja, auch nur eine relative Sicherheit – nur »wenn sie nicht gestorben sind …«

Zwischenarchiv

Eine Freundin geht in Begleitung ihrer Tochter zum Arzt. Eine Rektoskopie steht bei der Älteren an. Unangenehm. Nach der Prozedur telefoniere ich mit ihr. Sie sagt, dass ihr eine kleine Betäubung verabreicht worden sei und sie infolgedessen überhaupt keinen Schmerz empfunden habe. Am nächsten Tag erzählt mir die Tochter, die während der Untersuchung im Nebenzimmer saß, dass ihre Mutter vor Schmerz geschrien habe.

In welcher Weise gehört dieser Schmerz zu deren Leben?

Traum

Immer morgens. Wir sind immer schon wach, bevor wir die Augen aufschlagen. Zwischen dem Wachwerden und dem Augenaufschlagen liegt ein kurzer Moment, in dem wir nicht wissen können, ob die Welt, die wir kennen, noch vorhanden ist. Einmal träumte mir, dass ich träumte und nicht aufwachen könne. Der Traum umspannte mich wie eine Fessel, wie eine dichte Folie, die mir den Atem, die Stimme, die Bewegung, jedwede Reaktionsmöglichkeit nahm und die ich – wie mir schien – eine ewig lange Zeit nicht durchdringen konnte. Eine fürchterliche Panik hatte mich befallen. Eine Panik, die vom Schlaf weit ins Leben wirkte.

Verrückte Angst

Genau zehn Tage bevor ich einer – wie es oftmals so beschwichtigend heißt – Routineoperation mit Vollnarkose unterzogen werden sollte, befiel mich eine verrückte Angst. Da es schwierig war, mit dieser Angst alltäglich zu leben, versuchte ich mir Klarheit über ihre Quellen zu verschaffen. Mir wurde schnell bewusst, dass sie mit der Vollnarkose – es war meine erste – zusammenhing. Zunächst dachte ich, dass ich vielleicht Angst davor haben könnte, aus der Narkose nicht mehr aufzuwachen, also sterben zu müssen. Dann aber kam ich zu der Einsicht, dass es einen besseren Tod nicht geben kann und dass ich im Gegenteil gerade vor dem Aufwachen diese schreckliche Angst hatte. Ich stellte mir einen Zustand ähnlich dem in meinem Traum vor. Wie eine bewusst erlebte qualvolle eigene Geburt. Während des tatsächlichen Aufwachens nach der Operation habe ich vermutlich eine ungeheure Erleichterung verspürt. Eine Erleichterung darüber, dass der Vorgang nichts mit meiner Traumerfahrung zu tun hatte. Ich vermute das, weil die Schwestern mir erzählten, dass ich ihr erster Patient gewesen sei, der lachend aufgewacht sei.

Retrograde Amnesie

Das Lachen ist mir schnell vergangen. Wegen eines Wundabszesses wurde ich einige Tage später erneut in den Operationssaal gerollt. Meine Angst hielt sich diesmal in normalen Grenzen. Hinter der Schleuse stand ein mir unbekannter Arzt, der sagte: »Da sind Sie ja wieder.« Ich beteuerte, ihn noch nie gesehen zu haben. Er behauptete, der Anästhesist zu sein und vor der ersten Operation noch auf dem Zimmer der Station lange mit mir gesprochen zu haben. Er konnte das belegen, indem er mir wiedergab, was ich gesagt hatte. Die Angst musste mich in eine törichte Plaudersucht getrieben haben. Aber die Belanglosigkeiten, die er mir als meine Rede vortrug, stammten eindeutig von mir. Eine kleine Rekonstruktion der zurückliegenden Ereignisse ergab, dass ich alles vergessen hatte, was an dem Morgen vor der ersten Operation geschehen war. Etwas, was meine Erinnerung hätte werden können, wurde mir von einem Fremden erzählt. Erst hielt ich diese Erfahrung für außergewöhnlich. Später wurde mir klar, dass die kleine Amnesie nur eine banale Eigentümlichkeit unseres Erinnerungsvermögens veranschaulicht. Bis auf einiges, was für unsere biographische Legende unverzichtbar scheint oder was sich aus diesem oder jenem Grunde besonders ins Gedächtnis eingraviert, vergessen wir die meisten Ereignisse unseres Lebens, ohne es zu merken. Kürzlich wurde mir bewusst, dass ich das Gesicht dieses Arztes inzwischen auch schon vergessen habe, so wie er gewisslich mein Geschwätz. An dieser Stelle ist also alles in symmetrischer Ordnung.

Asymmetrie
Einmal habe ich einem Menschen, der infolge übermäßigen Alkoholkonsums einen so genannten Filmriss hatte, die Vorgänge während jener vergangenen Zeit, an die er sich nicht mehr erinnern konnte, erzählt. Da er in seinem Suff – vorsichtig ausgedrückt – sehr unfreundlich gewesen war, auch zu mir, bereitete mir die Wiedergabe seines Verhaltens eine sadistische Freude. Besonders detailfreudig war ich bei der Schilderung der Beleidigungen, mit denen er sympathische Menschen schockiert hatte.

Als Verwalterin dessen, was seine Erinnerung nicht war, empfand ich eine besondere Macht; gleichzeitig sah ich mich in absurder Weise einem absoluten Lügeverbot ausgesetzt.

Raucherzimmer
Wollte man eine Rangfolge der deprimierenden Orte, die die Wohlstandsgesellschaft bereithält, erstellen, das Raucherzimmer in Krankenhäusern stünde weit oben. Ein stets von der endgültigen Abschaffung bedrohter Ort. Ein Zwischenraum. Fast schon ein Niemandsland. Dort gehen die hin, die rituell Süchtigen, für die es nach der Meinung mancher den nächsten Sommer nicht mehr geben sollte. Ein kolossaler Mief, ein liebloses Mobiliar, ein sterbender oder zumindest elend vor sich hin siechender Kübelgummibaum künden von den Strafen für jene, die selbst schuld an vielem sind. Der Vorhof der Hölle. Dort traf ich regelmäßig einen jungen – dem Anschein nach etwa zwanzigjährigen – Mann. Er war gerade äußerlich von einem schweren Motorradunfall genesen, hatte jedoch rückwirkend bis zu den Tagen seines zwölften Lebensjahres alles vergessen. Acht Jahre gelöscht, komplett! Jedem, der das Raucherzimmer betrat, stellte er, in der Art, wie es eben zwölfjährige Kinder tun, die Frage: »Wie alt bist du?« Die Antwort vergaß er sofort und stellte die Frage, wann immer man das Zimmer betrat, erneut. Seinen Eltern, die zuweilen anwesend waren, war die Sache peinlich. Auch eine etwa vierzigjährige Raucherin, die gelegentlich in diesem Raum auftrat – sie war spitalunangemessen aufgeputzt und jedes ihrer Worte, jede ihrer Gesten kündete von Dummheit und Dünkel –, wurde von ihm regelmäßig nach ihrem Alter befragt. Sie log. Machte sich um mindestens fünf Jahre jünger, wobei sie sich nicht einmal die Mühe gab, sich ihre Lüge zu merken, also in ihren Angaben differierte. Ich hätte sie gern geschlagen. Dem Jungen aber hätte ich gern erzählt, dass ich es im Alter von zwölf Jahren kleinlich und lächerlich fand, dass man die Tage fortlaufend nummeriert. Ich tat es aber dann doch nicht.

Haustiere

Ein anderes Krankenhaus, ein anderes Raucherzimmer, der gleiche Geruch, der gleiche Gummibaum. Hier rauchten hauptsächlich ältere Leukämiepatienten, die sich auf Fristen verstanden. Vielen ging es so schlecht, dass ihnen niemand mehr das letzte Laster untersagen wollte. Sie freuten sich über den Besuch von Enkelkindern, nicht aber über den ihrer erwachsenen Söhne und Töchter. Sie hassten Gespräche über zukünftige Urlaubspläne und Karriereabsichten: Sie interessierten sich nicht für Tüchtigkeiten und Ambitionen. Auch erzwungene Reminiszenzen: »Papa, weißt du noch …?«, schätzten sie nicht. Sie liebten Gespräche in der reinen Gegenwärtigkeit, wie sie Kinder führen. »Wie heißt dein Teddybär?«, »Was gibt es im Fernsehen?«, »Wie geht das Spiel?« Gegen Wiederholungen hatten sie keine Einwände. Sie sehnten sich nach ihren Haustieren.

Zwischenort

Ilse Aichinger, mit einem Faible für das Verschwinden und die Flüchtigkeit und dem Wunsch, von anderen und von sich selbst möglichst wenig behelligt zu werden (»ich schloss die Augen, aber es reichte nicht«), fand im Dunkel des Kinos ihren Zwischenort. Den Ort einer unaufdringlichen, rituell kalkulierbaren Vergegenwärtigung. »Wer schon aus unnötigen Schulfächern gerne fortgeblieben und am liebsten schon vor der Geburt verschwunden wäre, wird froh sein, wenn ihn, wie mich heute, ein Drogensüchtiger ins Imperialkino begleitet, exterritoriales und unversnobtes Gebiet.« Im rituellen Kinogang sieht sie die Bedingung der Möglichkeit, »übersehbaren Aussichtslosigkeiten fürs Erste zu entkommen«. Die (Wieder-)Begegnung mit der Vergangenheit und Gegenwart anderer und mit einem früheren Ich wird gefiltert und gespiegelt, in ihrer Aufdringlichkeit gemildert und korrigiert durch die (Wieder-)Begegnung mit den fremdgemachten Bildern aus dem Kinoarchiv. Ein bisschen dosierte Erinnerung (Madeleine); ein bisschen Betäubung (Narkose), das ist fast schon ein Glück. Das Entkommen »fürs Erste«, von dem Aichinger spricht, darum geht es, weil es sich immer nur um Fristen handelt, weil mehr nicht zu haben ist. Dann kann man vielleicht für eine kurze Dauer auch dem außerordentlich beunruhigenden Satz entgehen: »Wer aber verzweifelt stirbt, dessen ganzes Leben war umsonst.« (Th. W. Adorno)

Bruno Richard
Riten der Historisierung –
ein 11. September wird Jahrestag

Wenn Clio, die Göttin der Geschichte, keine pensionierte Lehrerin des Lebens wäre, sondern eine Kommissarin im aktiven Ermittlungsdienst, würde sie vielleicht nach Ihren »historischen Alibis« fragen: Wo waren Sie am 7. Dezember 1941? Wo waren Sie am 6. August 1945? Oder am 13. August 1961? Am 26. April 1986? Am 9. November 1989? Und wo waren Sie am 11. September des Jahres 2001?

Was mich angeht:

1941 und 1945 war ich noch gar nicht auf der Welt. Den japanischen Angriff auf Pearl Harbor kenne ich nur in der spektakulären Hollywood-Fassung, die sechzig Jahre später über die Leinwände donnerte; die Zerstörung Hiroshimas wiederum wirkte auf uns Kinder des Kalten Krieges nicht so sehr als Tatsache der Vergangenheit, sondern als Sinnbild der kommenden atomaren Weltkatastrophe, unter deren Fallout der Angst wir aufwuchsen. Auch am Tag des Mauerbaus war ich noch zu klein für historische Selbsterfahrung. Das Tschernobyl-Datum indessen lässt sich in meinen Tagebüchern nachschlagen, ich werde aber erst unter dem 6. Mai fündig: »Kein Blattgemüse essen, keine Milch mehr trinken.

Einzelne Länder verbieten die Herstellung von Joghurt und Frischkäse. Radioaktive Verseuchung. Im Radio dauernd Meldungen über Messwerte – ›Becquerel‹ für Jod 131 und dergleichen.« Was ich in der Nacht des »Mauerfalls« gemacht habe, weiß ich auch ohne mein Journal: Ich fuhr mit dem Taxi an den Berliner Grenzübergang Sonnenallee und schaute den Leuten zu, wie sie »Wahnsinn! Wahnsinn!« riefen und der Geschichte mit flacher Hand auf den Trabbidächern Beifall klatschten.

Zu jedem dieser Tagesereignisse, die in runden Jahresabständen wieder und wieder ins Spotlight aktueller Aufmerksamkeit geholt werden, gibt es exemplarische Ikonen: brennende Schiffe im Hafen; der apokalyptische Pilz; der junge DDR-Grenzer im Fluchtspurt, das Gewehr von sich werfend; der »Sarkophag« über dem kollabierten Reaktor; tanzende Menschen auf der Mauer.

Aber im letzten Fall wird die optische Erinnerung nicht mehr von symbolisch überhöhten historischen Standbildern angeführt, sondern ist ganz von den Bildsequenzen des Fernsehens durchdrungen. Als diese Sequenzen im November 1999 zum zehnten Jahrestag erneut in ritueller Endlosschleife über das zyklopische Auge zogen, wurden die individuellen Erinnerungen der Zeitzeugen von den kollektiven Bildern überblendet, die sie zehn Jahre nach den Ereignissen von den Ereignissen zu sehen bekamen – die Bilder der ehemaligen Liveberichterstattung waren zu historischen Dokumenten geworden, zur medialen Deckerinnerung. In zwanzig oder dreißig Jahren wird es den Zeitzeugen nur noch schwer möglich sein, zwischen den erinnerten Ereignissen und den erinnerten Fernsehbildern dieser Ereignisse zu unterscheiden.

Auch die optische Erinnerung an den 11. September

2001 besteht für diejenigen, die nicht an diesem Ort waren, der inzwischen als »Ground Zero« bezeichnet wird, aus Fernsehbildern. Ich hatte »es« erst am Abend mitbekommen, als ich im Copyshop meinen Roman *Desaster* abziehen ließ und der wie immer sehr freundliche Service-Mann mit einem merkwürdigen Blick auf das Titelblatt zu mir sagte:»Die haben das World Trade Center in die Luft gesprengt.« Dann stellte er das Radio an, weil er wusste, ich würde »es« sonst für einen schwarzen Schabernack halten. Es gibt Erzählungen, die man einer individuellen Stimme ohne das Echo des medialen Chors »einfach nicht glauben« kann. Mit der Kopie meines gerade noch rechtzeitig vor der Wirklichkeit zu Ende erfundenen *Desasters* in der Tasche eilte ich nach Hause und sah die Fernsehbilder, gepackt von diesem merkwürdig euphorischen Entsetzen, das Lukrez vor rund zweitausend Jahren in seinem Lehrgedicht »De rerum natura« beschrieben hat:

»Süß ist's, anderer Not bei tobendem Kampfe der Winde

Auf hoch wogendem Meer vom fernen Ufer zu schauen;

Nicht als könnte man sich am Unfall andrer ergötzen,

Sondern dieweil man es sieht, von welcher Bedrängnis man frei ist.«[1]

Von welcher Bedrängnis man frei ist: Die Bilder der explodierenden Flugzeuge, der brennenden Türme, der in die Tiefe stürzenden Menschen. Immer und immer wieder diese Bilder. Ich weiß nicht, wie oft ich sie an diesem Abend gesehen habe, und am nächsten Tag, und am

1 T. Lucretius Carus: *Von der Natur der Dinge*, Deutsch von Karl Ludwig v. Knebel; Frankfurt/M., Hamburg 1960 (zuerst Leipzig 1821), hier zitiert nach: Carsten Zelle: *Angenehmes Grauen*; Hamburg 1987, S. 12

übernächsten: Dutzende Male die Katastrophe aus »heiterem Himmel«. Das Blau dieses Himmels, das erste Flugzeug, der hollywoodesk aufquellende Feuerball, das zweite Flugzeug, das pervers perfekte Zusammenstürzen der Türme.

Es dauerte fast eine Woche, bis die mediale Schockwelle verebbte. Aber schon am zweiten oder dritten Tag zirkulierten in Mailgroups des Internets elektronische Flugblätter, die den »Voyeurismus der Medien« geißelten und sich über die »Katastrophengeilheit der Zuschauer« empörten. Der deutsche Presserat, dem entsprechende Beschwerden später vorgelegt wurden, mochte sich diesem Standpunkt in seiner letzten Sitzung gegen Ende des Jahres 2001 jedoch nicht anschließen. Die gezeigten Bilder seien als Dokumente der Zeitgeschichte zu werten. Offiziell gerügt wurde lediglich ein Kommentar der *Ostfriesischen Nachrichten*, in dem gefordert worden war, mit Osama Bin Laden und Saddam Hussein »kurzen Prozess« zu machen, »ohne mit irgendwelchen Menschenrechtlern herumzudiskutieren«.[2]

Diesen Aufruf zur Kopfjagd, dem immerhin ein von der amerikanischen Administration ausgesetztes Kopfgeld für die Ergreifung Bin Ladens entsprach, mag ein längeres Zitat aus einem Buch des Ethnologen Victor Turner erläutern: »Ein soziales Drama beginnt, wenn der friedliche Verlauf des geordneten, normengeleiteten sozialen Lebens durch den *Bruch* einer die wichtigsten Beziehungen kontrollierenden Regel unterbrochen wird. Dieser Regelbruch führt entweder rasch oder allmählich zur *Krise*, die, wenn sie nicht im Keim erstickt wird, die Gemeinschaft in einander bekämpfende Splittergruppen und Koalitionen aufspalten kann. Um das zu

2 Nach *M – Menschen machen Medien*, Jan. 2002, S. 23

verhindern, setzen diejenigen, die sich selbst für die legitimen oder maßgeblichsten Repräsentanten der Gemeinschaft halten oder von den anderen dafür gehalten werden, *Bewältigungs*mechanismen in Gang. Krisenbewältigung umfasst gewöhnlich ritualisiertes Handeln – wobei dies ein rechtliches […], religiöses […] oder militärisches (zum Beispiel trägt man eine Fehde aus, geht auf die Kopfjagd oder führt einen organisierten Krieg) Handeln sein kann.«[3]

Bruch, Krise, Bewältigung – die drei Begriffe, die Turner in seiner Darstellung hervorhebt, lassen sich ohne weiteres auf »Den 11. September« anwenden. Der *Bruch* wurde zunächst schockhaft wahrgenommen und dann, nach dem Verebben der Bilder und dem Beginn der Diskussion, rituell mit historischer Exklusivität ausgestattet (»Nach dem 11. September ist nichts mehr wie früher«) und mit moralischer Appellation geweiht (»Das Ende der Spaßkultur«). Beide Parolen wurden später in den Feuilletons erwartungsgemäß lächerlich gemacht – aber eben erst später. Kein Journalist hätte es gewagt, mit dem »Bruch« zu brechen und mit dem »Ende der Spaßkultur« seinen Spaß zu treiben, solange die rauchenden Trümmer auf den Bildschirmen gegenwärtig waren. Auch Riten haben heiße Phasen. In dieser Phase des *Bruchs* ziehen »politische Körper« wie verletzte Leiber die Linderung des Schmerzes schmerzlichen Wahrheiten vor. Jemandem, der vor einem Unfall nicht aufgepasst hat, sagt man hinterher auch nicht gleich ins Gesicht: »Du bist mitschuldig« – selbst dann nicht, wenn man damit Recht hätte. Der Schock ließe die Annahme solcher Erkenntnis gar nicht zu. Zuerst muss die fehlende Angst nachgeholt und

3 Victor Turner: *Vom Ritual zum Theater. Der Ernst des menschlichen Spiels*; Frankfurt/M., New York 1989, S. 144 f.

die Plötzlichkeit der Katastrophe durch Wiederholung klein gearbeitet werden.

Diese redundante Notwehr der Traumatisierten beschrieb Freud in seinem Aufsatz »Jenseits des Lustprinzips« von 1920, in dem er die Neurosen körperlich unverletzter, aber seelisch traumatisierter Kriegsheimkehrer des Ersten Weltkrieges und die Träume von Unfallopfern beschrieb, in denen die Katastrophe wieder und wieder durchlebt wurde, obwohl diese Träume Unlust erzeugten, also den normalen Service des Traums als Wunscherfüller verweigerten. Diese Träume übten die Angst nach der Katastrophe. Die Plötzlichkeit, mit der das Geschehen »aus heiterem Himmel« über die Opfer hereingebrochen war, musste durch Wiederholung im Traum verarbeitet werden: »Diese Träume suchen die Reizbewältigung unter Angstentwicklung nachzuholen, deren Unterlassung die Ursache der traumatischen Neurose geworden ist.«[4]

In gewisser Weise entsprachen die Fernsehbilder »Des 11. September« den von Freud thematisierten Schockverarbeitungsträumen. Ihre rastlose Wiederholung während der ersten Tage hatte neben dem medialen »Voyeurismus«, der »Quotengeilheit« und der lukrezianischen Entsetzenslust auch damit zu tun, dass das, was da zu sehen war, vorher nicht für möglich gehalten werden konnte – trotz des Parkgaragenanschlags auf das WTC nur wenige Jahre zuvor. Im ökonomischen Zentrum der einzigen Weltmacht des 21. Jahrhunderts hat die Angst gefehlt. Jedes Rom hält sich für unverwundbar.

Bisher haben alle Weltreiche der Geschichte an die Unzerstörbarkeit ihrer Hauptstadt geglaubt. Die Grenzen

---

4 Sigmund Freud: *Jenseits des Lustprinzips*; in: ders.: *Das Ich und das Es und andere metapsychologische Schriften*; Frankfurt/M. 1984, S. 142

des Reichs mögen verletzbar sein, Provinzen gefährdet – die Fiktion der Unantastbarkeit des Zentrums bleibt davon unberührt; unberührt auch von der historischen Tatsache, dass bisher jedes, aber wirklich jedes Zentrum eines Tages von den Zentrifugalkräften der Geschichte zurück in die Peripherie geschleudert wurde, aus der es gekommen ist. Auch in den Zentren der Gegenwart werden eines Tages Ruinen stehen und »von vergangener Größe zeugen«. Jedes Weltreich wird irgendwann zur Beute der Historiker, diesen Profis des organisierten Vergessens, die ihre alten Geschichten ewig neu wiederholen.

Die Stützpfeiler, an denen Clio und die historiographischen Bauzeichner der Geschichte die Eselsbrücken aufhängen, über die wir unsere Ausflüge über den Strom des Vergessens machen können, bestehen aus den Jahrestagen kanonisierter Ereignisse. »Pearl Harbor« ist ein solches Ereignis, wenn es auch im sechzigsten Jahr des wiederholenden Gedenkens die Exklusivität als Symbol für den Schock der Verletzlichkeit verloren hat. Die brennenden Türme des 11. September 2001 haben sich vor die brennenden Schiffe des 7. Dezember 1941 geschoben. Während die Erinnerungszeremonien an die vor sechzig Jahren in Pearl Harbor Gefallenen stattfanden, wurden in New York noch immer die Toten unter dem World Trade Center gezählt.

Die *Bewältigung* einer durch einen *Bruch* ausgelösten *Krise*, um auf die Begriffe Victor Turners zurückzukommen, kann vielleicht dann als gelungen gelten, wenn der Schock des Ereignisses, um mit Freud fortzufahren, durch Wiederholungsarbeit aufgelöst worden ist. Erst wenn das Ritual durch die beständig wachsende Zahl der Wiederholungen allmählich zur Zeremonie erstarrt und das Routinierte, Gewohnheitsmäßige an die Stelle

218

des Schreckens tritt, bildet sich jener Sicherheitsabstand zum Ereignis, der aus Geschehen Geschichte macht. Von da an geht es beim Wiederholen der Katastrophenerinnerung am Jahrestag nicht mehr um die Ausheilung nach dem Trauma, sondern um Datensicherung vor dem Vergessen. Was gesichert wird, ist das Datum – was vergessen wird, ist die Kontextdominanz, die das Ereignis einmal hatte.

In diesem Verlust der Kontextdominanz besteht die »Historisierung«, die »im Fluss der Zeit« so unausweichlich ist wie für die Opfer unerträglich. Nach jeder Katastrophe ist nichts mehr wie zuvor. Eine Zeit lang erscheint alles »in ihrem Licht«. Als beispielsweise die Zeitschrift »Lettre« im Herbst 2001 als Cover ein gemaltes Flugzeug zeigte, das durch blauen Himmel schwebt, sahen wir vor unserem »geistigen Auge« noch etwas ganz anderes. Aber wie lange wird es dauern, bis »Der 11. September« aufhört, den Kontext zu beherrschen, in dem wir dieses Titelbild notgedrungen wahrnehmen? Was wird etwa eine junge Frau sehen, die im Jahr 2061 – um an die sechzig Jahre anzuschließen, die zwischen »Pearl Harbor« und »Dem 11. September« liegen – die also im Jahr 2061 in einer Bibliothek eine alte Zeitschrift in die Hand nimmt, auf der ein Flugzeug zu sehen ist, das durch blauen Himmel schwebt? Ohne »historisches Wissen« sieht sie ein Flugzeug durch blauen Himmel schweben, sonst nichts. Der Kontext, der für uns vom »11. September« beherrscht wird, ist für sie gar nicht mehr vorhanden, er müsste von ihr erst wiederholt werden. Der Unterschied zwischen dem Wiederholungszwang des Traumatisierten und dem Zwang zur Wieder(her)holung des Traumas durch spätere Generationen ist der Unterschied zwischen den Katastrophen der Gegenwart und denen in der Geschichte. Verbunden werden sie durch die Hängebrücke unseres »historischen« Gedächtnisses, die zwischen den Pfeilern der Jahrestage schwankt. Wie lange wird es dauern, bis die Bilder »Des 11. September« nur noch an »runden« Jahrestagen wiederholt werden?

Felicitas Hoppe
Seemannssonntage

Am Freitag bestieg ich ein Schiff. Es gab Suppe und
Fisch. Am Samstag Linsen und Wurst. Am Sonntag lud
man mich auf das Achterdeck zum Seemannsgottesdienst.
Pünktlich um elf trat ich an. Das Wetter war herrlich.
Unter freiem Himmel standen der Kapitän, der Erste Offizier, zwei Ingenieure und drei Zahlende Gäste. Von der
Mannschaft war niemand zu sehen. Vermutlich beteten
sie woanders. Neben der Reling stand ein kleiner Tisch,
der mit einem weißen Tischtuch bedeckt war. Auf dem
Tischtuch stand ein Tablett. Auf dem Tablett standen
Biergläser. Durch die schwere Tür traten, zwischen sich
das kleine Fass, der Zweite und der Dritte Offizier. Sie
stellten das Fass auf den Tisch. Der Zweite stach es feierlich an, der Dritte goss ein und verteilte die Gläser. Gesprochen wurde nicht viel. Nach dem zweiten Bier etwas mehr. Man sprach über dieses und jenes, nur kein
Gebet. Bis kurz vor dem Mittagessen glaubte ich noch,
jemand würde ein Buch aus der Tasche ziehen und vielleicht etwas singen. Aber sie sangen nicht.

Zum Mittagessen gab es Fleisch mit Kartoffeln, süße
Soße und Bohnen. Dann Eis unter Sahne auf heißen Kirschen. Ich sehe das Strahlen im Gesicht des Ersten Inge-

nieurs, eines freundlichen traurigen Mannes fortgeschrittenen Alters, der seit dreißig Jahren zur See fährt. Wo buchstäblich gar nichts mehr ist, auf dem Wasser, inmitten des Ozeans, wo man sich an nichts mehr festhalten kann, hält der Seemann sich an den Speiseplan. Über nichts spricht er lieber als über Essen und Trinken, und wehe dem Koch, der nicht kochen kann und vergisst, dass man die Woche nach Tagen zählt und danach, was hier auf den Tisch kommt. Morgens Eier auf Speck, mittags Suppe und Fisch, abends Fleisch und Salat. Zum Nachtisch Äpfel, Birnen, Bananen.

Auf den Nachtisch kommt es an. Während montags, dienstags und mittwochs wie überall der Alltag regiert, teilt der unscheinbare Donnerstag die Seemannswoche in zwei Hälften, denn der Seemann kann nicht bis Sonntag warten. Der Koch muss seine Woche halbieren, indem er die Tröstung verdoppelt. Auf See ist nicht sonntags der Sonntag, der Seemannssonntag ist donnerstags, wenn der Koch zum Nachtisch die Tür öffnet und leichten Schrittes, wie eine Dame, ein zweites Mal Sonntagsgläser serviert, ein zweites Mal Eis unter Sahne auf heißen Kirschen. Und nur wer das weiß, kann donnerstags dieses Leuchten begreifen, das über die Seemannsgesichter geht, wie eine Staffel von Mann zu Mann. Vom Ersten zum Zweiten Ingenieur, von dort aus zum Dritten Offizier und über den Zweiten und Ersten bis hin zum Kapitän, der jung und störrisch am Kopfende des Tisches verbergen möchte, dass auch ihn der Donnerstag glücklich macht, wenn alle wie auf ein fremdes Kommando die Löffel durch die Sahne hindurch ins Eis stoßen und von dort aus weiter nach unten, bis sie endlich bei den Kirschen landen und wissen: Die Woche ist beinahe um.

Ich fuhr gut hundert Tage. Das macht fast fünfzehn Wochen. Das macht fünfzehn mal sieben Linsen mit

Wurst. Fünfzehn mal fünf Äpfel, Birnen, Bananen und fünfzehn mal zwei das Eis unter Sahne auf heißen Kirschen. Zwei mal fünfzehn das Strahlen im Gesicht des Ersten Ingenieurs, der sonst niemals lacht und mich bei seinen abendlichen Runden an Deck, unterwegs von einem Poller zum nächsten, den Kopf leicht gesenkt, nur beiläufig grüßt. Am Donnerstag aber, bei Eintritt des Kochs in die Messe, erhebt er laut und deutlich die Stimme und ruft: Für mich die Sahne heut doppelt!

Seit ich wieder festen Boden unter den Füßen habe, halte ich den Donnerstag heilig. Aber weil ich kein Wasser mehr sehe, fällt es mir schwer, mich an Regeln zu halten. Ich spüre, wie mir der Donnerstag langsam entgeht, wie ich alles vergesse und alles verliere, was mir die Zeit in zwei Hälften teilt. An Land beginnt man allmählich zu glauben, der Montag gleiche dem Mittwoch, der Dienstag dem Sonntag, der Freitag dem Samstag und der Samstag auf schreckliche Weise dem Montag. So wie es auch nichts zu bedeuten hat, dass ich donnerstags manchmal das eine oder andre Lokal betrete und, indem ich mich an das Gesicht des Ersten Ingenieurs erinnere, sogar meine Stimme erhebe, weil es mich nach etwas Bestimmtem verlangt. Aber niemals bestelle ich wirklich, wonach mein Donnerstagsherz sich sehnt. Stattdessen warte ich darauf, dass zwei kräftige Männer das kleine Fass hereintragen, es anstechen, die Gläser füllen und auf etwas anstoßen, wovon an Land niemals die Rede sein wird.

Werner Hamacher
Rhodus Rhodus

Der Urgroßvater war aus dem Süden gekommen. Er kannte in der neuen Stadt, in der er vor dreißig Jahren gelebt und die er seither nur ein einziges Mal besucht hatte, niemanden und erkannte auch seine Tochter nicht wieder. Er war im Süden erblindet, seine Frau war gestorben, und weil niemand im nahe genug stand, um ihn zu pflegen, war er zu seiner Tochter und ihrer Familie gekommen. Er war ein Fremder, und weil er blind war, konnte er niemanden kennen lernen. Dafür gab es noch einen anderen Grund: er hatte sein Gedächtnis für die jüngste Vergangenheit verloren. Nicht nur den Tod seiner Frau — es war die dritte oder vierte — hatte er vergessen und musste immer wieder daran erinnert werden, er konnte auch nicht behalten, wo er jetzt war, in welcher Stadt, auf welcher Seite des Zimmers, in welcher Ecke des Sofas er saß, wie der Tisch und wo die Stühle standen. Türen musste er immer erst suchen. Er lebte in einer verschlossenen Welt und vielleicht in keiner. So groß und stark er noch in seinem hohen Alter war, er konnte sich nur mit Hilfe der Kinder bewegen, die ihn an seinen trockenen Händen oder an einem seiner Arme führten. Die neuen, fremden Leute nannte er mit den Namen der

224

alten, die nicht mehr lebten, aus dem Süden; wenn niemand in seiner Nähe war, rief er klagend oder wütend Namen, die niemand kannte, und tastete dabei erstaunt oder wild um sich herum. Jeder in der Wohnung hatte Angst vor ihm – nicht nur vor seinem Gefuchtel und seinem verzweifelten Heulen, schon vor dem bloßen Nichterkanntwerden, vor diesem blinden erinnerungslosen Loch, diesem Nichtspiegel an einem Ort, wo alles erkennbar, wiedererkennbar, auf Erwiderung, Aufmerksamkeit, Antwort angelegt war. Alles, das man kannte, bestätigte und erwiderte den eigenen Blick. Er tat das nicht. Er war blind, deshalb wurden alle, die ihn sahen, an ihm blind. Er war ohne Gedächtnis, und deshalb vergaßen die Leute in seiner Umgebung sich selbst und dachten nur noch daran, dass sie auch an nichts denken, sich an nichts erinnern, sich auf nichts besinnen konnten. Weil sie ihn nicht verstanden, der nichts verstand, verstanden sie sich und die Welt nicht mehr. Aber was ihnen geschah, war schlimmer als Nichtverstehen, Nichterinnern, Erblinden, Ertauben, denn sie hatten Angst davor und wollten ihm aus seiner Angst, und sich selbst aus ihrer heraushelfen. Sie wussten lange nicht, ob es nicht dieselbe Angst ist, seine und ihre, seinihre, seinirre, sie waren verwirrt, sahen mit seinen Augen ihn und sich selbst, waren mit seinen Augen blind für sich und mit ihren für ihn. Ihr Mitleid war Mitblindheit, Mitvergessen, Mitirrsinn. Wir waren wir selbst erst, wenn wir wirr waren wie er. Wie hätten sie – ohne dass er sich in ihnen wieder erkennen konnte – diesem Blinden und sich helfen können? Es war Nacht für ihn, für sie, wie hätten sie es licht machen können durch ein bloßes »Siehst du«? –

»Man kann das erwarten, woran man sich erinnern kann. –« (LW)

»Die Methode des Philosophierens ist, sich wahnsinnig zu machen, und den Wahnsinn wieder zu heilen. –«
(LW)

›Alles‹ ist ein Wort, dem nichts Bestimmtes entspricht. Es hat zwar eine Bedeutung – der Umfang all dessen, was zugänglich ist durch Wahrnehmung, Einbildungskraft und Verstand –, aber nie eine andere als bloß tautologische Bedeutung: es gibt keine Definition des Alles, in der nicht das Definiendum ausdrücklich oder verborgen enthalten wäre. Alles, all das, ist immer genau dies, dass es Alles ist: Es ist allein sich selbst gleich, und darin ebenso maßlos, wie es eine maßlose Enttäuschung für jeden Erkenntniswunsch ist. »Alles ist –«: mit diesem Beginn einer Definition ist etwas Neues, eine unerhörte Eröffnung, etwas Anderes, das mehr wäre als Alles, versprochen, eine Trans-Totalität, von der her die Totalität erst bestimmbar wäre. Dies Versprechen wird im Fortgang der Definition, »Alles ist Alles«, gebrochen: – Alles, das nur dies, nämlich Alles ist, enttäuscht die Erwartung, es gebe noch Anderes als Alles, und beschämt den Wunsch, es könnte noch mehr als Alles geben. Der kahle Satz, Alles sei genau dies, Alles, und um nichts mehr, lässt es bei der Selbigkeit dieses allumfassenden Begriffs bewenden und besagt also nicht mehr, als dass jeder Versuch, über sie hinaus- und zu einer näheren Bestimmung und Erfüllung dieses unbestimmten und leeren Begriffs zu kommen, scheitern muss. Selbst wenn es möglich wäre, ein Mehr als dies Alles zu benennen, so würde noch dies Mehr wiederum vom Alles umfasst und nichts Weiteres, nichts Neues wäre gewonnen. –

Die Bewegung der Tautologie, die vom Alles in Alles zurückführt, wäre aber keine Bewegung, und sie wäre nicht die Bewegung der *Tautologie*, die sie ist, wenn nicht im »Alles ist —« das Versprechen mitspräche, es würde nun, jetzt gleich, etwas genannt, das über die bloße Existenz des Alles hinausgeht. Und mehr: Das Versprechen selbst geht, *als* Versprechen eines Anderen, schon über »Alles« hinaus. Indem ich sage »A =«, sage ich schon, dass A anders ist als A, sage schon, dass A = non-A und dass Alles *nicht* Alles und *mehr* als Alles ist. Dieses Nicht-Alles und Anders-als-Alles ist in seiner bloßen Ankündigung – in der bloßen Form der Prädikation, ohne Rücksicht auf ihre weiteren formalen oder inhaltlichen Bestimmungen – die Öffnung eines jeden Alles auf Anderes; es ist die einzige Lichtquelle im A = A, im Sprung *zwischen* A und A. Diese Öffnung liegt aber nicht in der durch alle Enttäuschungen unenttäuschbaren Erwartung, alles *werde* anders sein. Da das im »Alles ist —« versprochene Nicht-Alles in dasjenige »Alles«, das den identischen Satz komplettiert, einzieht, es verändert und mit jeder weiteren Bestimmung weiter verändern muss, wird diese Öffnung im unenttäuschbaren – aber darum nicht schon erfüllbaren – Versprechen bewirkt: Alles *ist* anders. Nur im Medium dieses Versprechens, das über Alles hinausgeht, ist Alles in Wahrheit Alles: Alles und anders als Alles. –

(Begriffe sind Bewegungen. –)

So das ›Ich‹ in jedem entsprechenden Satz, so das ›Wir‹, so ›hic et nunc‹; so alles. – So das ›so‹. –

»Die Methode des Philosophierens ist, sich wahnsinnig zu machen, und den Wahnsinn wieder zu heilen. —« (LW)

Ich kann nicht sagen »ich mache mich wahnsinnig«, ohne zu wissen, was *wahnsinnig* heißt. Wenn ich aber wissen kann, was es heißt, muss es sinnvoll und kann nicht im Ernst wahnsinnig sein. Wahnsinn gehört dann zu einer Methode und ist die reduzierbare Modifikation eines Sinns. (Vorausgesetzt, dieser »Sinn« ist nicht seinerseits von einem »Wahn«, einem »Ohne« gefärbt.) Da also »ich« mich nicht wahnsinnig »machen« kann, könnte man meinen, wahnsinnig machten immer die anderen: aber wissen die anderen, was das heißt? Auch die anderen *machen* mich nicht *wahnsinnig*, es sei denn 1. sie wissen nicht, was sie machen, oder 2. »machen« bedeutet nicht: »machen, was man weiß«. Aber das gilt auch von mir. Ich könnte dann also wohl sagen »ich mache mich wahnsinnig«. Aber das heißt dann: ich mache etwas, wovon ich nicht weiß, was es ist, und ich mache es, ohne es als das, das es ist, wollen zu können. Wie kann ich das aber »mir selbst« antun? Und was heißt dann »ich«? –

Welchen Sinn haben überhaupt solche Wörter wie »mir«, »mich«, »sich«, wenn sie als dative oder akkusative »Reflexiv«pronomen gebraucht werden? Sie »beziehen« sich, könnte man sagen, »zurück« auf das Subjekt des Satzes, in dem sie vorkommen, und wenn man den Hinweis der Ausdrücke ›dativ‹ und ›akkusativ‹ ernst nimmt, könnte man sagen, sie »geben« auf dem Weg der Prädikation etwas »zurück«, das von jenem Subjekt ausgegangen ist, oder sie »klagen« eben dieses Subjekt an. Zum Beispiel »Ich beweise mir«, »ich mache mich (wahnsinnig)«. Die zwei Instanzen, die hier im Spiel sind – das »ich« und das »mir« oder »mich« –, müssen, wenn diese Aussagen sinnvoll sein sollen, deutlich voneinander unterschieden sein. Sind sie es nicht, so kann gar keine Rede davon sein, dass »ich« »mir« etwas beweise – dass nämlich das Ich nach dem erbrachten Beweis ein anderes ist als dasjenige, das diesen Beweis erbringt –; sind sie aber unterschieden, dann fragt sich, wie das erste Ich dem zweiten etwas zutragen und beibringen kann, da es doch dieses zweite noch gar nicht kennt. (Es weiß nicht, wohin es sich bewegen soll, denn das Ziel ist noch gar nicht da.) Entweder ist der Satz »ich beweise mir (x)« sinnlos und ich kann niemals »mir«, als einem irgendwie bekannten anderen Ich, etwas beweisen, sondern nur einen Beweis erbringen, der den Regeln, nach denen ich operiere, genügt (dann ist der Ausdruck nicht nur ungenau, sondern irreführend: es kommt dann nämlich überhaupt nicht darauf an, dass ich ihn »mir« oder »für mich« erbringe, vielmehr erbringe ich ihn nach der Regel, die »ich« »mir« gegeben habe (wenn »ich« »mir« denn eine Regel geben kann)); oder dieser Satz kann immer nur dann gebraucht werden, wenn jenes »mir«, in dem das Ich-Subjekt wieder auferstehen soll, als Hypothese, als Unbekannte oder als Leerstelle gebraucht wird. Dann weiß ich aber nicht, *wem* ich etwas beweise, ich kann die Richtung des Beweises nicht angeben und keine Beweismethode verwenden, die zum Ziel führen könnte (es gibt keinen Fixpunkt, auf den ich den Beweis *zu*führen könnte), der Beweis ist für die Katz. – (Aber vielleicht ist er nur deshalb überhaupt das, was *Beweis* wirklich heißen soll.) –

Es gibt keine Möglichkeit, einen Beweis für die Existenz des Ich zu führen – weil es keinen Adressaten für ihn, und deshalb auch keine Methode, keinen Weg gibt, auf dem er geführt werden könnte. Wenn es einen Beweis gäbe (was etwas anderes wäre, als ihn *führen*), dann wäre es ein Beweis, der nicht »für mich« und nicht »mir« – und deshalb auch keinem anderen Ich – gelten könnte. Kein Ich kann einen Beweis herbeiführen; er »ergibt sich« aus den Regeln eines bestimmten Spiels, oder er ergibt sich nicht. Wenn ein Beweis »sich ergibt«, dann nur aus vorgegebenen Prämissen, die ihn bereits als Setzung enthalten – dann ist er aber nicht nur trivial, sondern, als das Implikat einer Setzung, überhaupt kein Beweis, sondern eine Tautologie. Der Ursatz »Ich« ist blind und ohne Sinn. So der oberste Existenzsatz; er ist eine Theautologie. W. spricht deshalb richtig (wenn auch in anderen Zusammenhängen) vom »substanzlosen Mittelpunkt« aller Sätze. –

Es gibt keinen »Beweis«, nur Aufweisungen. Alles andere ist eine Art Offenbarung. –

»Wo es keine Methode des Suchens gibt, da kann auch die Frage keinen Sinn haben. –« (LW)

»Einer Offenbarung entspricht keine Frage. –« (LW)

Ich frage ja nicht nach mir, um dann als Antwort geben zu können: Ich. Ich suche auch nicht jemanden, von dem ich dann, wenn ich ihn gefunden habe oder noch bevor ich ihn gefunden habe, sagen kann: Der oder die oder das bin ich. Denn immer schon bin ich es, *der* so fragt oder so sucht. Ich kann aber »ich« nicht *zu* jemandem, *auf* jemanden hin oder *über* jemanden sagen, weil jeder derartige Jemand ein anderer ist, der dies gerade *nicht* sagt. Wovon »Ich« gesagt *wird*, kann nicht dasjenige sein, das »Ich« *sagt*. Der Sprung zwischen beiden, mag er ein Katzensprung sein, führt ins Leere. (Sicher, diese Leere lässt sich möblieren. Aber möblieren lässt sich eben nur eine Leere.) –

Ich ist pure Relation, Bewegung ohne Ankunft, ein Auf-…-Hin ohne fixierbares Hin, Satz ohne Voraussetzung. –

Bleibt die Frage nach dem möglichen Wahnsinn des Ich-Sagens oder Ich-Denkens –: Wenn ich denke (und selbst wenn ich denke, dass ich nicht denke oder dass

230

nicht ich es bin, der denkt), dann *denke* ich, und es kann nur *ich* sein, der (oder die oder das) denkt. Es ist dabei irrelevant, welchen Inhalt und welche besondere Form dieses Denken und dieses Ich haben. Ohne Rücksicht auf irgendwelche Prädikate, die dem Ich beigelegt werden könnten, und ohne Rücksicht auf seinen illusorischen, onirischen, fiktiven, deliranten Charakter heißt »Ich«: bloßes Denken oder Sprechen überhaupt und also nackte, prädikaten- und attributlose, weder gesuchte noch erfragte Existenz des Denkens oder Sprechens. »Ich denke (spreche, zitiere, lüge, träume, deliriere)« ist deshalb koextensiv mit einem durch die ganze Konjugationsreihe hindurch modifizierbaren »Er-sie-es denkt (spricht, zitiert, lügt, erzählt, …)«, und dies wiederum koextensiv mit »Es geschieht mit und an ihr-mir-ihm-uns-euch, dass es denkt (…)«. »Ich« ist die Spitze des schieren Sprechens, das weder ein Privileg für eine bestimmte Person, sei es auch die erste grammatische Person Singular, noch ein Privileg für einen bestimmten Modus seines Daseins kennt, sei es Wirklichkeit, Zitat oder Delirium. Weiter: Die Erfahrung dieser bloßen Existenz des Sprechens (…) – und diese Erfahrung *ist* diese bloße Existenz – liegt jeder Möglichkeit voraus, seine Agenten und ihren ontologischen Status zu bestimmen. In dieser Erfahrung sind Sinn und Wahnsinn dieser Rede oder dieses Denkens nicht unterscheidbar: sie berühren die Existenz dieser Rede nicht – jede Substanz dieser Rede, und mit ihr die gesamte Reihe ihrer Modifikationen, erschöpft sich in ihrer Existenz. Es macht keinen Unterschied, ob das Ich, in dem sich diese Existenz artikuliert, wahnsinnig ist oder vernünftig, ob es sich träumt, erzählt oder erfindet, denn es gibt im bloßen Geschehen des Daseins (des Denkens, Träumens, Sprechens, …) kein mögliches Kriterium für eine solche Unterscheidung. Das Ich beweist »sich« nicht und beweist nicht seine Existenz, sondern immer, wenn sie geschieht, *geschieht Ich*, hier und jetzt, ohne Inhalt und Form, ohne anderen Garanten als dieses Geschehen, ohne Halt oder Bestimmung. – Was als Fundament bezeichnet wird, ist seine Erschütterung, eine *concussio*. – Es ist dies also kein grammatisches Ich, kein rhetorisches, kein sozial oder kulturell determiniertes – es ist die schlechthinnige Indetermination eines nackten, imprädikablen Dass. – Nach ihm kann nicht gefragt werden, denn im bloßen Aussprechen der Frage geschieht es. Seinem Geschehen entspricht keine Frage. –

Sie werden lachen: Ich bin – das ist eine Offenbarung. –

Mystisch, sagt einer. Taghelle Mystik, ein anderer. Mystik, heller und dunkler als jeder Tag, ob Alltag oder Feiertag. Mystik, weil die Offenbarung, die etwas ins Licht treten lässt, sich selbst nicht zeigen kann und als Rückzug von jedem Aufweisen und Benennen Geheimnis, Verschließung ist. Die Offenbarung ist eine Blendung der Sinne, und des Sinns in jedem Sinn, Anästhesie und Anideesie. –

Sie werden sich wundern: Ich bin – das ist ein Geheimnis. –

Daher die Masken. Das Ich, Person und Pronomen. Riten sind die Masken des Dass. Nichts dahinter. –

Ich: Versuche, ein Dass mit einem Wer zu besetzen; Existenz mit Agenten einer Substanz zu bewehren. –

232

Die Riten des Alltags – Verrichtungen, Arbeiten, Hantierungen, Gänge, Gespräche, bestimmte Besorgungen, bestimmte Geschäfte ins Auge fassen, hinter sich bringen oder aufschieben, sie langsamer oder schneller, allein oder mit anderen erwägen, prüfen, planen, erledigen, sie ablehnen, vergessen, etwas wissen wollen, von nichts etwas wissen wollen, die Flucht ergreifen, sich weigern, raten, die Formulierung ändern, retten, den Kalender umstellen, Zähne putzen, Zeitung lesen (für Hegel eine Art von realistischem Morgensegen) – die Riten des Alltags, des Welt-Alltags der Einrichtung von www.communications.com, der jeweils neuesten Bewusstseinsmodelle, industriell hergestellt, käuflich erwerbbar als Zeitwaren, Zeitraum-Waren, Vorstellungswaren, als Gesellschaftspraktiken und Ökonomien mit dem einzigen Ziel der Selbstverwertung, also Wertsteigerung, also Wertüberbietung und -vernichtung dessen, was einmal als Wert gesetzt und in Kurs gebracht ist –: die Riten des Alltags, des Welt-Alltags und des Weltall-Tags sind Riten des Ich, Stabilisatoren, Funktionssicherungen des Ich und seines Wir, Ihr, Sie, Ertüchtigungsfiguren des Prothesengottes, Trainingsprogramme: Obsessionen, Ticks, Marotten, Ratten, Spaltungen zur Konditionierung, Etablierung, Polizierung und Expansion des Ego, eines grammatischen, rhetorischen, eines sozialtechnischen, zur Steigerung seiner Inkorporations-, Kooperations- und Korporationsrate, seiner Kapitalisierung in der wwcorporation.egocop –

Aber wozu diese Stabilisatoren, wenn nicht zur Bewahrung einer Erfahrung. Wenn nicht also auch zur Abwehr einer Bedrohung; also zur Zernierung einer Gefahr, zur Definition einer Front, zur Begrenzung eines Schadens. Riten sind Bewahrungs- und Abwehrfiguren, versehen mit allen Zeichen der Euphorie oder der Depression, hochgemut oder schwermütig gebaut um ein Womit und ein Wogegen, ein Wozu und Warum. Sie richten sich *auf* und sie richten sich *gegen* die entsprechenden Figuren bei anderen, das Du, das Er, Sie, Es, Ihr und Sie, und noch auf und gegen das Wir; und richten sich zunächst auf – und doch auch gegen? – das Ich, wenn es das bloße Dass seiner Existenz ohne Warum und Wozu, ohne Womit und Wogegen ist. –

(Mache die Probe auf den Satz: Ich ist nur, indem es für, mit oder zu …, und deshalb auch gegen … ist. Dein Ich ist Ich-an-seiner-Grenze; und also immer ein An-Ich: dort, wo es in seinem Extrem Anderes berührt, verlockt, bedroht, berauscht und sich verändert. Seine Substanz ist ein Limes. Sie ist nur als ihrem Vergehen und Übergehen ausgesetzte. Sie erschöpft sich, insistent, in ihrer Existenz. –)

Ein »Wer« eine Wehr. –

Dann sind jene Riten des Ich – des weltweit vernetzten – Schauplätze im Weltbürgerkrieg der internen Personen, Kriege gegen den Verlust des Gesichts, Kriege um die persona und ihre Personalpronomina. Sie sind Verhandlungen zwischen Krieg führenden Parteien, Kompromisse, Symptome, Kontrakte, Syndrome, Pakte – aber in ihnen wird der Krieg mit anderen Mitteln weitergeführt. Riten – in ihrer Mitte das Ich – betreiben die Konturierung und Aufreibung der Riten. –

Nicht vor ihnen oder hinter ihnen, sondern *an* ihnen selbst macht sich etwas Unkonturierbares und Unaufreibbares bemerklich. Daher der Genuss, und daher die Angst am Rand der Riten, am Rand jedes Wir, jedes Ihr, jedes Ich. –

234

»Ich kann ihn suchen, wenn er nicht da ist, aber ihn nicht hängen, wenn er nicht da ist. Man könnte sagen wollen: ›Dann muss er doch auch dabei sein, wenn ich ihn suche.‹ – Dann muss er auch dabei sein, wenn ich ihn nicht finde, und auch, wenn es ihn gar nicht gibt.« (LW)

Der Urgroßvater war nicht nur blind und irrsinnig und fast taub. Er war auf eine für sie alle unbegreifliche Weise verzweifelt. Es kam vor, und kam immer öfter vor, dass er noch im Sofa oder auf einem Stuhl sitzend zu rufen anfing – niemand verstand, wonach, niemand konnte es ihm bringen –, dann mit brüchiger, in einen wehenden Singsang übergehender Stimme zu schreien, und nachdem er sich mit zittrigen Armen am Tisch hochgestemmt hatte, den roten Kopf hin und her werfend, mit den Fingerknochen auf den Tisch klopfend, brüllte, länger und länger, eine Ewigkeit lang tief aus seinem Körper heraus brüllte, in Wogen, als würde er nach oben gespült, er wieherte, seine Stimme verbog alle Zimmer und stieg über die Stadt, bis sie fahl vor Erschöpfung nur noch stöhnte, und atmete. Dann war ein halber Tag vergangen.

Denke dir einen, der nur aus Schmerzen besteht. Denke ihn so, dass dein Denken nur aus Schmerzen besteht. –

Aber wenn man sich gar nicht wahnsinnig *machen* kann? Wenn man es gemacht wird; und wiederum nicht gemacht, sondern wenn es einem zustößt? Dann gibt es keine Methode des Philosophierens und keine Methode des Heilens vom Philosophieren. (Denn das wäre es ja: Philosophie sollte die Heilung vom Wahnsinn des Philosophierens sein.) Aber es gibt immer noch den Wahnsinn und das Philosophieren –, und sollte es nicht auch das

Heilen geben? Und sollte das Heilen nicht schon *im* Wahnsinn liegen können? Nur würde auch das, wie das Philosophieren, nicht *gemacht*. Und am wenigsten auf dem Weg der Methode. (Hamlet's madness: »yet there is method in't.«) – Denke dir einen Wahnsinn *ohne* Methode. Denkst du ihn dann noch als etwas von deinem Denken Verschiedenes? – Oder wird dein Denken dadurch von sich selbst verschieden? Was geschieht in dem Spielraum zwischen jenem Denken und diesem? – Nennst du das noch Denken? – Wenn du es Spiel nennst, hältst du es dir vom Leibe und tust so, als *wärst* du es nicht. Du bist aber nicht nur *im* Spiel und stehst nicht nur *auf* dem Spiel (so, wie die Regeln, die mit jedem Zug umgestellt werden können), du *bist* das Spiel. (Gebrauche weniger euphemistische Begriffe.) –

(»no more than a breath – ›The horror! The horror!‹« (JC))

Die Nachfragen an W. sind eine Form des Hinsehens. Mit diesen Fragen schaut er W. auf die Finger, mit denen er sich um die kantigen Tische und Schränke herumtastet, um sich nicht daran zu stoßen. Was er aber beobachtet, zweifelsüchtig, ein cunctator, deutet ihm darauf hin, dass W. gar nicht die Grenzen der Sachen abtastet, die sich hart im Raume stoßen, sondern sie herbeizaubert als leicht beieinander wohnende Gedanken. W. stellt sich als Blinder dar, der sich einer standfesten Realität versichert. Aber sieht man ihm dabei zu, so muss man bemerken, dass er wie ein Prestidigitateur verfährt. W. ist noch dort, wo er Wahnsinn diagnostiziert, noch dort, wo er ihn heilen will, ein Autist, der sich seine Krankheiten und Heilungen (wenn nötig aus der Literatur, die dieses Verfahren bezweifelt) herbeizitiert.

236

Er bemerkt also, und bemerkt immer dasselbe: dass der Philosoph schlimmer als blind ist, wenn er sagt, er sei blind; alles andere als wahnsinnig, wenn er meint, wahnsinnig zu sein und sich heilen zu können. Und er nimmt ihn an die Hand und führt ihn zwischen den zitierten Tischen und Schränken hindurch zur Tür. –

Er hilft ihm immer noch beim Tasten –; nein: durch ihn tastet er, er ist sein Tasten. – Was heißt »helfen«, oder »jemandem helfen«? – Ein Wir werden. Oder wieder ein Wir werden. Oder mehr als ein Wir werden. – Sie tasten noch nicht gut genug; sie tasten weiter, korrigieren ihre Stellung und die Stellung der Möbel, der Wände, der Texte.-

Zwischen den Türmen, dem Ich und dem anderen Ich, dem A und dem A, W. und W., sie geben einander Kontur und reiben sich auf, aber zwischen ihnen –: keiner der Türme. Ein Sprung. –

Der wirkliche Wahnsinn, der Ohnesinn ist der zwischen dem einen Sinn und dem anderen. Zwischen den beiden der Ursinn, der Unsinn. –

Er wollte die Augen seines Urgroßvaters sein, seine Hände, sein Gedächtnis, sein Sinn. Die anderen litten darunter, dass er beschädigt war, und trugen ihr Leben lang seine Verlorenheit, seine Angst und seine Wut als Narben in sich. Er tat das auch, aber er liebte ihn in seiner Blindheit und seinem Irrsinn so sehr, dass er selbst blind und irre sein und in sich seine Blindheit zum Sehen und seinen Irrsinn zum wahren Sinn bringen wollte. Nicht, dass er nur die Augen ersetzen wollte, die ihm fehlten, er wollte sie sein – du bist meine Augen, hätte er gern von ihm gehört –, er wollte die toten Augen sein und diese toten sollten in ihm lebendig werden, die Wut sollte in ihm die wahre, die eigentliche Ruhe sein, seine Verlassenheit seine Gesellschaft, der Irrsinn die Klarheit. Er liebte seine Gebrechen und war ihm dankbar für sie – sie mäßigten seine Angst vor noch schlimmeren, welchen? –, deshalb mochte er auf sie nicht verzichten. Er sollte als Blinder sehen, denn erst so wäre das Sehen vor der Blendung bewahrt und erst so die Blindheit im Sehen respektiert. Der Blinde musste die Einführung ins Sehen, der Irre ins Denken übernehmen. »Dem Ich ist ein Auge eingesetzt« – das Ich *ist* dieses Auge, aber es ist eingesetzt, wo keines war, und sieht nur, von wo nichts gesehen werden kann. –

Er sah wie sein Urgroßvater. Aus.

– *Hic* Rhodus. *Hic* saltus. –

Henning Ahrens
Der Alltag der Azteken

Nur um zu schlafen, zu träumen kamen wir her.
Nicht ist es wahr, nicht ist es wahr, dass wir kamen,
um zu leben auf Erden.

(Aztekisch)

Die aztekische Kunst hat mich immer fasziniert, besonders die Skulpturen, und ich kann mich noch gut an eine Ausstellung erinnern, die ich bei einer meiner Fahrten als Schlafwagenschaffner im Grand Palais in Paris gesehen habe: »Art Précolombien du Mexique«. Die Totenschädel, Jaguarmasken und Adlerhelme, mit grober Wucht in Stein gehauen, strahlten eine Schwere aus, die mich berührte, und als ich in Mexiko war, erging es mir mit den Schokoladen- und Zuckerplastiken von Schädeln, Knochen und Skeletten ebenso. Leider bin ich kurz vor Allerseelen abgereist und habe nicht mehr miterlebt, wie die Angehörigen der Toten auf den Gräbern feierten, und der Zuckerschädel, den ich an einem Stand in Xochimilco gekauft habe, ist längst zerschellt.

Eine Steinskulptur, die nicht in der Pariser Ausstellung zu sehen war, sondern im Museo Nacional de Antropología in Mexico-City steht, ist besonders faszinierend: die Große Coatlicue. Raúl Flores Guerrero beschreibt diese zwischen 1300 und 1500 entstandene Kolossalskulptur wie folgt: »Die als Jaguarpranken wiedergegebenen Füße, der aus Schlangenleibern geflochtene Rock, das Halsband mit den abgehackten Händen und ausgerissenen Herzen, die schädelförmige Gürtelschnalle, (…) die in

239

Schlangenköpfen auslaufenden Arme, die über den ganzen Körper verteilten Augen und die beiden (…), anstelle des abgeschlagenen Hauptes aus dem Hals hervortretenden und die Blutströme symbolisierenden Schlangen, die sich in der Mitte wie zu wilder Vereinigung berühren, alle diese Bildelemente, die in jenem komprimierten, für die aztekische Plastik charakteristischen Realismus ausgearbeitet sind, erhalten ihre volle Bedeutung erst dann, wenn sie mit einem einzigen Blick als ein Ganzes erfasst werden.«

Das »Ganze« ist, sieht man einmal von der mythischen Bedeutung ab[1], ein vierschrötiges Gebilde aus Stein, das den Betrachter durch seine schiere Masse überwältigt. Paul Westheim bezeichnet es als »zur Ruhe gebrachte Spannung«, was nur zum Teil zutrifft. Denn es gibt keine Lücke, durch die der Blick entschlüpfen könnte, und den einzigen Ruhepol in der Unruhe der Detailfülle bilden die flachen Hängebrüste. Sie stellen das einzig wirklich Lebensspendende zwischen all den bedrohlichen Symbolen von Tod und Gewalt dar. Diese Erdgöttin, aus vielen Symbolen bestehend, die sich zu einem vereinen – einer alles unter sich begrabenden Schwere, oder, wie Westheim sagt, zur »Kraft des Zerstörerischen, gebunden durch (…) die kosmische Ordnung, innerhalb derer auch das Schreckliche ein (…) notwendiges Prinzip ist« –, entschied über Leben und

1 »Die altmexikanische Kunst strebt nicht Schönheit an, sondern Expressivität, Kraft des Ausdrucks. (…) Die Große Coatlicue war auch für den Azteken jener Zeiten nicht ›schön‹, wie immer sein Schönheitsempfinden gewesen sein mag. Sie sollte es auch gar nicht sein. Sie sollte einen großen, erhabenen Begriff geben von dieser allgewaltigen Göttin der Erde, aus deren Schoß alles Leben erwächst und die alles Geschaffene auch mitleidlos wieder verschlingt.« (Westheim)

240

Tod. Mehr braucht man nicht zu wissen, um zu begreifen, wie eng im Bewusstsein der Azteken beides miteinander verzahnt war.

Ich gehe selten zum Grab meines Vaters. Lieber blättere ich in alten Alben, betrachte die Fotos, auf denen er zu sehen ist, und frage mich, warum dieser Mensch seinem Leben vor zwölf Jahren selbst ein Ende setzen musste. Ich habe sehr oft über diese Frage nachgedacht, ohne eine eindeutige Antwort darauf gefunden zu haben, denn jede mögliche Anwort geht Generationen weit zurück, ist widersprüchlich und lässt sich in keinen einfachen Aussagesatz pressen. Einer der wenigen Menschen, die Derartiges in einem einfachen Aussagesatz zu fassen vermögen, ist Theodor Francis Powys: »John Toole hanged himself, and now Pim shook his head at his grave.« Auch weiß Powys zu berichten, wie es John Toole im Grab ergeht: »There baint no work to do here and all be ease and comfort, and many a merry story do we bones tell together.« Das ist, man kann es nicht anders sagen, tröstlich.

Als ich das letzte Mal auf dem Friedhof war, lag unter der Buchenhecke hinter dem Grab ein menschlicher Unterkiefer. Ich stutzte, doch derjenige meines Vaters konnte es nicht sein. Dieser Unterkiefer hatte nur noch sieben Zähne, und natürlich rätselte ich, wie er unter die Hecke geraten war. Ein übermütiger Totengräber, der beim Ausheben eines neuen Grabes auf den Knochen gestoßen war und ihn im hohen Bogen über seine Schulter geworfen hatte? Ein Tier, ein Kaninchen etwa, das ihn beim Buddeln seines Baus zutage gefördert hatte? Lange betrachtete ich den gelblichen Kiefer mit den sieben Zähnen und erwog, ihn mit nach Hause zu nehmen, rührte ihn am Ende aber, von Scheu gehemmt, nicht an. Schade, denn er hätte mir wohl einiges erzählen können.

1954, drei Jahre vor seinem Tod, malte Diego Rivera[2], Sammler präkolumbischer Kunst und im 20. Jahrhundert einer der Ersten, die das europaorientierte Selbstverständnis mexikanischer Intellektueller infrage stellten und sich auf die indianische Kultur besannen, ein Ölbild mit dem Titel »Estudio del pintor«. Gerahmt wird es von mattem Rot, grundiert von verwaschenem Schwarz und aufgehellt von Weiß und Beige. Da es die spitzwinklige Ecke eines vier bis fünf Meter hohen Raumes zeigt und man als Betrachter die Froschperspektive einnimmt, wird der Eindruck erweckt, als befände man sich nicht in einem Atelier, sondern in einer Pyramide. Betrachtet man das Bild, so folgt der Blick einer geschwungenen Mittelachse: vorn eine junge Frau im rosa Kleid auf einer Liege, in der Bildmitte ein Klapptisch mit Zeichnungen und kleinen Skulpturen, hinten in der Ecke die Pappmachéfigur eines nordamerikanischen Indianers und wiederum dahinter ein schwarzer Vorhang, der den Blick bis hinauf zur Decke zieht. Die linke Bildhälfte nimmt eine riesige Fensterfront ein, die rechte ein ebenfalls aus Pappmaché bestehendes Skelett, dessen Beine bis auf die Füße der Frau hinabhängen. Der Blick der Frau ist düster und resigniert auf das Skelett gerichtet, ihre linke Hand liegt unterhalb des offenen Gürtels auf ihrem Schoß, und man spürt eine verhaltene sexuelle Spannung.

Auf den ersten Blick scheint es sich um eine Abwandlung des Eros-Thanatos-Motivs zu handeln: die junge Frau und der Tod, das Atelier (Profanbau) als Pyramide

---

2 Diego Rivera (1886–1957), von 1929 bis 1954 mit kurzer Unterbrechung Ehemann der weit überschätzten Schmerzensmalerin Frida Kahlo und in erster Linie durch seine historisch und politisch inspirierten Fresken bekannt geworden. Weil er 1933 im New Yorker Rockefeller Center ein Leninporträt in ein Wandbild aufnahm, wurde dieses später zerstört.

(Sakralbau bzw. Grab). Den Mittelpunkt des Gemäldes aber, an dem der Blick des Betrachters, nachdem er alles andere gestreift hat, hängen bleibt, bilden eine Papiertaube und die Steinskulptur eines Totenschädels. Die Taube hängt kopfüber an einem Faden von der Decke, und ihr Schnabel zeigt auf den Schoß der Frau. Die aztekische Skulptur erweist sich bei genauerem Hinsehen als kein bloßer Schädel, sondern als hockende Frauengestalt. Vermutlich handelt es sich um die Darstellung einer Ciuateteo, i.e. die Seele einer im Kindbett verstorbenen Frau. Dem Glauben der Azteken gemäß gingen diese Frauen ins Paradies ein, ein Privileg, welches sonst nur den in der Schlacht gefallenen Kriegern zustand. Auf Riveras Gemälde gibt es noch andere präkolumbische Skulpturen, doch dieser grinsende Schädel mit seinen absurd-verzweifelten Zügen, die den Widerwillen der jungen Frau lächerlich zu machen scheinen – »Widerstand sinnlos, meine Liebe, ha, ha!« –, ist sein Kern. Er verleiht dem Gemälde eine geschichtliche Dimension und damit eine Bedeutungsebene, welche es über herkömmliche Eros-Thanatos-Darstellungen hinaushebt. Er knüpft an das aztekische Verständnis an, wonach Leben und Tod weder voneinander zu trennen noch fein säuberlich in Kategorien von »Gut« und »Böse« einzuordnen sind, sondern einen Dualismus bilden, dessen Spannung es auszuhalten gilt.

Fragt sich nur, was in diesem Zusammenhang das Schild mit der Aufschrift »Se Suplica No Fumar« zu bedeuten hat, das ebenfalls auf dem Gemälde zu sehen ist.

Wenn ich auf den Dachboden gehe, um eine Zigarette zu rauchen, blicke ich auf den alten Friedhof des Dorfes, der von 1822 bis 1955 genutzt wurde. Die Elstern versammeln sich in den Wipfeln seiner Bäume, und als sich meine Söhne darüber beklagten, dass wir keinen vernünftigen Kletterbaum auf unserem Grundstück haben, ging ich mit ihnen kurzerhand dorthin. Da sich Pflege und Verwilderung die Waage halten, hat dieser Friedhof einen gewissen Reiz. Da ist die Grabstätte der alteingesessenen Bauernfamilie F., deren Findling, da noch Tote zu erwarten sind, immer hübsch geputzt wird. Da ist die Grabstätte der ausgestorbenen Bauernfamilie K., deren übermannshohe Grabsteine vollständig überwuchert sind. Und am Rand des von einer brüchigen Mauer umhegten Grundstücks wachsen Efeu und wilde Büsche. Dort fanden wir eine Eibe, die sich einigermaßen gut zum Klettern eignete. Zum Rutschen war sie allerdings noch besser geeignet, denn an der Wegseite hingen die von trockenen Nadeln bedeckten Zweige wie eine Schleppe bis auf den Boden, und wenn sich meine Söhne in den Baum gezwängt hatten, ließen sie sich einfach kippen, fielen auf die weiche Nadelschleppe und von dort auf die Erde. Das ging nicht ohne Gejohle und Geschrei, und da mir trotz aller Bemühungen, mich darüber hinwegzusetzen, die so genannte »Ruhe der Toten« nicht aus dem Kopf ging, war ich nervös und dementsprechend froh, als die Dämmerung einsetzte und ich die Kinder nach Hause scheuchen konnte. Dummerweise verließen wir den Friedhof nicht durch die Pforte, sondern kletterten über die Mauer, und dabei lösten sich ein paar Steine und polterten auf den Bürgersteig. Wir machten uns schnell aus dem Staub.

»Nicht der Tod ist das Schrecknis dieser Welt«, schreibt Paul Westheim, »sondern Tezcatlipoca, das Bewusstsein, niemals Herr sein zu können über das Schicksal.« Tezcatlipoca[3], Bruder und Rivale Quetzalcóatls[4] – beide zerstören die jeweils von ihnen erschaffenen Welten, bis Tezcat-

lipoca seinen Bruder betrunken macht, so zum Ge-
schlechtsverkehr mit der eigenen Schwester verführt und
damit aus dem Weg räumt –, ist einer der zwei Pole im
Dualismus der Schöpfung. Nicht wie der Teufel des
christlichen Glaubens die dunkle Folie des lichten Guten,
sondern inhärentes und, da man ihm sämtliche Reichtü-
mer verdankt, paradoxes Prinzip. Westheim bezeichnet
dies als »dynamische Weltkonzeption«, welche das Eine
und Ewige sowie den Stillstand unmöglich macht. Zwischen den Polen zucken die Energieströme hin und her,
und ob man Osama bin Laden aufzuspüren versucht oder
die NPD verbieten will – hinsichtlich der Wahrung be-
stehender Machtverhältnisse durchaus verständliche Versuche –, stets ist man bemüht, die Spannung zwischen
diesen Polen zu entschärfen. Die Azteken hingegen scheinen diese Spannung akzeptiert zu haben. »Der Dualismus«, behauptet Westheim, »ist das Wesensprinzip der prä-
kolumbischen Welt. (…) Es gibt im eigentlichen Sinne
kein Sein, es gibt nur Werden und Zerstörtwerden. Das
Sein ist ein ephemerer Zustand (…).«

Ein solches Weltbild, das Leben und Tod gleichberech-
tigt in sich einschließt, könnte man wohl begrüßen, hätte
sich die Spannung dieses Dualismus nicht in den Menschenopfern ein blutiges Ventil gesucht. »Die Weltschöp-

---

3 Nachtgott, der Mond des Abendhimmels. »Sein Name bedeutet
   ›der rauchende Spiegel‹. Anstelle des einen Fußes (…) trägt er jenen gefürchteten Spiegel, der ihm dazu dient, alles zu sehen, was
   auf Erden geschieht (…), mit dem er auch in die Herzen der
   Menschen hineinzusehen vermag und ihr Denken durchschaut.«
   (Westheim)
4 Quetzalcóatl, der Mondgott, der in der zweiten Hälfte des Monats
   der Sonne entgegenwandert, »der Weise, der Fromme, der Gütige,
   der Gesetzgeber der Tolteken, der Förderer von Handwerk, Kunst
   und Wissenschaft« (Westheim), war eine Art Apoll der Azteken.

fung (…) hat immer wieder zu geschehen«, verkündet Westheim theatralisch, und Soustelle erläutert nüchterner: »Das Menschenopfer war bei den Mexikanern weder ein Niederschlag der Grausamkeit noch des Hasses. Es war vielmehr ihre Antwort – die einzig für sie denkbare Antwort – auf die Unbeständigkeit einer fortwährend bedrohten Welt.« Man hat diese Opferungen gewiss auch aus Gründen des Machterhalts inszeniert, denn was hält die Untertanen stärker im Zaum als die Angst, auf dem Opferstein zu landen? In jedem Fall wird deutlich, dass es auch jenen, für die dieser Dualismus Bestandteil ihres Glaubens gewesen ist, schwer fiel, damit zu leben. Warum sonst all die Klagen über die Sterblichkeit in den aztekischen Gedichten: »Dorthin, wo der Tod nicht reicht, wo nicht sein Sieg, / dorthin möchte ich eilen. / Ach, brauchte ich niemals zu sterben, niemals vergehen!« Und ob »einzig denkbare Antwort« oder nicht, grausam ist sie in jedem Fall, und sie zeigt nicht nur, dass man das Leben als »ephemeren Zustand« betrachtete, sondern auch, dass den Azteken ein Leben nicht viel wert war – oder besagt sie im Gegenteil, dass ein Leben *sehr viel* wert war? So viel wert, dass seine Opferung den Lauf der Gestirne, ja die Fortdauer der ganzen Welt zu erhalten vermochte? »Tezcatlipoca, Personifizierung der Lebensangst«, schreibt Westheim und offenbart dem staunenden Laien damit eine weitere Interpretation des Gottes, »lebt in der Phantasie jener Völker nicht als ein (…) Greis. Ganz im Gegenteil ist er ›der ewig Junge‹, der, ›der niemals altert‹. Im Mai (…) wird der schönste Jüngling ausgewählt, der ihn ein Jahr lang repräsentiert und nach Ablauf des Jahres in feierlicher Zeremonie geopfert wird, um den Gott in ewiger Jugendlichkeit (…) zu erhalten.« Ewige Jugend, kosmische Ordnung – auch eine Form von Wahn. Auf Riveras Gemälde blühen hinter dem Atelierfenster die Bäume, und zwischen den Zweigen gleißt die Sonne. Die ausgelutschten Hängebrüste der Großen Coatlicue werden von der Kette aus Herzen und Händen umrahmt, doch man darf vermuten, dass sie noch Milch geben. Angesichts von Menschenopfern, herausgerissenen Herzen und abgehackten Händen ist das alles kein Trost. Die Angst vor dem Leben wie auch vor dem Tod bleibt bestehen, und man sollte wohl besser versuchen, zu dieser Angst zu stehen. »A well-dug grave be good and a coffin be pretty«, lässt T. F. Powys seinen Mr. Pim sagen, »but I haven't a fancy for neither heaven nor hell.«

Der Schlachter zwinkerte mir zu. Und als ich bezahlt und Wurst und Aufschnitt eingepackt hatte, bückte er sich und hievte einen Plastikkorb auf die Theke, in dem ein blutiger Bullenschädel ohne Haut, Augen und Zunge lag. »Wollten Sie doch haben, oder?«, fragte er. »Hat noch beide Hörner«, sagte er. »Ist selten«, grinste er, und ich nickte (verdutzt, da ich die Bestellung längst vergessen hatte) und blätterte auf sein Verlangen weitere zwanzig Mark hin. Dann schleppte ich den Korb quer über den Markt zum Auto und versuchte vergeblich, ihn im Kofferraum zu verstauen – mit Hörnern war das Ding zu breit. Notgedrungen stellte ich den Korb, aus dem noch Blut troff, auf den Beifahrersitz, und auf der Fahrt nach Hause pikste mich das linke Horn ständig in die Taille. Auskochen konnte ich das Monstrum auch nicht, denn einen so großen Topf hatte ich nicht zur Verfügung, und außerdem hätte das ganze Haus gestunken, und deshalb vergrub ich den Schädel im Garten und überließ die Arbeit der Zeit und den Würmern.

Gras wuchs über die Sache. Nach drei Jahren erinnerte ich mich des Schädels, holte einen Spaten und machte mich auf die Suche. Wo hatte ich das Ding verscharrt? Ich grub neben der Sternmagnolie. Ich grub neben der Feuerstelle. Ich grub vor den Rosenbüschen. Ich grub den ganzen Garten um, bis ich den Schädel endlich fand und feststellen musste, dass drei Jahre nicht gereicht hatten, um alles Fleisch zu entfernen. Nur der Unterkiefer war verschwunden.

Manchmal liegt man falsch.

Zitierte Literatur:

Guerrero, Raúl Flores, *Die Kunst Mexikos. Band 1: Die präkolumbische Zeit.* München (Wilhelm Goldmann) 1970.

Powys, Theodore Francis, *Fables.* Brighton (Hieroglyph) 1993 ([1]1929)

Soustelle, Jacques, *Das Leben der Azteken.* Zürich (Manesse) 1986.

Theile, Albert, *Es tagt die Erde. Indianerdichtung Südamerikas.* Zürich (Die Arche) 1962.

Westheim, Paul, *Die Kunst Alt-Mexikos.* Frankfurt/M. (Ullstein) 1964.

ders., *Der Tod in Mexiko.* Hanau (Müller & Kiepenheuer) 1987.

Manfred Schiedermair
Das Ritual der Beichte

Als die amerikanische Armee im Frühjahr 1945 in Bad Godesberg am Rhein einmarschierte, war ich 13 Jahre alt. Die Soldaten waren – insbesondere zu Kindern – meist freundlich und schenkten uns manchmal Schokolade oder Zigaretten oder tauschten diese gegen Bücher – besonders beliebt war natürlich »Mein Kampf« – und Fotoapparate oder Schmuck.

An einem warmen Tag im Juni trottete ich an einem Hotel vorbei, das von den Amerikanern besetzt war. Ich konnte von der Straße aus in die im Parterre gelegene Küche sehen, in der ein Koch mit der Vorbereitung des Abendessens beschäftigt war. Er unterbrach seine Tätigkeit, um den Raum zu verlassen. Ich vermutete, dass er auf die Toilette wollte. Ich kletterte die Wand hoch, gelangte in die Küche, steckte eine Dose Corned Beef ein und machte mich davon. Im nahe gelegenen Park öffnete ich die Dose und aß das Fleisch gierig auf. Als ich meine Mahlzeit beendet hatte, fiel mir ein, dass es Freitag war. An einem Freitag Fleisch zu essen war in meinen Augen damals eine schwere Sünde. Ich lief in die Kirche, in der ich ziemlich oft schon wegen meines Amtes als Messdiener war. Der Pfarrer nahm gerade die

Beichte ab. Ich betrat den Beichtstuhl und bekannte, dass ich freitags Fleisch gegessen hatte. Der Pfarrer, ein freundlicher, älterer, etwas dicklicher Herr, fragte: »Junge, wo hast du denn das Fleisch hergehabt?« Ich antwortete: »Vom Ami.« Darauf meinte er, ich hätte besser beichten sollen, dass ich gestohlen hätte. Auf diesen Gedanken war ich gar nicht gekommen. Ich wäre niemals wegen einer solchen Lappalie zur Beichte in die Kirche gerannt. Wenn überhaupt, hätte ich dies beim nächsten Routine-Beichtbesuch gesagt. Wahrscheinlich hätte ich es einfach vergessen.

In den folgenden Jahren wurde das Ritual der Beichte immer komplizierter. Die Absolution konnte wirksam nur erteilt werden, wenn der Sünder auch Reue zeigte. Reue aber setzte voraus, dass er sich fest vornahm, die gleiche Sünde in Zukunft nicht mehr zu begehen. Einem etwa 15-jährigen Jungen war aber völlig klar, dass bestimmte Sünden auch in Zukunft sozusagen unausweichlich waren. Es gelang mir daher bei meinen Bemühungen um Reue nur selten, mir selbst gegenüber auch nur einigermaßen glaubwürdig zu erscheinen. Die Sündenaufzählung in der Beichte blieb daher auch immer weitgehend die gleiche und wurde zu einer Art feststehendem Katalog. Als ich viele Jahre später – ich war fast dreißig Jahre alt – beichtete, »ich habe genascht«, fragte mich der Beichtvater vernünftigerweise, ob ich für diese Sünde nicht schon etwas zu alt wäre.

Etwa seit meinem 15. Lebensjahr hatte ich langsam begonnen, an der klassisch rheinisch-katholischen Hierarchie von Gott-Teufel und den möglichen Todesfolgen »Himmel-Hölle-Fegefeuer« zu zweifeln. Einer meiner Onkel sagte mir damals, dass mein Lebensprinzip sein solle »fröhlich gelebt, selig gestorben«. Das könne allerdings nur gut gehen, wenn ich vor meinem Tod noch

Zeit hätte, die Letzte Ölung zu bekommen, weil mir dann äußerstenfalls das Fegefeuer drohen könne, das ja zeitlich begrenzt sei. Er meinte, ich solle immer aufpassen, nicht in einem Verkehrsunfall oder auf andere Weise plötzlich zu sterben. Das erschien mir einerseits logisch, andererseits gänzlich absurd.

Ich war allerdings noch nicht fähig, diese Vorstellungen als unsinnig abzutun. Auf dem Jesuitengymnasium, das ich damals besuchte, hatte uns der Religionslehrer gesagt, dass er volles Verständnis dafür habe, wenn wir manchmal an katholischen Riten oder gar an dem Lohn-Straf-System der Kirche zweifelten. Solange wir aber überhaupt für möglich hielten, dass es Himmel und Hölle als Belohnung oder Strafe geben könne, sollten wir unbedingt so leben, als ob dies nicht zweifelhaft sei. Man könne sich vernünftigerweise nur so verhalten wie ein Soldat im Kriege. Man wisse nicht, ob die Russen in der Nacht oder am nächsten Morgen angriffen; also müsse man Wachen aufstellen und sich vorsorglich darauf einrichten. Fände kein Angriff statt, habe man nur eine vergleichsweise geringe Lästigkeit auf sich genommen. Griffe der Feind dagegen an und man wäre nicht gerüstet, wäre dies eine Katastrophe. Gäbe es keinen Gott, habe man die Mühe eines christlichen Lebens zwar umsonst investiert, gäbe es aber einen Gott, wäre man auf ewig verloren, wenn man nicht nach den Regeln der Kirche gelebt hätte.

Mich überzeugte diese Argumentation, und ich ging weiter, ohne so recht an den Sinn glauben zu können, sonntags in die Kirche und gelegentlich zur Beichte.

In meinen beiden letzten Jahren auf dem Gymnasium hatte ich mit großer Leidenschaft begonnen, Amateurtheater zu spielen. Ich besuchte Schauspielkurse und beteiligte mich an Gastspielen – etwa einer privat organisierten Tournee durch deutsche und österreichische Badeorte, wo wir eine französische Komödie aufführten. Mein erstes selbst verdientes Geld erhielt ich zu meinem großen Stolz vom Südwestfunk für eine Radio-Aufnahme dieses Stücks.

Obwohl die Zeiten damals in den fünfziger Jahren sehr prüde waren, herrschte unter den verschiedenen Schauspielgruppen und bei den Ausbildungskursen ein vergleichsweise fröhliches Leben. Ich hätte damals durchaus ab und zu die Gelegenheit gehabt, mit einem Mädchen ins Bett zu gehen. Obwohl ich mir nichts Aufregenderes hätte vorstellen können, hatte ich viel zu große Angst, eine solche Todsünde zu begehen. Ich stellte mir vor, welche Gewissensqualen ich anschließend empfinden würde, und selbst die Möglichkeit der Beichte konnte mir diese Angst nicht nehmen. Ich widerstand also allen Versuchungen.

Irgendwann – ich war schon Student – geschah es dann dennoch. Als ich gegen Morgen nach Hause ging, war ich so fröhlich und vergnügt wie seit Jahren nicht mehr. Die einzige »Reue«, die ich empfand, war, dass ich in den vergangenen Jahren vor solchen Versuchungen geflohen war. Ich beichtete diese Sünde zwar, aber mit der Reue klappte es nicht so recht, weil ich mich doch schon auf das nächste Treffen mit dem Mädchen freute. Ich nahm mir zwar vor, »es« nicht wieder zu tun, aber ich konnte mir – mit Recht, wie sich herausstellte – nicht so ganz glauben.

Erst als ich über 30 Jahre alt war, wurde mir bei einem eigentlich unbedeutsamen, aber doch unvergessenen Gespräch mit einem Freund klar, dass meine Beziehung zur Kirche jede Bedeutung für mich verloren hatte und die Rituale des Kirchgangs und der Beichte für mich leere, sinnlose Hülsen geworden waren. Sie verschwanden aus meinem Leben. Es verschwanden auch die Hölle und der Himmel. Ich empfand darüber keine Traurigkeit, nicht einmal Bedauern, sondern erlebte nur das Gefühl der Befreiung – bis heute.

Stephan Wackwitz
Coffeeshop, Nördliche Hemisphäre

Wenn ich heute nach London komme, dauert es keinen
halben Tag, bis ich unter einem seltsamen Zwang die
Circle Line oder die Buslinie Nummer 14 nach South
Kensington nehme und in der Princess Road – rechter
Hand ein paar Häuser von South Kensington Station
entfernt; in unmittelbarer Nachbarschaft eines Blumen-
wie eines Buchladens – ein merkwürdig unspektakuläres
Ladencafé aufsuche, das meiner Familie und meinem
Freundeskreis längst als das »Rock Cake Café« geläufig
ist (wahrscheinlich sogar bis zum Überdruss geläufig,
denn ich schicke jede und jeden wortreich dorthin, wenn
sie nach London kommen; meistens zu ihrer großen Enttäuschung).

Die inoffiziell-familiäre Benennung dieses Cafés
schreibt sich von einem batzen- oder fladenartigen He-
fegebäck her, das es, vor schätzungsweise fünf Umbau-
ten, Besitzer- und Stammpersonalwechseln, irgendwann
zu Beginn der achtziger Jahre dort gegeben hat und das
schwach nach Vanille, ansonsten jedoch auffällig nach gar
nichts schmeckte. Aber nicht einmal durch den »Rock
Cake«, den man dort nämlich seit mindestens einem halben Jahrzehnt nicht mehr bekommt, distinguiert sich

dieses in Wirklichkeit irgendwie »South Kensington Coffeeshop« oder sonst wie, jedenfalls geradezu beleidigend einfallslos heißende Etablissement vor unzähligen anderen Coffeeshops der großen Stadt. Es ist überhaupt nichts am »Rock Cake Café«, das eine U-Bahn-Fahrt nach South Kensington rechtfertigen könnte. Und doch würde ich jedes Mal, wenn ich nach London komme, auch dann dort hingehen, wenn nicht das Victoria & Albert-Museum, das »Science Museum« und vor allem das »Museum of Natural History« dort um die jeweiligen Ecken lägen. Ich gehe dort bei meinen London-Aufenthalten auch hin, wenn ich keine Zeit oder Lust habe, in eins dieser Museen zu gehen, und auch sonst nichts in South Kensington zu tun habe. Mag geschehen, was will: Wann immer ich in London bin, gehe ich ins »Rock Cake Café«. Es handelt sich um eine der unumstößlichen und über jede Begründung erhabenen Konstanten meines Lebens.

In Wirklichkeit gehe ich natürlich deshalb ins »Rock Cake Café«, weil dort inzwischen (die Besitzer, das Kuchenangebot und die Einrichtung mögen wechseln, sooft sie wollen) die Zeit stillsteht. Was man gemeinhin als »Das Leben« bezeichnet (typischerweise in jenem seltsam überdrehten, zugleich aufgeregten und feierlichen Tonfall, in dem man derlei Dinge sagt), ist in Wirklichkeit eine merkwürdig unrealistische (sagen wir es gleich: meistens eigentlich ziemlich unglaubwürdige) Idealisierung eines real existierenden Gewurstels und Gewürges (»Der Alltag«), in dessen Wirren und Strudeln es jeden Moment untergehen kann und untergeht. Was zu der philosophisch am Ende nicht ganz anspruchslosen Weiterung führt, dass das Leben verhindert wird durch nichts anderes als: das Leben, das es außerhalb irgendeines Alltags, wie jeder zugeben wird, nicht gibt. Zur theologischen Entparadoxierung dieser Problemlage ist früh das gnostische Modell eingesetzt worden. Lebenspraktisch aber haben sich Rituale besser bewährt. Sie bewahren das Leben vor dem Leben. Sie leiten den göttlichen Funken über Korridore oder Avenuen, Saumpfade oder Tunnel, Sinn-Pipelines oder -Viadukte relativ unbeschadet durch den Dschungel des Alltags hindurch. Und vor allem wieder aus ihm heraus.

Womit nicht gesagt sein soll, dass auch nur ein Funken Göttliches am »Rock Cake Café« in South Kensington wäre oder dort gar irgendeine Begegnung von der Art stattgefunden hätte, wie sie Immanuel Swedenborg ebenfalls in einem Londoner Lokal zugestoßen ist, der am Tisch einer dortigen Garküche eines Abends im Jahr 1745 bekanntlich keinem Geringeren als Gott selbst gegenübersaß (der Allmächtige ermahnte ihn, nicht so viel zu essen). Das Göttliche oder zumindest Ewige am »Rock Cake Café«, das eigentümliche *nunc stans* dieses Allweltlokals, habe ich ja selbst hergestellt. Indem ich nämlich über die Jahrzehnte stur jedes Mal hingegangen bin, wenn ich in London war. Angefangen habe ich damit in einer Art persönlichen Spätantike, oder sagen wir: Frühmittelalter, als frisch promovierter und ansonsten reichlich perspektivloser und vereinsamter einunddreißigjähriger Lektor am Londoner »King's College«.

Ich hatte damals unweit der nordwestlichen Ecke von Kensington Gardens, in einer merkwürdig verschlungen in sich selber endenden Straße mit dem tröstlich ein wenig an Deutschland erinnernden Namen »Linden Gardens«, eine möblierte Zweizimmerwohnung gemietet – vordergründig-praktisch über eine Agentur; wie sich später herausstellte, de jure und in Wirklichkeit jedoch von Emma Soames, einer Enkeltochter Winston Churchills und Jugendfreundin des Schriftstellers Martin Amis (wieder eine andere Geschichte; hier darüber nur so viel, dass mir aufgrund keines anderen Umstands in Großbritannien gesellschaftlich so viel Duldung, vielleicht sogar ein gelegentliches menschliches Interesse entgegengekommen ist wie aufgrund meines Mietverhältnisses zu der damals irgendwie ins Ausland verzogenen Emma Soames: Es war die einzige Verbindung zu respektablen Kreisen dieses sich selbst so merkwürdig genügenden Inselreichs, die aufzunehmen und zu unterhalten mir jemals gelungen ist).

Mein College lag am »Strand« und war ein bedrückender schwärzlicher Betonkasten im brutalistischen Formenrepertoire der sechziger Jahre. Weil ich dort so gut wie gar nichts zu tun hatte, beeilte ich mich meistens nicht sehr, zum »Strand« zu kommen. Zumal ich eigentlich auch keine zeitlich festgelegten Anwesenheitspflichten hatte. Soweit man von Verpflichtungen des Deutsch-Lektors am King's College damals überhaupt sprechen wollte, umfassten diese meiner Erinnerung nach gerade einmal acht Wochenstunden, während deren mir oblag, mit jeweils vier bis acht (freilich unbeschreiblich, teilweise geradezu pathologisch maulfaulen) Achtzehnjährigen »Konversation« zu betreiben. Trotzdem hatte ich meine »Tutorials«, wie die Angelegenheit institutsintern hochtrabenderweise bezeichnet wurde, auf zehn Uhr morgens gelegt, eine hilflose und vielleicht fast ein bisschen rührende Reverenz vor so etwas wie einem berufstätig respektablen Tagesablauf.

Wenn ich es morgens eilig hatte, fuhr ich mit der Untergrundbahn von Notting Hill Gate direkt nach Temple Station. Schätzungsweise nach den ersten vier Monaten meiner Amtszeit am »King's College« jedoch, im Frühling des Jahres 1983, nahm ich die Gewohnheit an, bei schönem Wetter nicht in Notting Hill Station einzusteigen. Die ließ ich vielmehr rechter Hand liegen, um – am Kensington Palace, an dem fast kreisrunden Weiher, um dessen Ufer Eichbäume ein fast heideartiges Landschaftsgefühl heraufrufen und schließlich am Albert Memorial vorbei – durch den Park zur Exhibition Road und weiter südwärts zur South Kensington Station zu wandern, worauf es dann weiterhin nahe lag, den Weg zur Arbeit durch eine Einkehr im damals an seiner Ladenfront feuerwehrrot angestrichenen »Rock Cake Café« noch ein wenig zu verlängern.

In meiner Erinnerung an den Londoner Frühling des Jahres 1983 ist praktisch ununterbrochen schönes Wetter. Jedenfalls ist es mein alles andere ausblendendes Bild dieser Zeit, dass ich nach einem Spaziergang durch den noch ganz betauten, vielfältig glitzernden, zwitschernden und wohlriechenden Kensington Park im »Rock Cake Café« auf einem wacklig hohen Barhocker vor einem in Brusthöhe über die ganze Länge des Schaufensters gezogenen, brettartig schmalen »Tisch« oder in Wirklichkeit besser: Teetassen-Abstellbord sitze, die Ellbogen zu Seiten eines Buchs oder eines Briefs, einen Becher Kaffee und einen bröckelnden, rosinendurchsetzten, schwach nach Vanille und sonst auffällig nach gar nichts schmeckenden Hefeteigbrocken neben mir.

Es ist merkwürdig, dass gerade Coffeeshops und coffeeshopnahe Restaurationsbetriebe, denkbar unfeierliche Einkehrmöglichkeiten des modernen Lebens, von den modernen Künstlern bevorzugt zu Weltorten und -bildern umgearbeitet werden, ein Umstand, der wahrscheinlich mit der Verbindung eines fast privatzimmerartig kleinen, zugleich aber öffentlich zugänglichen Raums mit einer unabsehbar großen Stadt oder Landschaft zusammenhängt. Der Coffeeshop ist für die Moderne, was der Schild des Achill in Homers »Ilias« für das epische

Zeitalter war: ein Bild des Ganzen auf kleinem Raum. So ist Harvey Keitels Tabakladen in Paul Austers Filmdrehbüchern für »Blue in the face« und »Smoke« bei näherem Hinsehen in Wirklichkeit ebenso ein Coffeeshop wie die Pariser Eckkneipe, von der in Pierre Jeunets Märchen »Die fabelhafte Welt der Amélie« berichtet wird. Und Sorger, der Held in Peter Handkes Roman »Langsame Heimkehr«, erzählt, dass in einem Augenblick in einem New Yorker Coffeeshop jemand »hinten an der Kasse, einen Scheck ausfüllend« halblaut das Datum des erzählten Tages genannt habe »und dabei (sämtliche Geräusche verschwanden, und der Dampf der Kaffeemaschine bewegte sich wie durch das Datum) wurde in dem Coffeeshop, unter allgemeiner Atemlosigkeit, die Zeit beständiger wirksam (Sorger sah einen Wimpernschlag lang eine riesige Gestalt über einer Flusslandschaft stehen) und durchstrahlte den Raum mit einer wärmenden Lichtwelle. Der Augenzeuge hatte dafür nur die Worte ›Jahrhundert‹ und ›Friedenszeit‹ und sah, wie in einem stummen Film, Kalenderblätter fallen. Die ›Göttin Zeit‹ nahm den unversehens, mitsamt den Blechaschenbechern und Zuckergläsern (die zu Prunkgefäßen wurden), saalartig glitzernden Coffeeshop aber nicht aus dem Datum des Tages heraus, sondern verband ihn umgekehrt mit den vergangenen Tagen, bis der Raum (statt fremd nur immer heimeliger werdend) in sich alle zu einer Menschenmöglichkeit weiterhelfenden Erfindungen, Entdeckungen, Töne, Bilder und Formen der Jahrhunderte trug.«

Es wäre nun freilich ein bisschen übertrieben zu behaupten, mir selbst seien im Frühsommer 1983 in South Kensington Erlebnisse und Erleuchtungen zuteil geworden wie dem Geologen Sorger in Handkes Roman an jenem New Yorker Tag. Nicht umsonst ist Sorger eine

Romanfigur. Aber ich denke, dass die beschriebene Einheit aus Wohnzimmerintimität und Weltweite, die man vorläufig und skizzenhaft das »Coffeeshop-Gefühl« nennen könnte, in der Tat auch in uns nichtfiktionalen Sterblichen in manchen Momenten – »einen Wimpernschlag lang« – jene Feierlichkeitsmomente herstellt, in denen dieser Moment plötzlich alle Zeit ist, dieser schäbige, nach Kaffee riechende Raum die Mitte der Welt und während derer die Blechaschenbecher und Zuckergläser sich in Prunkgefäße verwandeln. Es ist wahrscheinlich nicht zu viel behauptet, dass wahrscheinlich nur in der Hoffnung auf diese Momente nicht nur ich kompulsiv Londoner Coffeeshops aufsuche. Man muss nur beobachten, wie sie zum Fenster auf den Strom der Gehenden hinausschauen, die Coffeeshop-Besucher überall auf der Welt, wie sie nachdenklich und in sich versunken an ihrem Kaffee nippen (andächtig; rituell eben), wie sie neben sich abgestellte Tüten mit Neuerwerbungen freundlich beschauen oder in gerade gekauften Büchern blättern. Man sieht sie dann fast selber, die inneren Filme und Szenarien in ganz fremden Köpfen, in denen die Cafégäste als Hauptdarsteller einer von ihrem Caféstuhl die ganze Welt umfassenden großen Erzählung auftreten, gelassene Bürger eines von hier aus gesehen plötzlich ganz heimatlichen Universums.

Das Pilgern nach South Kensington, das Londoner Ritual des Coffeeshop-Aufsuchens, wäre dann – wie es die Religionswissenschaft allen Ritualen nachsagt – die zwanghafte Bemühung, jene flüchtigen Erleuchtungsmomente, gleichsam jene über einer Flusslandschaft auftauchenden Riesengestalten, zu bannen, zu einem wiederholten Erscheinen zu zwingen, indem man einfach behauptet und dogmatisch fixiert, dass jedes Mal, wenn man in South Kensington einen Rock Cake isst und ei-

nen Kaffee trinkt, sogar wenn man nur in dem längst
umgestalteten und unter neuer Leitung stehenden Café,
in dem es schon längst keinen Rock Cake mehr gibt, etwas anderes (ein Sandwich zum Beispiel) isst und seinen
Kaffee trinkt, diese monumentalisierten Lebens-, Zeit-
und Weltgefühle sich herstellen werden. Sie werden,
mehr oder weniger stark, dann schon fühlbar sein (auch
die Versenkungsrituale der großen Weltreligionen funktionieren ja nicht jedes Mal, oder nicht jedes Mal gleich
intensiv). So gesehen wäre meine Rock-Cake-Café-
Obsession von einem sich gegen meine streng protestan-
tische Erziehung hartnäckig und erfolgreich behaup-
tenden, spontan auftretenden oder vielleicht auch
naturwüchsigen und angeborenen Katholizismus. Meine
Rock-Cake-Eucharistie wäre dann nur der idiosynkrati-
sche und eben für mich nach London gehörende Son-
derfall eines von anderen Coffeeshop-Besuchern anders
und anderswo gefeierten globalen Coffeeshop-Rituals
weltlicher Erlösung und Erleuchtung.

Und tatsächlich haben sich durch die Jahre dort in
South Kensington mehr merkwürdige, rührende und un-
vergessliche Momente begeben als an den meisten anderen Orten zumindest meiner Welt. Ein windiger Som-
mernachmittag des Jahres 1983 in Kensington Gardens,
den ich im Coffeeshop beendete, ein Nachmittag, von
dem ich in gewisser Weise heute noch zehre und an dem
mir dort vor dem Fenster, über einem Rock Cake und
einer Tasse Kaffee, der Titel des vorliegenden Stücks eingefallen ist (ich benutzte ihn damals für ein Gedicht, das
ich zwar nie veröffentlichen werde, das mir aber immer
noch viel bedeutet und in dem die Zeilen vorkamen:
»Die Kontinente sind so klein wie in meinen Kinderbüchern./Die Drachen der Kinder im Park, dicht unter den
schnellen Wolken!«). Ein Morgen in den Sommerferien

1985, als ich dort Jorge Luis Borges' Gedicht »El otro tigre« las und mein Blick, als ich aus dem Buch aufschaute, auf einen schwarzweißen Tiger fiel, der auf der gegenüberliegenden Straßenseite das Reklameschild eines exklusiven chinesischen Restaurants verziert und den ich noch nie wahrgenommen hatte. Ein langer, himmelblauer Luftpostbrief aus Stuttgart (»Im Coffeeshop zu lesen«, steht über dem Datum).

Kleine, private Erleuchtungen. Und die Erinnerung an einen Vormittag im Juni 1994, als ich mit meinem zweijährigen Sohn im Museum of Natural History gewesen bin (als er in den hohen, bemalten Sälen Angst bekam – bei den Dinosauriern natürlich und merkwürdigerweise auch in dem Saal mit dem riesigen, aber ganz offenbar völlig friedlichen und sanft gerundeten Blauwal, der dort in Lebensgröße aufgebahrt ist –, hatte er nur den Kopf an meinen Hals gelegt und sich ansonsten ganz still verhalten). Durch das große Fenster des Coffeeshops sah ich ihn dann, während ich an der Theke noch einen Kaffee zu unseren beiden Sandwiches holte (Rock Cake gab es schon nicht mehr), klein, ernsthaft und sehr aufrecht auf seinem Stuhl sitzen und in das Kommen und Gehen der Passanten hinausschauen. 1996 kaufte ich im angrenzenden Buchladen eins seiner Lieblingsbücher für ihn, in dem ein kleines Mädchen namens Lilly allerlei mysteriöse Erlebnisse mit Walen hat. Im Dezember 2000 war ich zuletzt dort. Nichts war wie früher. Die Räume des angrenzenden ehemaligen Blumenladens sind baulich inzwischen irgendwie in das stark vergrößerte Café einbezogen. Aber meine Freundin schenkte mir an einem Tisch in der Ecke John Updikes Gedichte zu Weihnachten, und dann fuhren wir mit der Linie 14 nach Soho, und sie zeigte mir die Kneipe, wo sie, wenn sie nicht an ihrer Doktorarbeit schrieb, jobbte: »The blue room«. Um mich waren die Menschen aus allen Teilen der Welt so jung, wie ich selbst war, als ich zum ersten Mal in diese Stadt gekommen bin, und ich dachte darüber nach, wie London (und die Welt überhaupt) über die Jahrzehnte und die Jahrhunderte hinweg immer wieder neu entsteht.

Und natürlich werde ich wiederkommen. Wirkliche Rituale sterben nicht, genauso wie die Welt immer wieder neu entsteht. Vielleicht werde ich öfter wiederkommen, als ich weiß oder mir lieb ist. Mein Großvater hat gegen Ende der zwanziger Jahre mitgeholfen, die Sagen der Beskidendeutschen für einen Sammelband des Volkstumswissenschaftlers Alfred Karasek-Langer zu sammeln und dabei auch den Spuk in einem ländlichen Pfarrhaus zwischen Pleß und Auschwitz beschrieben, wo er zu Beginn der zwanziger Jahre Dienst getan und seine Kinder zur Welt gebracht hat. »So sahen die Dienstmägde vom Pfarrhaus in Anhalt einen verstorbenen Pastor immer am späten Abend vor dem Hause sitzen im Talar«, heißt es in dem Band, der dann 1930 erschienen ist und fast nur Gespenstergeschichten enthält, »und er las in einem großen Buche.«

Wahrscheinlich werden die Passanten des Jahres 2050 den groß gewachsenen, etwas gebeugten Mann, der in South Kensington in sauberer, aber ganz altmodischer Kleidung auf einem wackligen Holzstuhl sitzen und in einer zerfledderten Penguin-Ausgabe der Gedichte John Updikes oder Jorge Luis Borges' lesen wird, für eine Art Penner halten. Nur ein Kind oder ein junges Mädchen wird das Gefühl haben, der komische Mann, den es dort schon öfter sitzen gesehen hat, verschwinde dann manchmal so plötzlich wieder, als habe er sich in Luft aufgelöst. Aber sie werden den Mann und sein Buch und sein Verschwinden gleich wieder vergessen, und es wird niemandem darauf ankommen. Es gibt in großen Städten so viel Merkwürdiges. »Wer das tat und wer der Pastor war, wusste niemand«, heißt es in einem vergessenen Buch von 1930, von dem es nur noch ganz wenige Exemplare gibt. Die Rituale sind älter als wir. Und sie haben viel mehr Zukunft. Deshalb brauchen wir sie sogar dann, wenn niemand sie mit uns teilt.

Ingo Schulze
Budapest

Dazu müssen Sie wissen, dass mein Arkadiensommer einen Fluchtpunkt besaß, denn diesmal war nur die letzte Augustwoche für unseren jährlichen Budapestbesuch geblieben. Statt uns wie sonst die Nacht im Liegewagen um die Ohren zu schlagen, flogen wir. Und zum ersten Mal ohne meine Schwester, deren Jugendweihe einst den Vorwand geliefert hatte, unser Ritual namens Budapest zu beginnen. Genau genommen war es damals nur das Ritual meiner Mutter.

Aus ihrem Mund hatten wir so oft gehört, wie sehr sie Budapest liebe, dass die Stadt unbestritten ihr gehörte, was uns geradezu herausforderte, meiner Mutter jeden ungarischen Missstand anzukreiden. Darüber hinaus vergeudeten wir für die sechs Tage Budapest die Ersparnisse eines Jahres, weshalb meine Mutter schließlich ihre Trabantanmeldung verkaufte.

Ich weiß selbst nicht, warum ich mich jedes Mal auf diese Stadt freute. Angekommen, langweilte ich mich die meiste Zeit. Spaziergänge waren nicht meine Sache, und ständig hatte ich Hunger. Mutter und Schwester brauchten fast nichts, jedenfalls kein Mittagessen. Ich hingegen hätte Hot Dogs am liebsten stündlich verschlungen.

265

Von Anfang an war ich in Budapest unleidlich, als hätte ich mich nicht von der Übermüdung erholen können, mit der wir morgens den Liegewagen verließen. Fröstelnd und ungewaschen standen wir vor dem Nyugati pu, dem Westbahnhof, und warteten darauf, dass meine Mutter ihre erste Duett zu Ende paffte. Zu Hause rauchte sie nie.

Im Berufsverkehr ging es mit Sack und Pack zur Metro, dann bis zum Moszkva-tér und schließlich bergauf zu unserem Quartier. Wir wohnten unterhalb der Burg in einem unauffälligen Mietshaus, dessen Fahrstuhl hinter einem Eisengitter zu uns herabrumpelte. Beim Betreten schlingerte er. So wurde jede Fahrt zur Mutprobe, die ich vor meiner Schwester schweigend bestand. Quälend war zudem die Maßgabe, Klo und Bad nicht zu blockieren. Diese Vorschrift habe ich nie von unserer Wirtin gehört, die allein die verwinkelten Gemächer bewohnte. »Schreiben Sie mir wieder«, sollte sie beim Abschied sagen. Wegen dieses Satzes zwang uns Mutter zu absurden Rücksichten. Vor neun mussten wir das Haus verlassen haben. Erst nach acht, aber auch nicht später als neun, durften wir wieder zurückkehren. Flößte uns schon die Erscheinung der Wirtin Ehrfurcht ein, ihre hohe faltenlose Stirn leuchtete mehr noch als ihre schlohweiße Turmfrisur aus dem Halbdunkel des Flurs und trieb uns aus dem Weg, so war es vor allem eine weiße Kommode, für die meine Mutter jedes Mal die Bezeichnung »echt Rokoko« benutzte, die in der Rolle eines stummen Statthalters ihren Dienst versah. Niemals haben wir gewagt, eine Schublade aufzuziehen. Wahrscheinlich war sie voll gestopft mit Bettwäsche, denn wir zahlten jedes Mal mit einer ganzen Reisetasche davon.

Diese Kommode degradierte nicht nur alles sonstige Mobiliar, sondern auch uns, denn *wir* gehörten zu den beiden Campingliegen und dem Klappsofa, zu dem von Pappschnipseln ins Gleichgewicht gebrachten Tisch mit den unzähligen Abdrücken von Flaschen, Kannen und Gläsern und dem Sammelsurium an Stühlen, die, wenn sie nicht einfach nur im Weg herumstanden, Nachttisch und Kleiderschrank ersetzen mussten. Die Rokoko-Kommode forderte strikter noch als das Räuspern der weißen Wirtin stillschweigenden Gehorsam.

Das Klo lag am anderen Ende des Ganges. Ich wagte mich nur bis ins Badezimmer und pinkelte ins Waschbecken. In aller Regel hielt ich bis zum dritten Tag durch, an dem programmgemäß der Bäderbesuch stattfand. Erst wenn ich vor Schmerz und Anspannung kaum noch einen Schritt machen konnte – erst dann durfte ich heilige Rücksichten verwerfen und mich auf einer Toilette des Gellertbades entleeren. Damit war zugleich der Tief- und Wendepunkt der Woche erreicht.

Wie ich diesen Badetag hasste! Seit dem Kindergarten versetzte mich der Geruch von Chlorwasser gemischt mit der kälteren Luft der Toilette in Panik. Dass ich diesem Martyrium gerade in den Ferien ausgeliefert wurde, empörte mich.

Und dann das Nacktmachen! Überdies fehlte mir entweder Badehose (das hieß, ich musste im Schlüpfer hinaus) oder Badekappe, von Badeschuhen ganz zu schweigen. Von diesen Misslichkeiten in Anspruch genommen, vergaß ich die Nummer meines Spindes noch im selben Moment, da sie von einem unwirschen Bademeister mit Kreide auf die Innenseite der Tür geschmiert wurde. War ich dann endlich wieder mit Mutter und Schwester vereint, verhielten die sich wie Fremde.

Der Sauna konnte ich nicht ausweichen, man hatte sie bereits bezahlt – und immer war alles sündhaft teuer – gemessen an unserem Forintbudget. Einmal empfand ich

Todesangst, als ich, von einem älteren Herrn väterlich geleitet, ins Dampfbad geraten war. Ich glaubte zu ersticken, sah nur riesige Schemen mit mächtigen Armen und suchte die Tür auf der falschen Seite.

Die Hitze war Folter, das Kaltbecken Tortur. Die Männerhorde ringsum im nassen Lendenschurz schreckte mich. Eher wäre ich durch eigene Hand gestorben, als mich auf eine der Metallpritschen zu legen, dem Zugriff kahlköpfiger Hünen ausgeliefert. Sie zu sehen hieß fliehen.

Die Gewissheit, beim Verlassen des Gellertbades das Schlimmste überstanden zu haben und sogar vom Druck auf meinen Schließmuskel für einige Stunden befreit zu sein, versetzte mich in eine nahezu euphorische Stimmung. Auch mich, befand meine Mutter, hätte das Bad sichtlich erfrischt.

Hatte der Montag dem Burgviertel gegolten, der Dienstag der Pester Seite (das paradiesische Ausmaß der mit Obst und Gemüse gefüllten Markthalle!) und der Mittwoch dem Gellertbad, so fuhren wir donnerstags mit dem Schiff donauaufwärts zu der alten Römeransiedlung. Zwischen den antiken Grundmauern diskutierten meine Schwester und ich unsere Kaufpläne. Der Freitagnachmittag – das Kunstmuseum am Heldenplatz würden wir vormittags zu absolvieren haben – war greifbar nah. Allein diese goldenen Stunden am Ende der Woche verliehen unserer Reise Sinn.

Es ging um Zeitschriften und Kalender mit Fotos von Formel-1-Wagen, Fußballhelden und Popstars, um T-Shirts mit Aufdrucken und Schallplatten, um alles, was es bei uns nicht geben durfte. Für meine Schwester war eine blaue Windjacke mit drei weißen Streifen an den Ärmeln und einer kleinen weißen Krone auf der linken Brusttasche die schönste Sache der Welt. Und als ihr zusätzlich noch eine Sporttasche, verziert mit der alles entscheidenden Aufschrift »adidas«, genehmigt wurde, umarmte sie außer sich vor Glück sogar mich. Wenig später war die alte Distanz wiederhergestellt, als ich eher zufällig eine Single von Queen in Händen hielt und meine Sandalen gegen weiße Turnschuhe mit drei schwarzen Streifen tauschte.

Meine Mutter ließ uns gewähren, so weit es möglich war. Außer der Packung Duett bestand ihr Luxus in mehreren Tassen Kaffee täglich, ein Kaffee, der lächerlicherweise die Tasse nur einen Fingerbreit füllte. Dass es kein Versehen war, merkten wir erst an der Selbstvergessenheit, mit der unsere Mutter trank. Überhaupt tolerierten wir ihre Träumereien, obwohl mir von Anfang an ihre Raucherei peinlich gewesen war, so wie ich ihren Anblick nicht aushielt, wenn sie zu Hause zu unserer Musik tanzte. Sie zelebrierte jede Zigarette und kniff lieber die Augen zusammen und hustete, als von ihrer Nachahmung abzulassen, für die wir das Vorbild nicht kannten. Nicht dass uns ihre Traumvergessenheit fremd gewesen wäre, aber in Budapest gab sich meine Mutter keine Mühe, sie zu verbergen.

Der Sonnabend verging mit der Suche nach einem Restaurant, einem, das freie Plätze hatte und im wahrsten Sinne des Wortes für uns bezahlbar war. Wir beschworen unsere Mutter, wie bisher auf der Straße zu essen – Hot Dogs schmeckten außerdem ungleich besser als Schwabbelfleisch. Sie aber blieb hart. Gleichgültig, was wir noch bis zur Abfahrt des Zuges entdecken würden, jetzt war es unerschwinglich geworden.

Eine kleine Entschädigung bot der Bahnhof, wo wir die letzten Forint zählten und durch den Preis für Colaoder sonstwelche Büchsen teilten. Nie hätten wir Flaschen gekauft. Wir wollten ja nicht trinken, wir wollten die leeren Büchsen. Verstehen Sie, was ich meine?

Während wir im Abteil die Beute aufteilten, rauchte unsere Mutter auf dem Bahnsteig ihre letzte Duett.

Verzeihen Sie, wenn ich etwas ausschweifend geworden bin – doch anders bliebe alles Weitere unverständlich. Denn wie sehr mich jener Sommer verändert hatte, sollte ich erst in Budapest erfahren.

Für einen 14-jährigen Schriftsteller besaß selbst der Dresdner Flughafen Exklusivität. Die Abwesenheit meiner Schwester, die in einem Ferienlager an der Ostsee arbeitete, tat ein Übriges. Jede Limonade und jedes Brötchen, das meine Mutter bestellte, erschien mir wie eine Verschwörung, als teilten wir heimlich das meiner Schwester zustehende Drittel unter uns auf.

Kaum hatte unser Bus den Budapester Flughafen verlassen, begann ich zu dichten, das heißt, alles, was in irgendeiner Weise vom heimisch Gewohnten abzuweichen schien, prägte ich mir ein, um es bei nächster Gelegenheit zu notieren. Dieser Mechanismus setzte von nun an bei jeder Reise ein und verdarb mir in aller Regel den Urlaub. Damals jedoch hatte Gott gerade seinen Finger auf mich gelegt und gewährte dem Jüngling einige Zeilen, die am Ende zu einem – wie ich es nannte – Gedicht verknüpft wurden. Aber ich greife vor.

Unsere Wirtin, Frau Nádori, bat uns zur Begrüßung in die Küche, kochte Kaffee und zog sich eine Duett aus Mutters Schachtel. Sie inhalierte tief und blies mir den Rauch ins Gesicht.

Wie immer am ersten Tag gingen wir hinauf zur Burg. Diesmal jedoch war ich unendlich wach – ich trug Stift und Notizblock bei mir. Ich fürchtete sogar aufzufallen, so wild, so schrill erschien mir meine Aufmerksamkeit, mit der ich auf unserer gemächlichen Wanderung nach Details jagte.

Und dann sah ich ihn, den Turm! Er beherrschte die

Straße wie eines dieser alles sehenden, alles vermögenden Geräte von Jules Verne. Von diesem Turm konnte uns ein rätselhafter Blitz treffen oder eine lebenswichtige Nachricht. Kämen wir ihm zu nah, würde er verschwinden.

Wie wenig besagte Frau Nádoris Begriff von einem Devisenhotel angesichts dieses Goldglasturmes. Was ich erblickte, gehörte nicht mehr zu dieser Welt, stand aber auf ihrem Boden. Ein Ufo, das unerhörterweise im Diesseits gelandet und zugleich zum krönenden Schlussstein unserer Welt geworden war.

Nie werde ich das Lächeln meiner Mutter vergessen, mit dem sie das Hilton betrat, ihren Wink, der mich folgen ließ. Unbehelligt von Polizei und Staatssicherheit gelangten wir hinein – und zwar so, wie wir waren.

Sie müssen wissen, dass ich bis dahin noch nie ein Hotel, auch kein viertklassiges, von innen gesehen hatte. In Straßenschuhen liefen wir über Teppiche – niemand störte sich daran. Ich hörte westliches Deutsch und Englisch und noch eine andere Sprache, wahrscheinlich Italienisch. Die Laute schwebten in einer Art Intershop-Luft, nur war diese noch feiner. Dazu kam unergründbares Licht, weder hell noch dunkel, und Ruhe, obwohl die Leute hier lauter sprachen als auf der Straße. Vor allem ältere Ehepaare fläzten sich in Ledersessel, wie ich es nie zuvor in der Öffentlichkeit gesehen hatte. Einige hatten sich sogar Hocker herangezogen und legten die ausgestreckten Beine darauf, etwas, das zu Hause selbst beim Fernsehen verpönt war. Niemand forderte sie auf, die Schuhe auszuziehen. Wie groß aber war mein Erstaunen, als ich einen der Uniformierten Koffer und Taschen auf ein vergoldetes Wägelchen hieven und zum Fahrstuhl schieben sah. Gehörten sie nicht zur Polizei? Waren sie etwa Diener, in Wirklichkeit existierende Diener, die den Reichen Koffer trugen? Oder gab es sie nur deshalb, weil wir uns im Osten befanden? Weil man hier leicht Leute dazu brachte, für Westgeld alles zu machen?

Als müsste sich meine Mutter von der Realität dieser Spezies überzeugen, fragte sie einen mageren hoch aufgeschossenen Uniformierten, wo man hier Kaffee trinken könnte. Mit der flachen Hand wies der viel zu kurz Geschorene – waren es vielleicht Soldaten? – nach links, umging uns mit schnellen Schritten und wiederholte seine Geste, als hätte er gerade etwas aus dem Weg geräumt, damit wir die Bar sehen könnten. Meine Mutter dankte laut und auf Deutsch. Gerade Deutsch, hatte sie uns doch eingeschärft, sollte man im Ausland nicht zu laut sprechen.

Diese hohen, ungemütlichen Hocker kannte ich schon aus der Oberwiesenthaler Milchbar. Ich war gleichermaßen enttäuscht und froh, etwas zu sehen, wofür es Vergleiche gab.

Meine Mutter schloss ihre Handtasche und schob sie auf die Theke. In ihrer Rechten knisterte die Duettpackung, zwischen Zeigefinger und Mittelfinger der Linken steckte die Zigarette, Ringfinger und kleiner Finger hielten einen braunen D-Markschein an den Handballen gedrückt. Knisterte auch er?

Um sich nicht durch die Streichholzschachtel zu verraten, bat sie die Bardame um Feuer. Diesmal hatte meine Mutter zu leise gesprochen. Ich musste ihr helfen, ich musste sie beschützen. Mehrmals prüfte ich die Frage, bevor ich sie wagte. »Do you have matches, please?«, wiederholte ich lauter und errötete. Ich zweifelte weniger an der Richtigkeit der Frage als daran, dass sie außerhalb der Schule verstanden würde.

Die Streichholzschachtel glänzte nicht nur weiß, sie war auch mit einer goldenen Schnörkelschrift verziert und lag auf einer weißen Porzellanuntertasse. Und dann der Schock: You are welcome, Sir. In Gegenwart meiner Mutter nannte mich die Bardame Sir! Diese Phrase ging mir in Fleisch und Blut über, mit ihr wusste ich bald im Englischunterricht zu verblüffen.

Ich entnahm der Schachtel ein Streichholz, ließ es auflodern und führte es vorsichtig – schließlich tat ich es erstmalig – in die Nähe der Zigarettenspitze.

Meine Mutter war gealtert. Der Kummer der letzten Jahre, meine Inhaftierung und schließlich die Ausbürgerung hatten sich in ihre Züge gegraben. Daran änderte auch die Freude über meinen weltweiten Erfolg nichts. Ihr war der einzige Sohn genommen worden. Wie lange hatten wir uns nicht gesehen? Nach fünf Jahren war mir endlich von den Ungarn die Einreise genehmigt worden. Bis zuletzt hatten wir geglaubt, dass einer von uns an der Grenze zurückgeschickt werden würde, so wie wir schon oft im letzten Augenblick abgewiesen worden waren. Dann aber hatte das Unvorstellbare stattgefunden und Mutter und Sohn konnten einander in die Arme schließen. Es war doch verständlich, dass die Worte, wenn überhaupt, nur langsam kamen, dass wir still nebeneinander die Gegenwart des anderen genossen.

Ich weiß nicht, woran meine Mutter dachte, während wir auf Kaffee und Orangensaft warteten. Unsere Abwesenheiten jedenfalls ergänzten sich.

Von meiner neuen Rolle war ich derart gebannt, dass ich die Westler verachtete, alles Kinder, egal ob sie jung oder alt waren. Diese Ahnungslosen! Was wussten sie schon von den Härten der geteilten Welt, sie, die nach allem grapschen konnten, in ihrer und erst recht in unserer Welt. Doch um keinen Preis wollte ich mit ihnen tauschen!

Ich musterte die aufgereihten Flaschen, zwei waren

mir aus dem Intershop bekannt. Durch die Fensterfront hinter der Theke erblickte ich die Säulen, Bögen und Mauerreste einstigen Glanzes. Über sie erhob sich jetzt der Turm. Selbst in der Matthiaskirche nebenan beugte man das Knie vor ihm. Hier oben lag einem die Stadt zu Füßen wie ein Geschenk, hier war der Ort meines Triumphes, hier zeigte man sich der Welt und empfing die Huldigungen der Journalisten, Fotografen und Fernsehteams. Selbst die Westler wurden scheu, wenn sie mich erkannten.

Während ich so träumte, hatte meine Mutter ein Obsttörtchen für mich geordert. Ich bot es ihr an. Sie sollte genießen, ich konnte das täglich haben. Natürlich war für sie, die ich im teuersten Zimmer einquartiert hatte, alles übermäßig neu und unglaublich, sodass sie es kaum zur Kenntnis nehmen durfte, wollte sie weiterhin einen Fuß vor den anderen setzen. Also aß ich das Törtchen.

Wohin ich sah, jeder Schuh, jede Hose, jedes Hemd, jede Brille und jede Frisur, ja selbst die Beschaffenheit der Haut, der Schnitt der Gesichtszüge und die Art der Bewegung, zu schweigen von Sprache und Gehabe, verrieten die andere Welt. Der Eingang in die Unterwelt hätte mich nicht mehr verwundern können als dieses Schlupfloch ins Jenseits.

Um zu demonstrieren, wie heimisch ich mich fühlte, besuchte ich die Toilette. Als wäre mir die Erkenntnis vertraut, dass sich nirgendwo unmittelbarer der Weltenunterschied offenbare als dort, schloss ich mich ein, zog die Hosen herunter und setzte mich auf die blanke Klobrille, was ich sonst ausschließlich zu Hause tat. Nie wieder habe ich so glücklich gekackt. In jenem Moment beschloss ich, Ungarisch zu lernen.

Von der Klorolle wickelte ich die Hälfte ab, wusch mir

ausgiebig die Hände mit warmem Wasser und flüssiger Seife, betrachtete mich, den Kopf leicht vorgebeugt in dem riesigen Spiegel – und gefiel mir.

Meine Mutter erwartete mich. Sie fasste meine Hände und roch daran. »Die duften ja«, sagte sie. Mit diesen Worten traten wir auf die Straße.

War meine Mutter früher auf jedes geflüsterte »Wollen Sie tauschen, tauschen, wollen Sie?« hereingefallen, hatten wir uns später – bedauernd, entschuldigend – als Ostdeutsche zu erkennen gegeben, so schüttelten wir nun einfach den Kopf und sagten »Danke«. Statt sich wie sonst abrupt von uns abzuwenden, umschwirrten uns die charmanten Ungarn weiter, wechselten die Straßenseite, kehrten zurück und lächelten mit hochgezogenen Augenbrauen, statt die Frage zu wiederholen. Wir aber schritten, von ihrem Lächeln angesteckt, an ihnen vorüber.

Mindestens *zwei* Rollen standen für mich in den nächsten Tagen zur Auswahl. Ich pendelte hin und her zwischen der des ausgebürgerten Schriftstellers und jener des beobachtenden frühreifen Dichters. Obwohl Letztere meiner tatsächlichen Existenz ähnelte, schien sie mir genauso gespielt wie die andere. Sie unterschieden sich nur um einige Jahre.

Als hätte es noch irgendeiner Bestätigung meiner Glorie bedurft, hörten wir einem bayrischen oder österreichischen Reiseleiter zu, der seiner Gruppe vor der Matthiaskirche eine Episode erzählte. Für die Krönung Franz Josephs zum ungarischen König in ebendieser Kirche hatte Franz Liszt eine Messe oder etwas Ähnliches geschrieben. Als Franz Joseph, frisch gekrönter Ungarnkönig, die Kirche verließ, jubelte das Volk, rief »Vivat Ferenc, vivat Ferenc!«. Der Kaiser grüßte zurück, merkte aber, als er sich umwandte, dass nicht ihm, sondern dem

Komponisten gehuldigt wurde. Wie lächerlich war doch die Macht des Staates im Vergleich zu jener von uns Künstlern!

Obwohl unsere Tagesprogramme wie Stationen einer Pilgerreise nicht von jenen früherer Jahre abwichen, bewies schon der erste Spaziergang durch die Vaci utca, dass es keines Hilton bedurft hätte, um ein neues Leben zu führen.

Hatte ich mich anfangs noch instinktiv nach unseren früheren Devotionalien umgesehen, so zog es mich jetzt vor die Buchauslagen. Die Bücher gaben wie zum Spott den Namen des Schriftstellers preis – doch alles Weitere verbarg sich hinter einer unaussprechlichen Buchstabenballung. Das kränkte mich und befeuerte zugleich meinen Entschluss, mir die Wendungen des kleinen Sprachführers einzuprägen. Eines Tages wäre selbst Ungarisch kein Problem mehr für mich! Als fiele ich erneut auf denselben Trick herein, blieb ich auch vor dem nächsten Buchladen stehen und merkte dann nicht einmal, dass ich las und verstand. Wir hatten das Geschäft am Ende der Vaci utca gerade erst betreten, da traute ich meinen Augen nicht. Ja, ich bezweifelte tatsächlich das, was ich sah. Selbst als der Verkäufer, vor der zahlreichen Kundschaft geschützt durch die Ladentheke, das Buch aus dem Regal nahm und mir überreichte, begriff ich nur langsam. Es war auf Deutsch, es war in Frankfurt am Main gedruckt, es trug das Siegel der drei Strichfischlein, und selbst beim wiederholten Lesen änderten sich weder Titel noch Vorname und Nachname des Autors. Ich hielt, obwohl es nicht möglich sein konnte, Sigmund Freuds Traumdeutung fest in meinen Händen.

Endlos dehnten sich die Augenblicke, bis sich Gelegenheit fand, nach dem Preis zu fragen. Allmählich sickerte dann die Gewissheit in mich ein, dass ich dieses

276

Buch, diesen Beweis eines Wunders, nie wieder hergeben müsste.

Meine Mutter hatte nichts dagegen. Wenn ich gerade dieses Werk von Freud begehrte, wollte sie es gern kaufen. Mehr aus Pflichtschuldigkeit denn aus Neugier ließ ich mir nun einen Freud nach dem anderen geben. Der Verkäufer, der offensichtlich jedes Buch zurück ins Regal zu stellen hatte, bevor er ein neues herausrückte, kapitulierte nach einem Blick über den Brillenrand und türmte den gesammelten Freud vor mir auf. Die Situation war hoffnungslos. Selbst wenn wir die Bar im Hilton gemieden hätten und sofort abgereist wären, unser Geld hätte auch dann nicht für alle Bände gereicht. Können Sie mich verstehen? Da ergibt sich die Gelegenheit, etwas zu kaufen, was man nicht kaufen kann. Westbücher gelangten, wenn überhaupt, nur in wenigen Exemplaren und einmal pro Jahr im Koffer des Großvaters zu uns – er war sparsam und konnte nicht viel schleppen.

Ich entschied mich für die Traumdeutung, weil es das dickste Buch war und dabei kaum teurer als die anderen. Auf seinem Weg zur Kasse ließ ich es nicht aus den Augen. Und obwohl ich überwacht hatte, wie es eingepackt worden war, zerriss ich das ziegelförmige Paket auf der Straße, um die Traumdeutung als meinen unwiderruflichen Besitz zu begrüßen.

Mir war es egal, wohin meine Mutter ging, ich folgte blind. Alles, was ich wollte, war lesen, ganz so, als hielte ich endlich einen ersehnten Brief in Händen.

Ich begann die Lektüre auf einer Bank am Donauufer. Ich las und las und liebte meine Mutter dafür, dass sie beschlossen hatte, heute nichts weiter zu tun, als zu rauchen und sich zu sonnen. »Freu dich nicht zu früh«, sagte sie plötzlich. »Wir haben das Buch noch nicht über die Grenze gebracht.«

Am nächsten Tag gingen wir nicht wie sonst an einem Budapester Mittwoch ins Gellertbad, sondern auf die Margareteninsel, wo ich mir lesend einen Sonnenbrand auf dem Rücken holte, während meine Mutter bis zur Erschöpfung schwamm. Von der Angst getrieben, die DDR-Grenzer könnten uns das Buch abnehmen, las ich ununterbrochen. Unter keinen Umständen sollte ich sagen, mahnte meine Mutter, dass es mir gehöre. Sie würde es im Zug an sich nehmen. Denn schlimmstenfalls könnte mich das sogar die neue Schule, das Abitur, das Studium und damit meine gesamte spätere Existenz kosten.

Der Lesemarathon im Freibad wurde zum Vorbild, zum Archetyp für alle späteren Budapestreisen. Von Mittwoch an wurde gelesen. Wir entdeckten nicht nur das DDR-Kulturzentrum als Schatztruhe, sondern auch ein Antiquariat in der Nähe der Oper. Auf einem graublauen Büchlein erblickte ich dort den Namen desjenigen, der mir seit der Einleitung zum »Steppenwolf« als unbekannter Prophet und Bruder vertraut war. Dass sich solch ein Buch kaufen ließ, beunruhigte mich regelrecht.

Leider kann ich Ihnen dieses Erlebnis, das folgenreicher werden sollte als jenes in der Vaci utca, nicht im selben Fanfarenton schildern – ich gewöhnte mich langsam an die Wunder.

Sofort musste die Lektüre gewechselt werden! Denn Nietzsche, so meine Mutter, wäre an der Grenze ein ungleich schwereres Delikt gewesen als Freud.

Sooft mir später Frau Nádori eine Woche Quartier gewährte, hielt ich am Muster unserer Besuche fest, ausgenommen die Bootsfahrten. In den ersten beiden Tagen durchstöberte ich die Antiquariate und stattete dem Geschäft in der Vaci utca einen Besuch ab. Es war quälend, Maß zu halten – schließlich musste ich zugreifen, weil ein Nietzsche oder Werfel oder das Religionslexikon in der nächsten Stunde womöglich nicht mehr zu haben gewesen wären. Nie gelang es mir, mich zu bescheiden. Andererseits hielt ich mich eisern an die durch jedes Buch gekürzte Tagesration. Obwohl ich keine Mahlzeit ausließ, nannte ich es hungern. Nach dem Lektürekauf musste ich überlegen, welche und wie viele Lebensmittel ich mir noch leisten konnte – ein fremdes, bestürzendes Gefühl. Zu Recht darf ich behaupten, mir die Budapester Bücher vom Munde abgespart zu haben.

Wovon ich Ihnen zum Schluss aber noch schreiben muss, ist ein Zwiespalt anderer Art. Dieser Zwiespalt, den ich später nahezu täglich empfinden sollte, überfiel mich erstmalig am Tag meiner Freud-Lektüre im Freibad auf der Margareteninsel. Ich wollte lesen, ich wollte weiterlesen. Jene ungekauft in der Buchhandlung zurückgelassenen Bücher schmerzten mich. Waren sie nicht ein Teil von mir, der so lange fehlen würde, bis ich ihn endlich gelesen hätte. War ich denn überhaupt berechtigt, irgendetwas zu schreiben, ja zu sagen, solange ich nicht alles wusste, alles gelesen hatte? Plötzlich bedeutete der Weg zur U-Bahn oder gar ein Spaziergang vergeudete Zeit.

Und mein Gedicht? War ich nicht hier, um das Netz meiner Beobachtungen über die Stadt zu werfen, es möglichst durch jede Gasse zu schleppen, um am Tag des Rückflugs den Fang einzuholen?

Ich war derart verblüfft, dass ich mitten auf der Margaretenbrücke stehen blieb. Das, was doch mein Leben ausmachen sollte, war mir sang- und klanglos abhanden gekommen. Als hätte ich Weihnachten oder die Rückkehr meines Großvaters aus dem Westen vergessen.

Dank meiner Mutter ergab sich ein Kompromiss, der mir seither als das Beispiel des gelungenen Tages galt.

Morgens fuhren wir zum Hösök tere, dem Heldenplatz, und besichtigten, wie in den Jahren zuvor, das große Kunstmuseum. In meiner Lernbesessenheit prägte ich mir die Namen der Maler, ihre Geburts- und Sterbejahre sowie die Titel der Gemälde ein. Es war wie Vokabeln lernen. Etwas anderes wäre mir absurd vorgekommen. Bis heute kann ich Ihnen nicht nur von El Greco oder Goya, von Cranach d. Älteren oder Hans Baldung Grien die Daten nennen, sondern auch von Johannes Liss und Guercino.

Nach ein bis anderthalb Stunden verließen wir erschöpft das Museum und setzten uns auf eine Bank in den großen Park. Dort war ich der Welt zurückgegeben, sah und notierte, was mir auffiel, war neugierig wie ein junger Hund – und begann wieder zu lesen. Nach einer Art Imbiss ging es erneut ins Museum. Am frühen Abend schlenderten wir den ganzen Weg bis zur Donau zurück, stiegen in die U-Bahn und kamen glücklich und erschöpft bei Frau Nádori an. Das Schönste daran war, dass wir es am nächsten Tag genauso machen würden, und am übernächsten auch. Kennen Sie dieses Glück der Wiederholung? Später erschienen mir diese Tage immer zu schön, als gehörten sie gar nicht in mein Leben. Die spätere Maxime, derzufolge keine Minute umsonst, das heißt ungenutzt vergehen und zugleich jeder Augenblick erlebt, aufbewahrt und bewundert werden sollte – da, ganz am Anfang, war es mir für ein paar Tage gelungen.

Auf dem Rückflug erleuchtete das Abendrot den Himmel. Es war noch hell genug, um kurz vor der Landung unser Haus zu erspähen. Darin, dass ich es von so weit oben hatte ausfindig machen können, sah ich eine Auszeichnung des Ortes, zu dem wir jetzt zurückkehren würden. Und für einen Augenblick dachte ich: So sieht Gott auf uns herab.

Die Autoren

Henning Ahrens, geboren 1964, lebt als Schriftsteller auf dem Land. Von ihm erschienen zwei Lyrikbände, *Lieblied was kommt* und *Stoppelbrand*, sowie der Roman *Lauf Jäger lauf.*

Verena Auffermann lebt als freie Kritikerin bei Frankfurt am Main, schreibt für die »Süddeutsche Zeitung«. Zuletzt erschien: *Das geöffnete Kleid. Von Giorgione zu Tiepolo.* Sie ist Herausgeberin der *Besten Deutschen Erzähler* der Jahrgänge 2000, 2001 und 2002.

Hans Jürgen Balmes, geboren 1958. Er leitet seit 1999 das fremdsprachige Programm des S. Fischer und Fischer Taschenbuch Verlages.

Zsuzsa Bánk, geboren 1965 in Frankfurt am Main. Studierte in Mainz und Washington Publizistik, Politik und Literatur und arbeitete als Buchhändlerin. Heute lebt sie als Autorin und Redakteurin in ihrer Heimatstadt. Im Herbst erscheint ihr Roman *Der Schwimmer*.

Ralf Bönt, geboren in Lich. Zuletzt erschienen der Roman *Gold* sowie die Anthologie *Traumstadtbuch. Moskau, Berlin, New York* (Hrsg.).

Jörg Bong, geboren 1966, lebt in Frankfurt am Main. Er leitet seit 1999 das deutschsprachige Programm des S. Fischer und Fischer Taschenbuch Verlages. Letzte Veröffentlichung: *Texttaumel* (2000).

Silvia Bovenschen, geboren 1946, lebt in Frankfurt am Main und arbeitet als Literaturwissenschaftlerin und Essayistin. Veröffentlichungen: *Schlimmer machen, schlimmer lachen* (1999); *Über-Empfindlichkeit. Spielformen der Idiosynkrasie* (2000).

Alexander García Düttmann lebt in London.

Werner Hamacher, Professor für Allgemeine und Vergleichende Literaturwissenschaft an der Goethe-Universität Frankfurt am Main. Publikationen: *Dialecture de Hegel, Premises, Entferntes Verstehen. Studien zu Philosophie und Literatur von Kant zu Celan*, (als Mithrsg.) *Paul Celan*, (als Hrsg.) *Meridian. Crossing Aesthetics*, und diverse Aufsätze zur Literatur, Sprachphilosophie und politischen Theorie.

Thomas Hettche, geboren 1964, lebt in Frankfurt am Main. Zuletzt erschien der Roman *Der Fall Arbogast*.

Wolfgang Hilbig, geboren 1941 in Meuselwitz/Thüringen, lebt in Berlin. Seit 1979 Autor des S. Fischer Verlages; seit 1980 freischaffender Schriftsteller. Wolfgang Hilbig erhielt zahlreiche Literaturpreise, u. a. den Georg-Büchner-Preis 2002. Zuletzt erschien *Bilder vom Erzählen*, Gedichte.

Felicitas Hoppe, geboren 1960 in Hameln, lebt und arbeitet als Schriftstellerin in Berlin. Zuletzt erschienen *Picknick der Friseure* und *Pigafetta*, im Januar 2003 folgt ihr drittes Buch.

Michael Lentz, geboren 1964 in Düren. Studium der Germanistik, Geschichte und Philosophie in Aachen und München. 1998 Promotion mit einer Arbeit über Lautpoesie/-musik nach 1945. Er lebt in Zürich. Zuletzt erschien sein Buch *Muttersterben*.

Dagmar Leupold, geboren 1955 in Niederlahnstein. Seit 1985 freie Schriftstellerin und Übersetzerin (aus dem Italienischen und Englischen). Im Herbst erscheint ihr Roman *Eden Plaza*.

Thomas Meinecke, geboren 1955 in Hamburg, lebt in Oberbayern. Zuletzt erschien sein Roman *Hellblau*.

Rainer Merkel, geboren 1964 in Köln. Studierte Psychologie und Kunstgeschichte, lebt in Berlin. Zuletzt erschien sein Roman *Das Jahr der Wunder*.

Christoph Peters, geboren 1966 in Kalkar am Niederrhein, lebt in Berlin. Zuletzt erschien von ihm *Stadt Land Fluß*, Roman; *Kommen und gehen, manchmal bleiben*, Erzählungen.

Klaus Reichert, geboren 1938. Professor für Anglistik in Frankfurt am Main. Autor, Übersetzer (Shakespeare, Cage, Das Hohelied Salomos), Herausgeber (Joyce, Woolf, Artmann, Mayröcker). Zuletzt erschien *Wär ich ein Seeheld. Gedichte*.

Bruno Richard, geboren 1957, lebt in Berlin. 2002 erschien sein Roman *Desaster.*

Kathrin Röggla, geboren 1971 in Salzburg, lebt in Berlin. Sie debütierte mit dem Erzählungsband *niemand lacht rückwärts;* 1997 erschien *Abrauschen*, ihr erster Roman; danach *Irres Wetter* und zuletzt *really ground zero. 11. september und folgendes.*

Patrick Roth, geboren 1953 in Freiburg, lebt als freier Autor und Regisseur in Los Angeles. Er veröffentlichte *Riverside; Johnny Shines oder Die Wiedererweckung der Toten; Corpus Christi; Meine Reise zu Chaplin;* zuletzt *Die Nacht der Zeitlosen;* sowie die Theaterstücke *Die Wachsamen; Kelly* und *Die Hellseher.*

Gregor Sander, geboren 1968 in Schwerin, lebt in Berlin. *Ich aber bin hier geboren*, Erzählungen, erscheinen im Herbst 2002.

Marie-Luise Scherer, lebt als freie Autorin in Damnatz an der Elbe.

Manfred Schiedermair, geboren 1932 in Bonn. Studium der Rechtswissenschaft in Bonn, Frankfurt am Main und Georgetown University/USA. Verschiedene juristische Veröffentlichungen.

Leander Scholz, geboren 1969, studierte in Bonn und Paris Philosophie und lebt als Autor und Kulturwissenschaftler in Köln. Bisher veröffentlichte er die Romane *Jungfernpergament, Rosenfest* und *Windbraut.*

Ingo Schulze, geboren 1962 in Dresden, lebt in Berlin. Veröffentlichte *33 Augenblicke des Glücks; Simple Storys; Von Nasen, Faxen und Ariadnefäden.*

Sarah Schumann, Malerin.

Wolf Singer, geboren 1943 in München. Studierte Medizin in München und Paris; Ausbildungsaufenthalt an der University of Sussex, England; Habilitation an der TU München für das Fach Physiologie.

Antje Rávic Strubel, geboren 1974 in Potsdam. Lebt als freie Autorin in Potsdam und Berlin. Studierte Amerikanistik, Psychologie und Literaturwissenschaften in Potsdam und New York. Im Herbst 2002 erscheint *Fremd Gehen. Ein Nachtstück.*

Stephan Wackwitz, geboren 1952 in Stuttgart. Schrieb drei Romane und drei Essaybände. Er arbeitet für das Goethe-Institut, derzeit in Krakau.

David Wagner, geboren 1971, lebt in Berlin. Von ihm sind erschienen: *Meine nachtblaue Hose, In Berlin* und zuletzt *Was alles fehlt.*

Gisela von Wysocki lebt in Frankfurt am Main und Berlin. Essays, Hörspiele, Theaterstücke. Dozentin am Theaterwissenschaftlichen Institut der Freien Universität, Berlin.